一切为了用户　一切为了发展

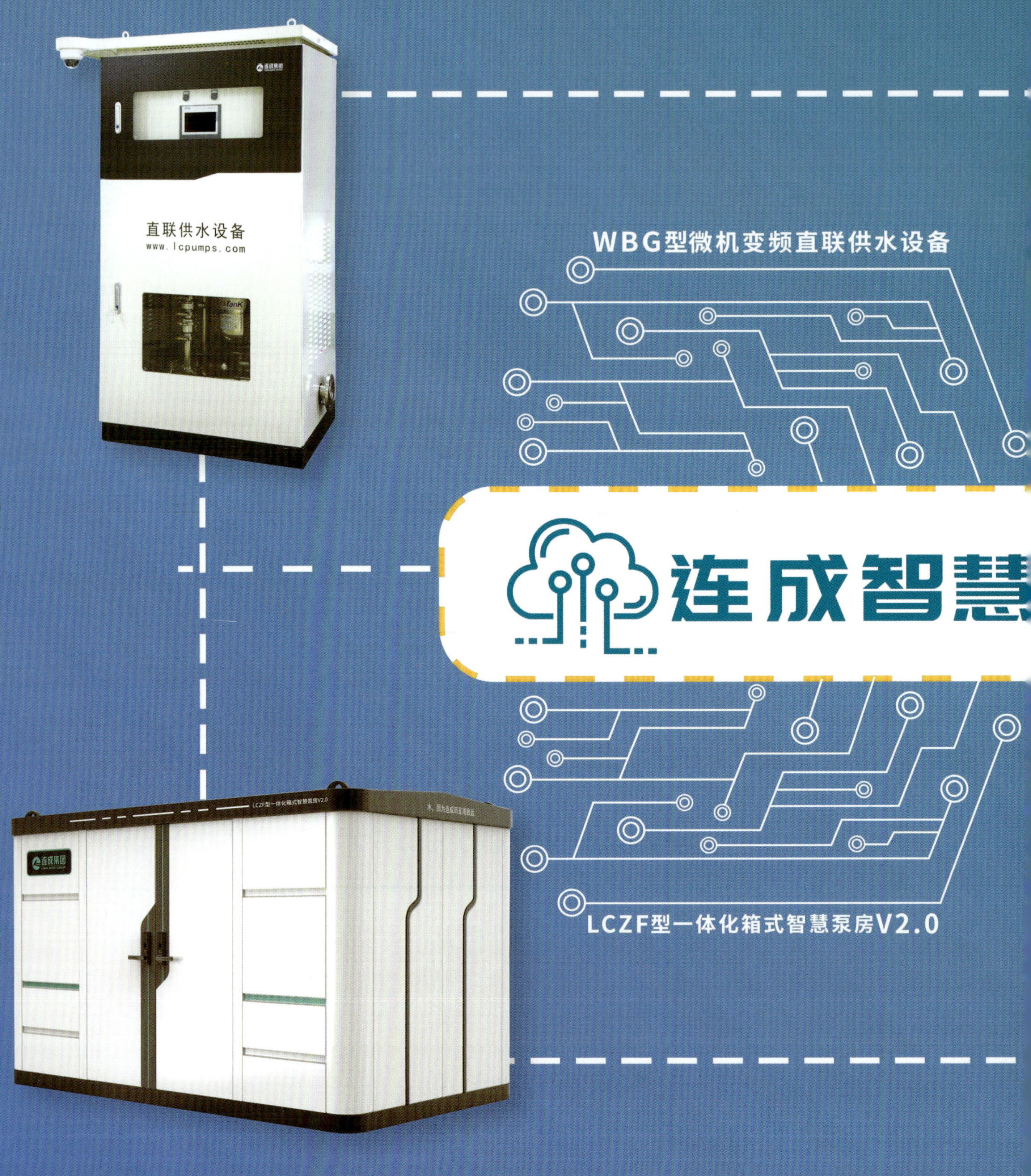

直联供水设备
www.lcpumps.com
WBG型微机变频直联供水设备
连成智慧
LCZF型一体化箱式智慧泵房V2.0

LEDERLE Hermetic
Sealless Technology Unlimited

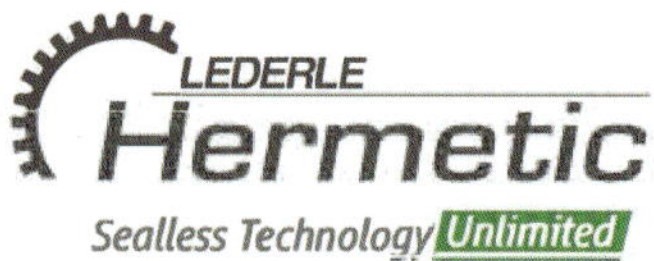

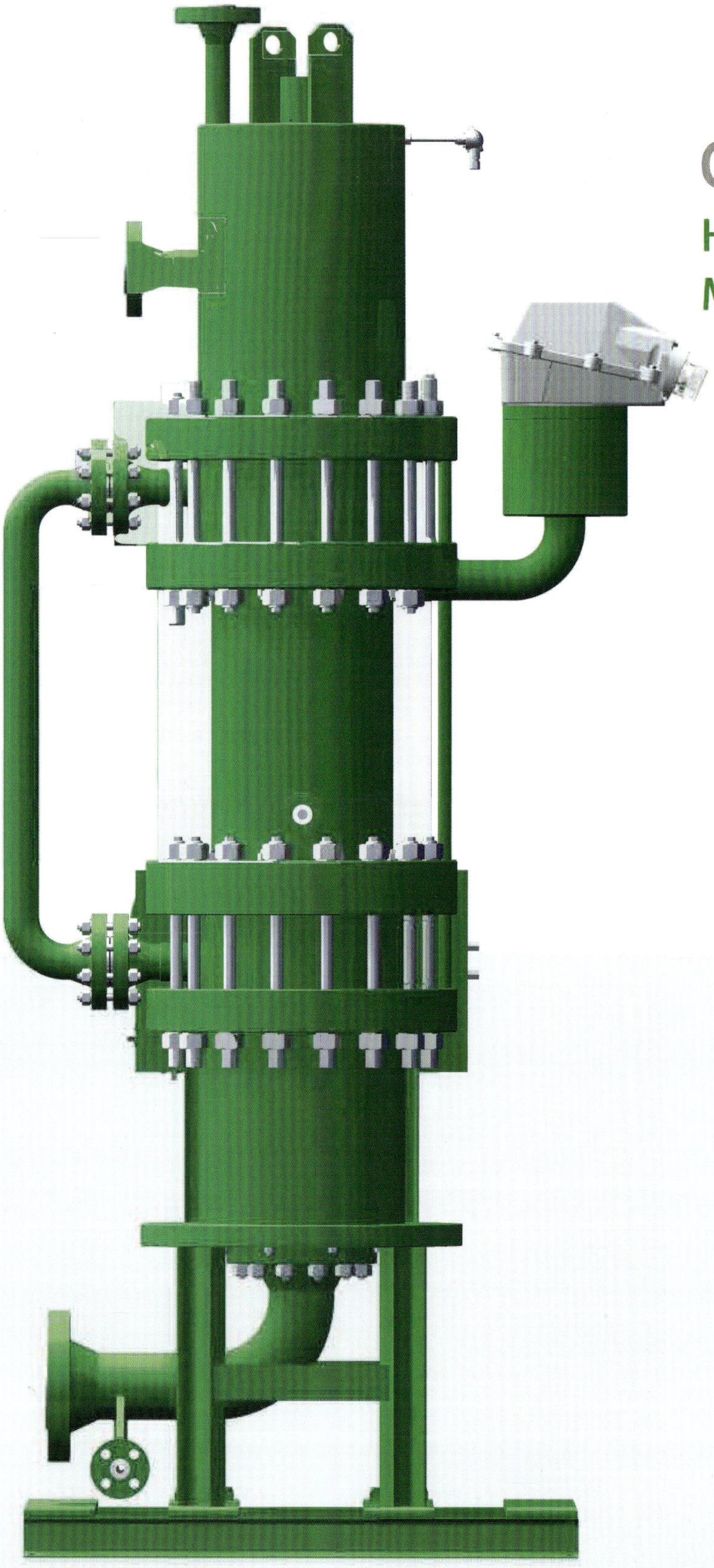

Canned Motor Pump

HERMETIC Pump
Model CAMTV

Motor Power up to 690 kW

Explosion proof (ATEX)

中国机械工业年鉴系列

中国通用机械工业年鉴

2020

中国机械工业年鉴编辑委员会
中国通用机械工业协会 编

本书设有综述、大事记、专文、行业概况、人物、企业概况、产品与项目等栏目，集中反映2019年通用机械行业的发展情况，详细记载了泵、风机、阀门、压缩机、干燥设备、减变速机、分离机械、气体分离设备、冷却设备等分行业的发展情况，提供了通用机械行业的部分经济指标。

本书主要发行对象为政府决策机构、机械工业相关企业决策者和从事市场分析、企业规划的中高层管理人员以及国内外投资机构、贸易公司、银行、证券、咨询服务部门和科研单位的机电项目管理人员等。

图书在版编目（CIP）数据

中国通用机械工业年鉴.2020/中国机械工业年鉴编辑委员会，中国通用机械工业协会编.—北京：机械工业出版社，2021.3

（中国机械工业年鉴系列）

ISBN 978-7-111-67759-8

Ⅰ.①中… Ⅱ.①中… ②中… Ⅲ.①机械工业—中国—2020—年鉴 Ⅳ.①F426.4-54

中国版本图书馆CIP数据核字（2021）第043507号

机械工业出版社（北京市西城区百万庄大街22号　邮政编码 100037）
责任编辑：魏素芳
责任印制：罗彦成
北京宝昌彩色印刷有限公司印刷
2021年3月第1版第1次印刷
210mm×285mm·13.5印张·22插页·366千字
定价：280.00元

购书热线电话（010）88379838、68994469

中国机械工业年鉴系列

作为『工业发展报告』

记录企业成长的每一阶段

中国机械工业年鉴

编辑委员会

中国通用机械工业年鉴

优化产品结构

发展自主品牌

中国通用机械工业年鉴
执行编辑委员会

中国通用机械工业年鉴

优化产品结构
发展自主品牌

中国通用机械工业年鉴
编辑出版工作人员

总　编　辑　石　勇

主　　　编　田付新

副　主　编　刘世博　周晟宇

编辑总监　任智惠

市场总监　赵　敏

责任编辑　魏素芳

编　　　辑　陈美萍

地　　　址　北京市西城区百万庄大街22号（邮编100037）

编　辑　部　电话（010）88379828　传真（010）68997962

市　场　部　电话（010）88379815　传真（010）68997966

发　行　部　电话（010）88379838　传真（010）68994469

电子邮箱　cmiy_cmp@163.com

中国通用机械工业年鉴

优化产品结构
发展自主品牌

中国通用机械工业年鉴特约顾问单位特约顾问

特约顾问单位	特约顾问
沈阳鼓风机集团股份有限公司	戴继双
大连海密梯克泵业有限公司	乔贵楠
杭州制氧机集团股份有限公司	蒋　明
北京京城压缩机有限公司	王军怀
四川空分设备（集团）有限责任公司	单金铭
上海电气鼓风机厂有限公司	陶敏强
中国电建集团上海能源装备有限公司	程道俊
中核苏阀科技实业股份有限公司	彭新英
上海电气阀门有限公司	郭玮明
上海阿波罗机械股份有限公司	陆金琪
苏州道森阀门有限公司	李树林
林德亚太工程有限公司	查文杰
烟台恒邦泵业有限公司	王红光
重庆水泵厂有限责任公司	李方忠
浙江亿利达风机股份有限公司	吴晓明
重庆江北机械有限责任公司	张剑鸣
北京中科科仪股份有限公司	张永明
南方泵业股份有限公司	沈勤伟
宣达实业集团有限公司	叶际宣
上海凯士比泵有限公司	姚梦兴
浙江良精阀门有限公司	王卫东
日立泵制造（无锡）有限公司	杜敏伟
上海连成（集团）有限公司	张锡淼

前　　言

2019年，通用机械行业面对复杂的国内外环境，坚持创新发展理念，全面推动行业高质量发展，行业经济运行保持了稳中求进、稳中有升的良好态势，取得了较好的业绩。

截至2019年年底，通用机械行业规模以上企业共5 437家，资产总计8 945.12亿元，同比增长6.53%；实现主营业务收入8 362.5亿元，同比增长6.29%；实现利润总额590.14亿元，同比增长6.83%；完成出口交货值1 149.58亿元，同比增长2.81%。

2019年，通用机械行业有多个新产品填补国内空白，达到国际先进水平。如上海电气凯士比泵阀有限公司研制的CP1400RUV湿绕组主泵，四川日机密封件股份有限公司研制的反应堆冷却剂泵流体静压轴封，哈尔滨电站阀门有限公司研制的“华龙一号”百万千瓦核电机组MSR先导式安全阀，吴江市东吴机械有限公司研制的CP1400主蒸汽安全阀，中国电建集团上海能源装备有限公司研制的50MW机组太阳能光热高温熔盐热泵，以及山东华成中德传动设备有限公司研制的大型煤矿智能化刮板输送机用行星减速器、大型矿山智能化带式输送机用高端减速器等。

中国通用机械工业协会与中国机械工业年鉴编辑委员会希望通过《中国通用机械工业年鉴》，系统、广泛地宣传通用机械行业在转型升级、高端制造、“两化融合”以及推进重大技术装备国产化等方面取得的成就，展望行业由大到强的发展前景，进一步促进行业的技术进步和经济可持续发展。

在《中国通用机械工业年鉴2020》的编撰过程中，得到了通用机械行业各有关企事业单位和相关用户的大力支持，中国通用机械工业协会与中国机械工业年鉴编辑委员会在此表示衷心的感谢，并将一如既往地为各界朋友提供真诚的服务。

中国通用机械工业协会会长

2021年1月

索

引

优化产品结构

发展自主品牌

广告索引

精品之窗

索引

优化产品结构
发展自主品牌

专题索引

序号	内容	页码
	高端访谈	
1	引领行业创新发展　建设世界一流工业气体供应商 ——访林德亚太工程有限公司总经理查文杰	C2 ~ C8

上海电气阀门有限公司

上海电气集团调整战略布局

2019年10月，上海自动化仪表有限公司吸收合并上海电气阀门有限公司。

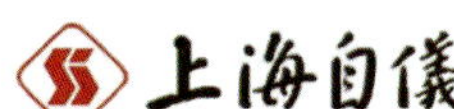

上海电气旗下企业众多
为客户创造非凡价值

打造“上海电气阀门基地”

进一步整合、优化业务和技术优势，发展阀门产业集群。

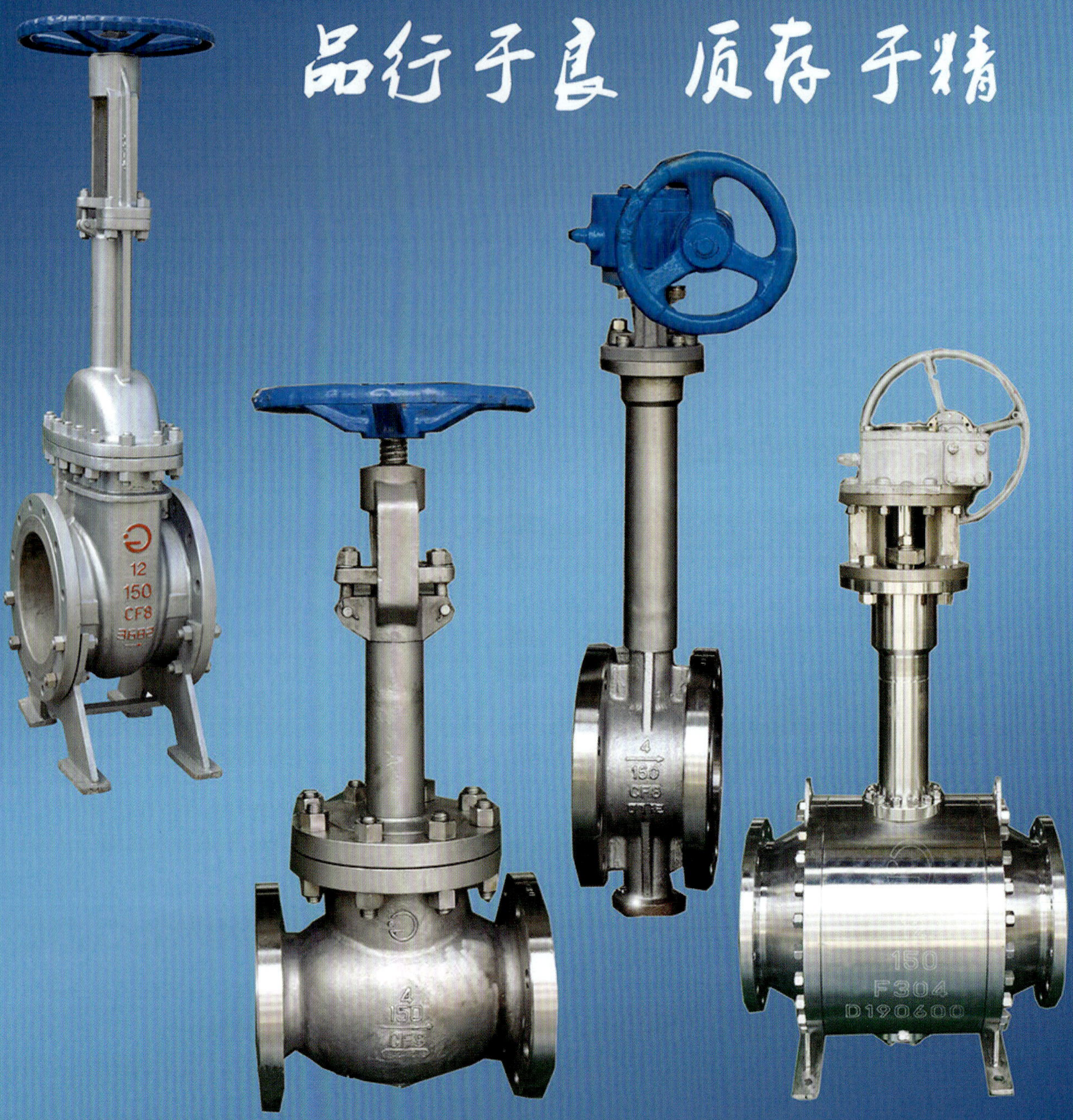

广告

APOLLO MACHINERY
阿波罗机械
创建卓越精英团队
打造百年盛世品牌

升华自我 共享未来
实现客户价值 提升员工价值 按国际一流标准振兴中国装备制造业

上海阿波罗机械股份有限公司（以下简称阿波罗公司）成立于 2001 年,2006 年开始主要从事各类高端核电用泵系统以及核燃料循环、后处理相关设备的研发、设计、生产制造、供应链管理以及延伸服务等，是上海市高新技术企业。主要产品为核电用泵（各类核级泵及重要非核级泵）和核电相关后处理设备。公司位于上海市奉贤区，占地面积约 120亩(8 万 m^2)，拥有各类数控加工设备、焊接设备及检验检测设备百余套。现有员工 450 余人，其中本科以上学历人员占 44% 以上。2009 年 1 月，公司获得了民用核安全设备设计 / 制造许可证；2013 年 5 月，获得核 2 级设计 / 制造许可资质。公司核电业务占比为 98.8%，目前国内所有在建和在运行的核电机组均有使用阿波罗公司的产品。产品以其稳定的质量、优异的性能获得了用户的一致好评。公司已经成为中国核电工程有限公司、中广核工程有限公司、国核工程有限公司及中国中原对外工程有限公司的合格供应商。

上海阿波罗机械股份有限公司的院士专家工作站已经建站 4 年多，每年组织对公司重大项目进行技术评审，攻克了多项核电技术难关，取得了一系列科研成果。公司与多家高校和科研院所开展产学研合作。目前公司建有四支专业化技术团队，包括以核泵行业领军人物为代表的核泵开发、设计、制造团队，核电非标设备（包括燃料循环相关设备）开发、设计、制造团队，石油、石化、液化天然气等高端泵开发、设计、制造团队，基于云计算和大数据的转动设备智能诊断方案团队。

核电站 25 项关键设备中泵类设备有 12 种，阿波罗公司已经研制完成了其中的 11 种（包括混凝土蜗壳海水循环泵、辅助给水电动泵、辅助给水汽动泵、主给水泵、低压安注泵、安全壳喷淋泵、设备冷却水泵、重要厂用水泵、凝结水泵、余热排出泵及上充泵等），并通过了国家鉴定。目前正在开展第四代核电主泵的研制工作。公司拥有发明专利 30 项、实用新型专利 144 项，高新技术成果转化项目 8 项，上海市重点新产品 4 项，其中“核电站混凝土蜗壳海水循环泵”获得上海市科学技术进步奖三等奖，“核电站用辅助给水电动泵的关键技术开发及企业体制机制创新”获得上海市科学技术进步奖三等奖，“百万千瓦级压水堆核电站主给水泵国产化研制”获得上海市科学技术奖三等奖，“CVP 混凝土蜗壳海水循环泵”获得上海市高新技术成果转化项目自主创新十强。

公司以“升华自我，共享未来”为经营理念，以“实现客户价值，提升员工价值，按国际一流标准振兴中国装备制造业”为使命，以“创建卓越精英团队，打造百年盛世品牌”为愿景，秉持“事业高于一切，责任重于一切，严细融于一切，进取成就一切”的核工业精神，始终坚持“安全第一，质量第一”的方针。以“每个人都是一道安全质量屏障”为核心价值观，以客户为中心，旨在让每一位用户能够放心地使用我们的产品，享受良好服务带来的美好体验。

证券代码:832568

全国统一服务热线:
0086-21-6715 9999-8050

上海阿波罗机械股份有限公司
SHANGHAI APOLLO MACHINERY Co., Ltd.

地 址：上海市奉贤区南桥镇亿松路555号
邮 编：201401
电 话：0086-21-6715 9999
传 真：0086-21-6715 8001
E-mail：ljq@apollopump.com
产品服务接待人：邵 凯
邮箱：shaokai@apollopump.com

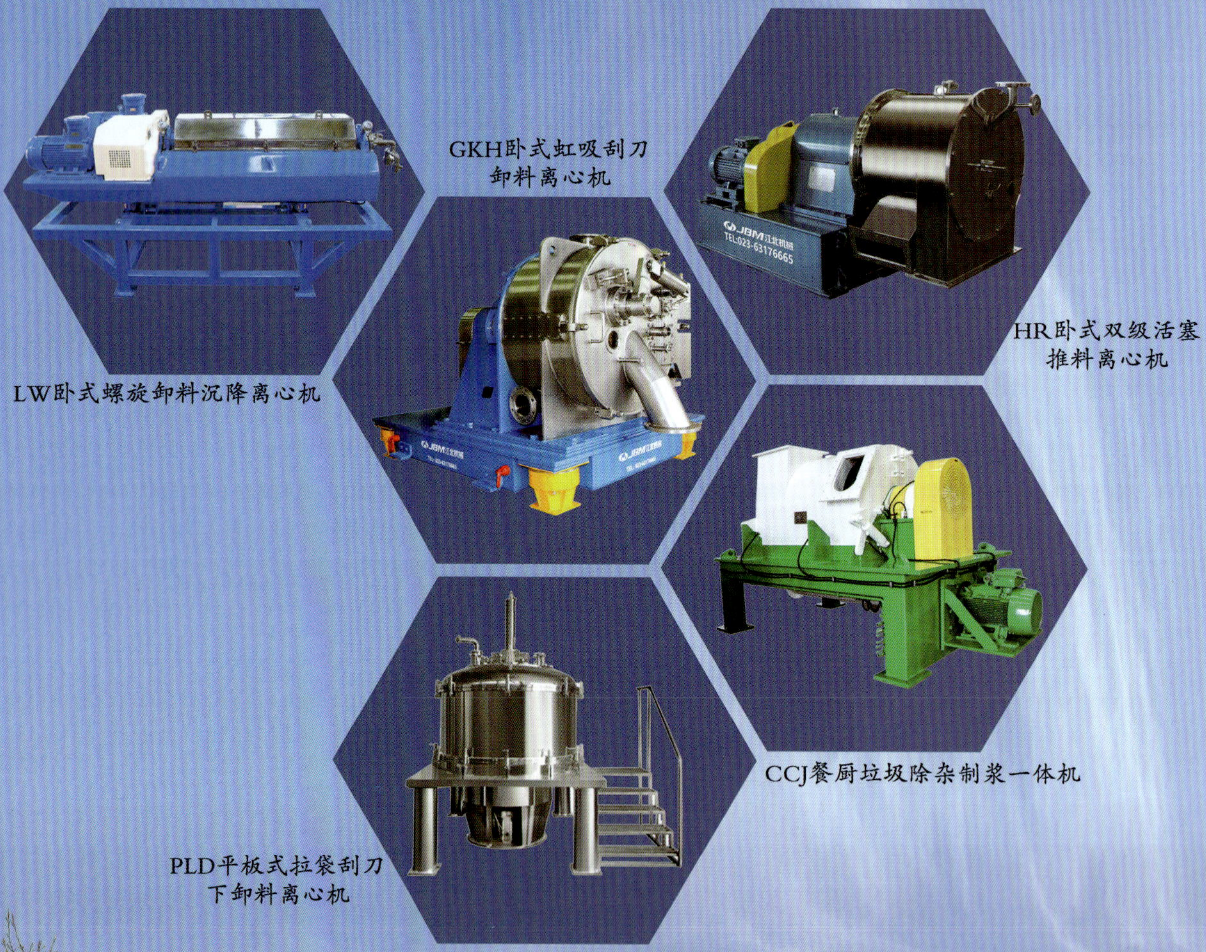

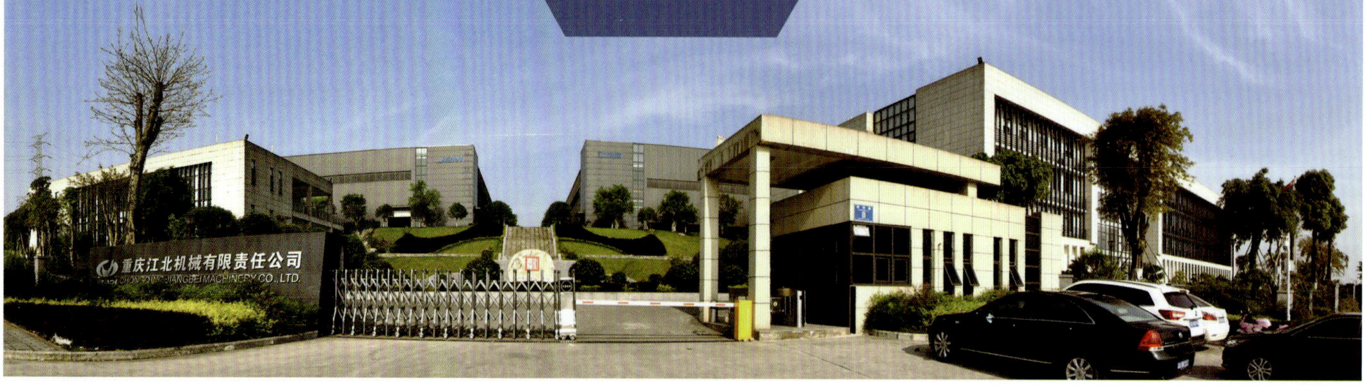

科技创新
匠心未来

技术的进步，旨在为客户提供更具应用价值的节能产品！

从传统风机到节能风机，亿利达不断创新、锐意进取，运用产业化思维，整合各方面资源，逐步实现了风机、电机及控制系统的全部件自主研发、生产。通过整合风机、EC电机和一体式变频电机，提供了冷冻机组及空调末端产品的全系列风机节能解决方案。

风机盘管
小型管道EC解决方案
PP系列风机

新风机组
空气处理机组EC解决方案
SYW PM系列风机

吊顶式空调风柜
变风量空调EC解决方案
ZQ系列风机

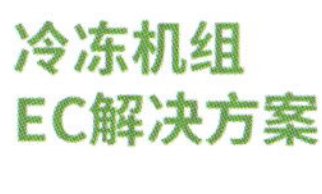

冷冻机组
EC解决方案
PMSWF系列

浙江亿利达风机股份有限公司 Zhejiang Yilida Ventilator Co., Ltd. 邮编：318056
地址：中国浙江台州市路桥区横街亿利达路 Add:Yilida Road, Hengjie, Luqiao District, Taizhou City, Zhejiang, China P.C: 318056
电话 Tel:0086-576-82656000 0086-576-82658900 传真 Fax:0086-576-82655758 E-mail: info@yilida.com 股票代码：002686 www.yilida.com

精品之窗

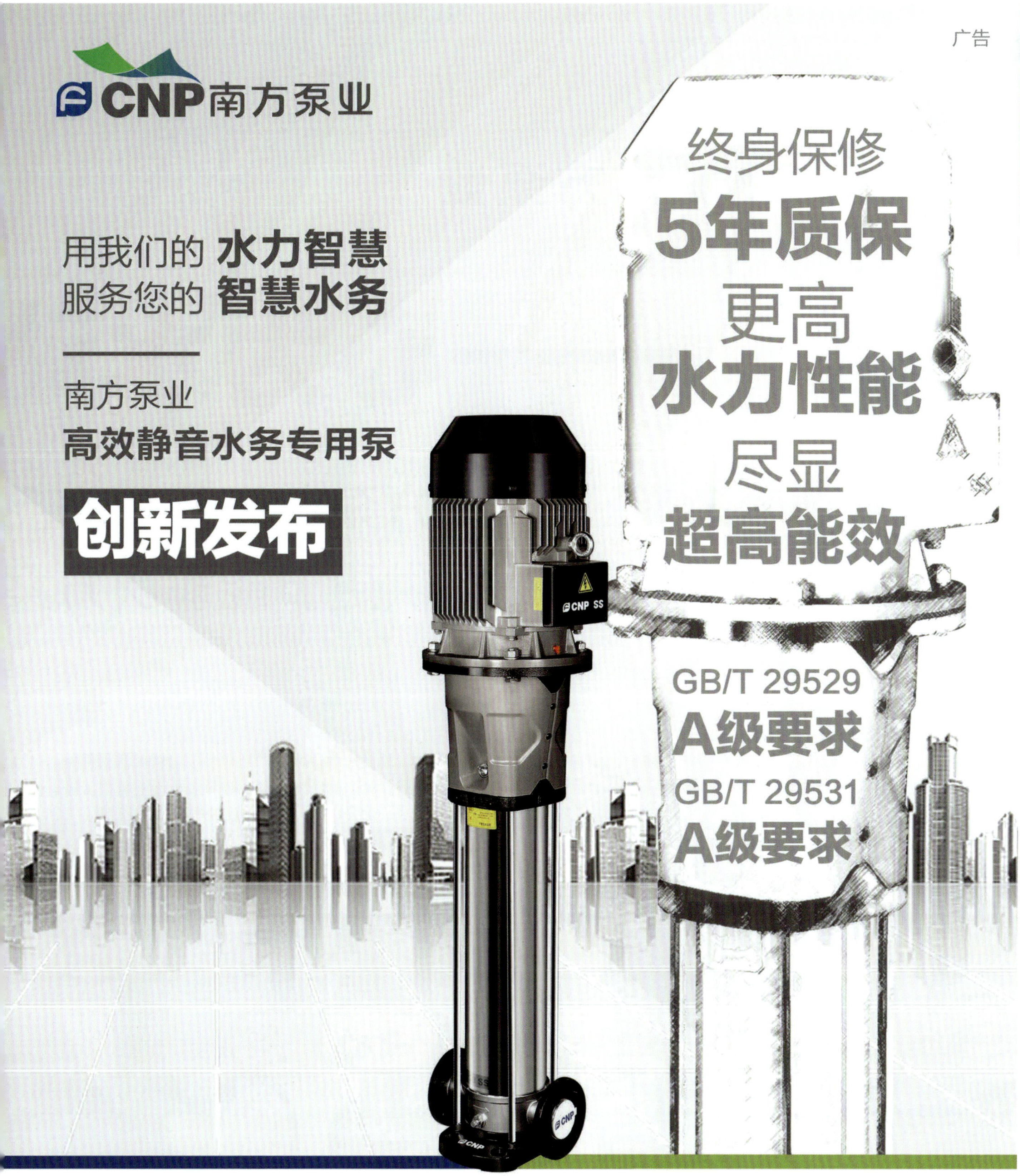

泽润八方——

为全球水环境助力，
为数千万用户而转动！

CME 重庆机电集团 | 重庆水泵 CQPI CHONGQING PUMP

重庆水泵厂有限责任公司

地　　址：重庆市沙坪坝区井口工业园A区井盛路8号

公 司 简 介

重庆水泵厂有限责任公司（简称重泵公司）始建于1951年，隶属于重庆机电控股（集团）公司，是中国通用机械工业协会副会长单位和中国通用机械工业协会泵业分会副理事长单位。公司现有在岗职工890人，占地面积12.8万m^2，建筑面积7.82万m^2，注册资金1.96亿元。

重泵公司拥有200余项专利技术，荣获2014年度国家科技进步奖二等奖等5项国家科技奖励，并获得中国机械工业科学技术奖、能源科技进步奖一等奖、重庆市优秀新产品一等奖等100多项殊荣。

重泵公司致力于自有核心技术的泵及泵系统的研发，推动国家重大装备及关键工艺创新。公司产品包括离心泵和容积泵两大类，可提供泵系统成套"交钥匙"解决方案的集成服务。公司坚持科技创新，2016年被国家五部委联合认定为国家企业技术中心。

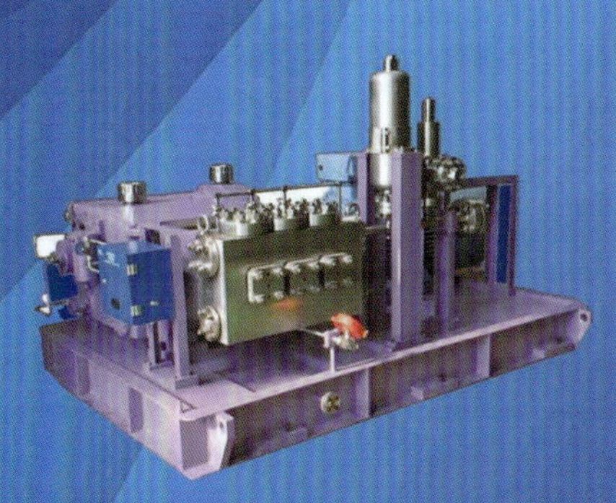

服务热线：023-6531 2261

官方网址：www.cqpump.com

精品之窗

综合索引

优化产品结构
发展自主品牌

中国工业年鉴出版基地

中国机械工业年鉴系列

《中国机械工业年鉴》

《中国电器工业年鉴》

《中国工程机械工业年鉴》

《中国机床工具工业年鉴》

《中国通用机械工业年鉴》

《中国机械通用零部件工业年鉴》

《中国模具工业年鉴》

《中国液压气动密封工业年鉴》

《中国重型机械工业年鉴》

《中国农业机械工业年鉴》

《中国石油石化设备工业年鉴》

《中国塑料机械工业年鉴》

《中国齿轮工业年鉴》

《中国磨料磨具工业年鉴》

《中国机电产品市场年鉴》

《中国热处理行业年鉴》

《中国电池工业年鉴》

《中国机械工业集团年鉴》

编辑说明

一、《中国机械工业年鉴》是由中国机械工业联合会主管、机械工业信息研究院主办、机械工业出版社出版的大型资料性、工具性年刊，创刊于 1984 年。

二、根据行业需要，中国机械工业年鉴编辑委员会于 1998 年开始出版分行业年鉴，逐步形成了中国机械工业年鉴系列。该系列现已出版了《中国电器工业年鉴》《中国工程机械工业年鉴》《中国机床工具工业年鉴》《中国通用机械工业年鉴》《中国机械通用零部件工业年鉴》《中国模具工业年鉴》《中国液压气动密封工业年鉴》《中国重型机械工业年鉴》《中国农业机械工业年鉴》《中国石油石化设备工业年鉴》《中国塑料机械工业年鉴》《中国齿轮工业年鉴》《中国磨料磨具工业年鉴》《中国机电产品市场年鉴》《中国热处理行业年鉴》《中国电池工业年鉴》和《中国机械工业集团年鉴》。

三、《中国通用机械工业年鉴》由中国通用机械工业协会和中国机械工业年鉴编辑委员会共同编撰，2002 年开始出版。2020 年版设有综述、大事记、专文、行业概况、人物、企业概况、统计资料、产品与项目 8 个栏目，集中反映 2019 年通用机械行业的发展情况，详细记载了泵、风机、阀门、压缩机、干燥设备、减变速机、分离机械、气体分离设备、冷却设备等分行业的发展情况，提供了通用机械行业的部分经济指标。

四、《中国通用机械工业年鉴》主要发行对象为政府决策机构、机械工业相关企业决策者和从事市场分析、企业规划的中高层管理人员以及国内外投资机构、贸易公司、银行、证券、咨询服务部门和科研单位的机电项目管理人员等。

五、在年鉴编撰过程中得到了中国通用机械工业协会及各分会、行业专家和企业的大力支持和帮助，在此深表感谢。

六、未经中国机械工业年鉴编辑部的书面许可，本书内容不允许以任何形式转载。

七、由于水平有限，难免出现错误及疏漏，敬请批评指正。

中国机械工业年鉴编辑部

2021 年 1 月

目　　录

综　述

大 事 记

专　文

行业概况

人　物

企业概况

统计资料

产品与项目

Contents

Overview

Chronicle of Events

Feature

Survey of Industry

Personage

A Survey of Enterprises

Statistical Data

Products & Items

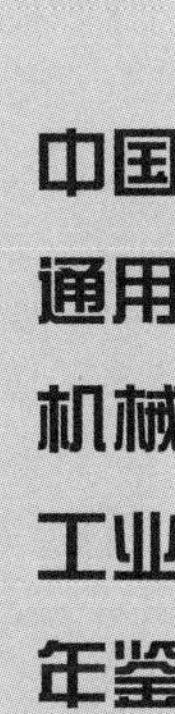
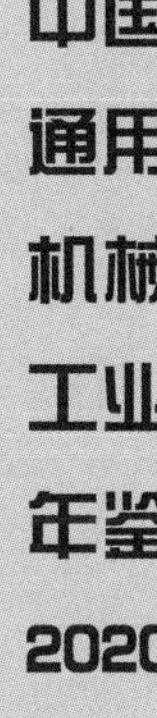

综 述

介绍2019年通用机械行业经济运行情况、团体标准工作开展情况

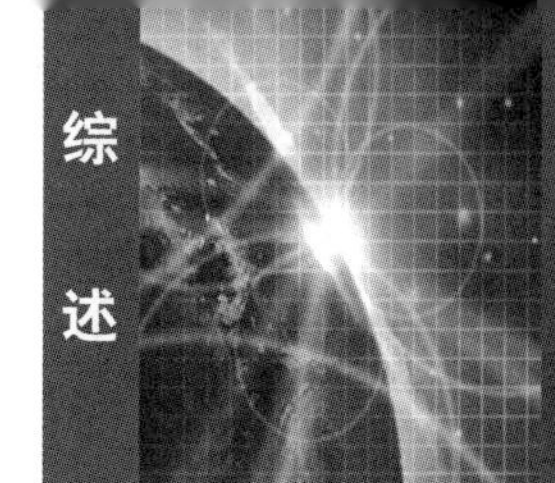

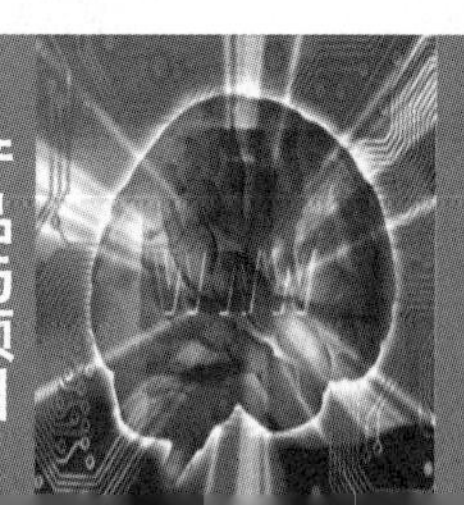

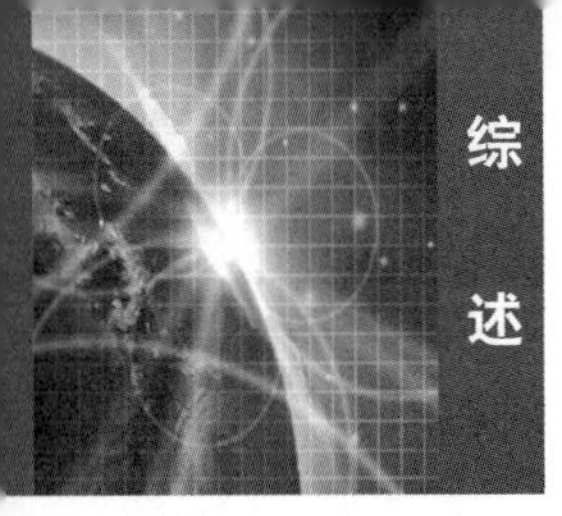

综述

2019 年通用机械行业发展综述

2019 年，通用机械行业面对复杂的国内外环境，坚持创新发展理念，攻坚克难，全面推动行业高质量发展，行业经济运行保持了稳中求进、稳中有升的良好态势，取得了较好的业绩。

2019 年，通用机械行业规模以上企业共 5 437 家，其中：泵及真空设备行业企业 1 217 家、风机行业企业 502 家、压缩机行业企业 525 家、阀门行业企业 1 809 家、气体分离及液化设备行业企业 552 家、其他通用机械行业企业 832 家。全行业拥有总资产 8 945.12 亿元，同比增长 6.53%；实现主营业务收入 8 362.5 亿元，同比增长 6.29%；实现利润总额 590.14 亿元，同比增长 6.83%。

一、行业经济运行情况

1. 主要产品产量实现平稳增长

2019 年，国家统计局统计的 6 种主要通用机械产品产量都实现正增长。其中：泵产量 17 781.23 万台，同比增长 0.33%，增幅较上年回落 2.74 个百分点。风机产量 3 619.76 万台，同比增长 4.92%，增幅较上年回落 3.87 个百分点。压缩机产量 47 293.96 万台，同比增长 9.37%，增幅较上年提升 3.37 个百分点。阀门产量 652.22 万 t，同比增长 4.84%，增幅较上年回落 3.68 个百分点。气体分离及液化设备产量 9.49 万台，同比增长 8.56%，增幅较上年提升 1.33 百分点。减速机产量 851.67 万台，同比增长 3.78%，增幅较上年提升 2.39 百分点。

从各月产量来看，各行业上半年产品产量增速波动较大，且周期各异，下半年产量增速趋于平稳。在统计的 6 种产品中，压缩机、气体分离及液化设备、减速机产量增速均较 2018 年有所提升，泵、风机、阀门产量增速均较 2018 年有所回落，下半年回落幅度逐渐收窄，产量增速趋稳。

2. 工业增加值稳中有升

国家统计局数据显示，2019 年，全国机械工业增加值同比增长 5.1%，比上年有所降低。主要通用机械行业工业增加值保持平稳低速增长态势，其中：泵、阀门、压缩机行业工业增加值同比增长 4.8%，低于上年同期 3.9 个百分点；风机行业工业增加值同比增长 6.8%，低于上年同期 3.8 个百分点；其他通用机械行业工业增加值同比增长 11.2%，低于上年同期 5.8 个百分点。从全年运行态势看，第一季度增速起伏波动较大，第二季度回落，下半年增速趋缓、趋稳。

3. 产品出口增速大幅回落

2019 年，通用机械行业主要产品进出口总额为 294.36 亿美元，同比增长 1.53%，较上年回落 13.91 个百分点。其中：出口额为 167.12 亿美元，同比增长 1.93%，较上年回落 10.83 个百分点；进口额为 127.24 亿美元，同比增长 1.01%，较上年回落 18.11 个百分点；进出口顺差为 39.88 亿美元，同比增长 4.95%。

4. 主营业务收入、利润总额稳步增长

2019 年，通用机械行业实现主营业务收入 8 362.5 亿元，同比增长 6.29%，较上年同期回落 4.41 个百分点；完成出口交货值 1 149.58 亿元，同比增长 2.81%。

各分行业主营业务收入增速均较上年回落。其中：泵及真空设备行业主营业务收入增速较上年回落 3.36 个百分点，风机行业主营业务收入增速较上年回落 3.94 个百分点，压缩机行业主营业务收入增速较上年回落 1.41 个百分点，阀门行业主营业务收入增速较上年回落 10.1 个百分点，气体分离及液化设备行业主营业务收入增速较上年

回落4.91个百分点，其他通用机械行业主营业务收入增速较上年回落2.23个百分点。

2019年，通用机械行业实现利润总额590.14亿元，同比增长6.83%，较上年同期回落8.56个百分点。各分行业利润总额增速较上年有增有降。其中：泵及真空设备行业利润总额增速较上年提升7.47个百分点，风机行业利润总额增速较上年提升19.12个百分点，压缩机行业利润总额增速较上年回落16.94个百分点，阀门行业利润总额增速较上年回落20.95个百分点，气体分离及液化设备行业利润总额增速较上年回落0.57个百分点，其他通用机械行业利润总额增速较上年回落22.41个百分点。2019年通用机械行业主要指标完成情况见表1。

表1　2019年通用机械行业主要指标完成情况

行业分类名称	企业数（家）	主营业务收入		利润总额		出口交货值	
		金额（亿元）	同比增长（%）	金额（亿元）	同比增长（%）	金额（亿元）	同比增长（%）
泵及真空设备	1 217	1 686.68	6.21	140.21	15.68	272.34	0.00
风机	502	799.72	10.94	43.57	22.79	65.38	-9.91
压缩机	525	1 963.07	4.38	128.51	-4.91	285.47	16.07
阀门	1 809	1 968.98	3.11	152.26	7.89	345.21	-5.64
气体分离及液化设备	552	945.86	13.92	68.91	16.95	109.90	11.99
其他通用机械	832	998.19	6.43	56.68	-6.41	71.28	12.67
合计	5 437	8 362.50	6.29	590.14	6.83	1 149.58	2.81

从主营业务收入、利润总额同比增速来看，泵行业全年主营业务收入和利润总额平稳运行，利润增速高于主营业务收入增速；风机、气体分离及液化设备行业主营业务收入和利润总额保持10%以上的增速，且利润增速高于主营业务收入增速；压缩机行业低位运行，利润总额同比下降；阀门行业主营业务收入增速呈回落态势，利润总额增速高于主营业务收入增速，运行态势趋稳。

5. 应收账款、产成品库存等指标完成情况

2019年，通用机械行业应收账款居高不下，同比增速略有下降，但占用流动资产比例提高。截至2019年12月末，全行业应收账款占流动资产的比例达40.8%，加大了企业资金占用和成本。全年流动资产周转率为1.44次，较上年减少了0.08次。应收账款为2 416.11亿元，同比增长4.39%，增速较上年回落2.12个百分点。产成品库存为532.65亿元，同比增长3.65%，增速较上年回落8.57个百分点。

全行业资产负债率为51.25%，较上年提升1.52个百分点。资本保值增值率为106.96%，较上年提升0.67个百分点。利润率为7.06%，较上年提升0.04个百分点。

6. 重点企业产销和利润平稳增长

2019年，行业重点企业完成工业总产值同比增长8.28%，实现主营业务收入同比增长7.54%，实现利润总额同比增长11.75%。累计订货量同比增长25.97%，应收账款同比增长11.13%，产成品库存同比增长20.68%。

总体来说，2019年通用机械行业经济运行稳中有升，主要经济指标完成良好。从近几年的情况看，2012—2015年，通用机械行业主要指标增速持续回落，2015年为负增长，2016年第二季度开始回升。2017年主要指标增速为10%左右，为2012年以来的高点。2018年增速较2017年略有回落，2019年行业经济运行延续2018年的运行态势，稳中有升但增速回落。

二、行业龙头企业发展良好

2019年，通用机械行业主营业务收入前20名企业合计实现主营业务收入同比增长11.9%；研发费用同比增长12.38%，研发费用占主营业务收入的3%；累计订货量同比增长22.08%。2019年通用机械行业主营业务收入前20名企业见表2。

表2　2019年通用机械行业主营业务收入前20名企业

序号	企业名称	主营业务收入（万元）
1	杭州制氧机集团股份有限公司	1 221 042
2	沈阳鼓风机集团股份有限公司	939 863
3	陕西鼓风机（集团）有限公司	874 310
4	四川空分设备（集团）有限责任公司	411 750
5	上海凯泉泵业（集团）有限公司	357 569
6	山东格瑞德集团有限公司	333 043
7	上海东方泵业（集团）有限公司	300 237
8	上海连成（集团）有限公司	295 649
9	开山压缩机股份有限公司	263 331
10	苏州纽威阀门股份有限公司	262 397
11	上海熊猫机械（集团）有限公司	249 295
12	南方中金环境股份有限公司	243 293
13	江苏苏盐阀门机械有限公司	193 101
14	江苏国茂减速机股份有限公司	189 573
15	金通灵科技集团股份有限公司	188 033
16	利欧集团浙江泵业有限公司	185 042
17	开封空分集团有限公司	166 070
18	远大阀门集团有限公司	165 091
19	浙江朗迪集团股份有限公司	159 304
20	新界泵业集团股份有限公司	158 677

沈阳鼓风机集团股份有限公司历经5年的探索和自主创新，完成了新一代10.5万m^3/h空分压缩机组，实现了大型空分装置领域又一次历史性的突破；研制的首台FL62大型风洞压缩机在用户现场完成安装调试，各项指标优异，标志着沈鼓集团风洞用大型压缩机的设计制造达到了国际领先水平。公司为浙江石化4 000万t/a炼化一体化项目研制的离心压缩机开车成功，填补了多项空白，达到国际领先水平。

杭州制氧机集团股份有限公司大型空分设备订单增多，继神华宁煤10万m^3/h空分设备后，又承接了浙江石化4套8.3万m^3/h和4套10.5万m^3/h空分设备，新疆天业2套9万m^3/h空分设备，宁夏宝丰2套10.5万m^3/h空分设备，安徽吴源30万t/a乙二醇、40万t/a合成氨项目配套的9.06万m^3/h空分设备，陕煤榆林3套10万m^3/h空分设备及广东石化3套7万m^3/h空分设备的合同。

三、新产品研发速度加快，科技成果显著

随着通用机械行业供给侧改革的不断深化，企业加大了科技投入，创新能力增强，并取得丰硕的成果，为重大装备国产化做出了突出贡献。2019年，中国通用机械工业协会完成科技成果鉴定30多项，有多个项目填补国内空白，达到国际先进水平。如上海电气凯士比泵阀有限公司研制的CP1400RUV湿绕组主泵，苏州纽威阀门股份有限公司研制的56″ Class 900高压大口径全焊接球阀，中广核工程有限公司、四川日机密封件股份有限公司、沈阳鼓风机集团股份有限公司共同研制的反应堆冷却剂泵流体静压轴封，哈尔滨电站阀门有限公司研制的“华龙一号”百万千瓦核电机组MSR先导式安全阀，吴江市东吴机械有限公司研制的CP1400主蒸汽安全阀，中国电建集团上海能源装备有限公司研制的50MW机组太阳能光热高温熔盐热泵，以及山东华成中德传动设备有限公司研制的大型煤矿智能化刮板输送机用行星减速器、大型矿山智能化带式输送机用高端减速器等。

山东蓝想环境科技股份有限公司与西安交通大学联合创建能源高效利用技术及装备研究中心，共同研发了工业烟气除湿脱白技术，项目荣获国家科技进步奖二等奖，填补了国内空白，实现了

我国工业烟气除湿脱白技术从“跟跑”到“领跑”的转变。

2019年，通用机械行业有20多个项目获得中国机械工业科学技术奖。其中：成都成高阀门有限公司的油气管线四阀座固定球阀、浙江理工大学的高端石化离心泵关键技术及产业化、合肥通用机械研究院有限公司的寒冷及严寒气候区空气源热泵关键技术开发与应用等项目获得一等奖；浙江双环传动机械股份有限公司的机器人高精密减速器关键技术研究及应用、上海凯泉泵业（集团）有限公司的大型先进压水堆核电机组“华龙一号”核安全二级中压安注泵、自贡新地佩尔阀门有限公司的高压大口径轴流式止回阀研制及工程应用、西安陕鼓动力股份有限公司的特大型高炉鼓风机关键工艺及装备的研发与应用、杭州杭氧股份有限公司的卫星能源45万t/a丙烷脱氢制丙烯冷箱系统、杭州杭氧工装泵阀有限公司的大型空分配套用高压立式多级低温离心泵、合肥通用机械研究院有限公司的低温阀门工况模拟技术与装备的开发及应用、博纳斯威阀门股份有限公司的大型输水工程用高参数空气阀试验技术及产品应用、西安交通大学的多列高压往复压缩机及其管系统关键技术研究与应用、大连大高阀门股份有限公司的300MW压水堆核电站主蒸汽隔离阀研制、浙江强盛压缩机制造有限公司的卧式对置平衡式BOG压缩机机组国产化研制等项目获得二等奖；沈阳鼓风机集团股份有限公司的“华龙一号”百万千瓦核电机组堆腔注水冷却泵、沈阳透平机械股份有限公司的百万吨级LNG工厂国产化示范工程阶式液化流程制冷多机组研制和180万t/a甲醇合成气离心压缩机组研制、上海大隆机器厂有限公司的816大型苯乙烯尾气压缩机的研制、台州职业技术学院的干式高效变螺距螺杆真空泵的关键技术研发及产业化、杭州嘉诚机械有限公司的系列化新型减速机及其检测技术开发、超达阀门集团股份有限公司的用于系统流程的高性能高可靠性自动控制阀门等项目获得三等奖。

四、新兴领域业务取得快速发展

2019年，通用机械行业企业以市场新需求为契机，以产品结构调整为切入点，培育新的经济增长点，加快传统产品优化升级，切入新市场，新产品投资加速。

杭州制氧机集团股份有限公司气体业务快速增长。2019年，公司投资设立青岛杭氧气体公司。30 000m^3/h（纯氮）高纯氮气送入LG公司，实现了公司在电子气领域的突破，标志着公司的工业气体业务逐步向多样化、高端化迈进。

长城汽车股份有限公司旗下全资子公司蜂巢易创科技有限公司与江苏泰州港经济开发区签约两个项目。一个是年产80万台涡轮增压器总成及3万台氢燃料电池空压机项目，总投资约11亿元；另一个是年产50万台变速器DCM/HCM（双离合器）项目，总投资约6亿元。

北京中科科仪股份有限公司实施“高端科学仪器及装备研发及产业化”项目，将在苏州高端仪器装备产业园投资建设科学仪器、半导体设备、光电设备和真空设备四类高端装备产业集群。该项目作为科技成果研制、转化和产业化落地平台，建设高端仪器装备研究院及创新成果产业化基地，形成基础研究、应用开发、产业发展的完整产业链，解决国家关键领域的“卡脖子”问题。

山东蓝想环境科技股份有限公司在安丘市实施的蓝想消白（雾）绿色环保智能装备项目计划于2020年年底投产，运营年产值达到20亿元。该项目建成后，可年产消白（雾）绿色环保智能装备2 000台（套）。

哈电集团哈尔滨电站阀门有限公司近年来一直致力于光热市场产品的研发，继2018年5月中标中控德令哈项目后，2019年又中标兰州大成敦煌50MW光热发电示范项目，总计签订新型调节阀20台、关断类阀门500余台。

上海熊猫集团智慧水务实验基地正式投入使用，20套大型供水设备和近200套仪器仪表、一套中央控制系统和数据存储分析设备、分布式控制系统软件、中央控制系统及组态软件、调峰调度等应用软件，搭建一套全流程的供水系统设备。该实验基地将给供水技术的发展提供支撑。南方中金环境股份有限公司投入市政设施智能化、城市供排水智慧化系统运维及保障的研发，开发了集成式智慧化标准泵房，并将信息化与水务管理紧密结合，完善城镇供水高质量发展，实现供水行业的全面升级。上海东方泵业（集团）有限公司在官渡黄河大桥、河南城市景观等国内多个大项目中配套了生活供水设备、消防系统和排污系统。

五、加大基础投入，促进产业升级

随着通用机械行业深化供给侧结构性改革，行业企业持续淘汰落后产能，着力提高供给质量，扩大优质资源供给效率，推动行业朝着更高质量、更高效率、更可持续的方向发展。2019 年，企业不断加大基础设施的投入，完善实验和检测设备，提升制造基础平台，促进产业升级。

江苏国茂减速机股份有限公司投资建设年产 35 万台减速机、160 万件齿轮等项目，厂房总面积近 10 万 m^2，仓储物流将全面实现智能化，实现集中制造、分散组装，将全面提升制造水平。

杰牌控股集团有限公司投资新建减速机智能制造工厂，减速机箱体柔性生产线已经正式投产，实现了减速机箱体一次夹取加工和无人监管自动换刀。信息化系统保证产品全流程一体化管理，从客户下订单到减速机成品交付仅需要 7 天。

2019 年，浙江明新风机有限公司投资 1 500 万元，用于新建年产 1 万台合金微型叶轮项目，可实现销售收入 1 500 万元。

2019 年，陕西鼓风机（集团）有限公司投资 340 万元，用于新增检测设备及设备升级。

江苏航天水力设备有限公司投资建成了大型高效流体输送泵装配、试验检测及数据中心。该项目的建成投运，使生产流程和工艺路线得到了优化，具备了年产 70 台（套）大型高效流体输送泵的能力实验和检测装配能力，实现了运行泵站、电站的远程监控。

山东长征机械设备制造有限公司加大了减速机产品的技术投入，建成科研实验室面积 2 518m^2，投入各类检测及试验设备 52 台，设备投入共计 2 250 万元。

2019 年，山东省章丘鼓风机股份有限公司投资约 200 万元，完成了喷漆房改造及废气挥发性有机物的连续自动在线监测。

2019 年，山东明天机械集团股份有限公司完成各部门加工工艺优化 140 余项，制作组合工装 70 余套，编制工艺流程，加工效率提升了 35%，质量合格率提升了 60%，成本降低了 30%。

六、行业发展中存在的问题

1. 产品质量仍需提高

当前，通用机械产品的可靠性、一致性、稳定性、精准性还存在一些问题。2019 年，国家市场监督管理总局通报了泵产品的质量抽查情况，共抽查 18 个省（市、区）的 516 家企业生产的 542 批次潜水电泵，对产品的过载保护，接地措施，绝缘电阻，电泵引出电缆，定子绕组耐电压，效率，安全标志，规定点流量、扬程，功率因数，定子温升限值等项目进行了检验。其中 56 批次产品不合格，不合格发现率为 10.3%。不合格项目涉及接地措施、电泵引出电缆、效率、安全标志等。这些是通用类产品中占比不高、但普遍存在的问题，影响了企业品牌形象。

2. 企业进行创新的主动性不高

通用机械产品已基本能满足各领域的需求，产品整体水平与进口产品相当。但还有个别产品不能满足需求，产品技术的研究开发受到客观因素的影响。

通用机械行业大部分企业是中小企业和民营企业。企业产能过剩造成的恶性竞争使得企业基础研究投入不够，研究基础薄弱，不具备创新研发能力。当前行业内"卡脖子"产品的市场需求量不大，研发成本高，用户虽然接受国产产品，但不会接受与进口产品 样的价格，严重挫伤了行业企业创新的积极性。

七、2020 年行业发展预测

从外部环境来看，涉及民生工程、基础建设、新能源发展、智能制造、环境治理、西部开发、"一带一路"和 5G 全面推广应用等的国家宏观经济政策将会促进通用机械行业下一轮的升级和新的市场应用。2020 年的新冠肺炎疫情对我国经济发展产生重大影响，国家继续加大结构性的投入，这将为通用机械行业带来新的发展需求。

从行业自身发展来看，行业企业不断加大研发和技术改造投入，应用现代信息技术改造和提升研发、制造、营销、管理体系，促进企业经营管理系统全面升级，产品的技术水平和智能水平不断提高。企业重视产品制造与产品全生命周期的服务，从单一的产品生产转向综合服务的供给，企业的经营发展空间逐步加大。同时，外部环境的变化倒逼行业企业经过了一轮优胜劣汰，产业结构进一步优化，企业供给能力得到提升，国际竞争力全面增强。

2020 年的新冠肺炎疫情使国内外发展环境更加严峻，增加了行业经济运行的不确定性。当前我国制造业整体发展环境相对较好，生产恢复较快，大中型企业发展形势较好，但小微型企业受到了较大冲击。预计 2020 年通用机械行业仍将保持较为平稳的运行态势，与 2019 年相比，全行业主营业务收入和利润总额持平或略有下降。

〔撰稿人：中国通用机械工业协会李多英〕

通用机械行业团体标准快速发展

近年来，在国家各项法律法规和政策措施的支持引导下，团体标准作为我国深化标准化体系改革的重要举措，得到了快速发展。团体标准充分发挥了贴近市场需求、满足创新和先进技术提升需要的优势，在各领域、各行业的创新发展中发挥了重要的促进作用。

为进一步规范和完善团体标准的管理，保障团体标准的健康发展，2019 年 1 月，国家标准化管理委员会、民政部印发了《团体标准管理规定》，为团体标准的全过程管理提供了依据。

国家市场监督管理总局针对团体标准工作的监管，印发了《深化标准化工作改革方案》重点任务分工（2019—2020 年），提出要推进团体标准良好行为评价和第三方评估，进一步健全团体标准相关管理制度，加强团体标准化工作的指导和监督，加大对违法违规团体标准的查处力度。国家市场监督管理总局还出台了团体标准、企业标准随机抽查工作指引的通知，检查对象包括在全国标准信息公共服务平台上发布的团体标准。

2019 年 7 月，由中国标准化协会牵头组织启动了团体标准培优计划，中国通信标准化协会、中关村半导体照明工程研发及产业联盟等 28 家社会团体首批入选团体标准培优计划。其目的是以团体标准培优计划为抓手和切入点，推动一批有基础、有潜力的社会团体提升工作能力、服务创新发展、引领行业进步、开拓国际市场，制定发布一批高水平、高质量、高效益的团体标准，发挥标杆示范作用，带动我国团体标准化工作水平整体提升。

2019 年 9 月，工业和信息化部印发的《关于促进制造业产品和服务质量提升的实施意见》提出，标准是质量提升的基石，推动建设一批国家标准、行业标准与团体标准协调配套的标准群是促进质量提升的重要手段，要通过标准带动质量提升。

团体标准逐步成为推动技术创新、产品创新发展的重要途径，越来越得到各级政府和行业企业的认可和支持。2019 年，深圳、杭州、广州、厦门、济南、青岛等地先后将团体标准纳入财政补贴范围，为团体标准营造了更好的发展环境。

通用机械行业的团体标准也得到快速发展。中国通用机械工业协会（简称中通协）自 2017 年启动团体标准工作以来，制定了一系列团体标准管理制度和规定，建立了中通协标准化管理委员会和各分会标准化工作委员会两级工作机制。各专业行业大力推进市场发展急需的团体标准制定工作，截至 2019 年年底，中通协共发布实施 16 项团体标准，为完善通用机械行业标准体系、满足行业发展需要起到了积极的促进作用。

一、进一步完善团体标准管理制度体系

为规范开展团体标准工作，中通协陆续制定了《中国通用机械工业协会团体标准管理办法（试行）》《中通协标准化管理委员会专家工作条例》和《中通协团体标准管理工作细则》等管理制度文件，明确了中通协标准化管理委员会专家委员的职责与管理要求，对通用机械行业团体标准从立项、编制、征求行业意见、行业专家评审、管理委员会专家审定，到发布、出版、修订等全过程工作流程提出了细化的管理程序要求。

随着团体标准工作的开展，为规范管理和使用团体标准工作费用，2019 年 3 月，中通协又制定了《中通协团体标准工作经费管理办法（试行）》，并在中国通用机械工业协会第七届常务理事会第五次会议上审议通过后实施。该管理办法对团体标准工作经费的筹集、管理和使用都提出了明确的规定要求，以保障团体标准工作规范、健康发展。

二、中通协立项和审定发布团体标准情况

2019 年，中通协标准化管理委员会批复各行业申请团体标准立项 14 项。

2019 年 8 月 30 日和 12 月 25 日，中通协标准化管理委员会分别在青岛和北京召开了两次团体标准审定会，共审定了《螺旋卸料沉降离心机》等 12 项团体标准报审稿，审定通过了 10 项团体标准。其中，《螺旋卸料沉降离心机》（T/CGMA 071001—2019）、《屋顶通风装置防雨性能试验方法》（T/CGMA 022001—2019）和《蒸发式冷凝器》（T/CGMA 101002—2019）3 项团体标准已经在全国团体标准信息平台公告发布实施，并由中国标准出版社正式出版发行。

三、大力促进团体标准的实施示范作用

按照《工业和信息化部关于培育发展工业通信业团体标准的实施意见》（工信部科〔2017〕324 号）要求，在市场化程度高、技术创新活跃的领域培育发展一批技术水平先进、具有国际竞争力的团体标准应用示范项目，推动形成一批具有较高知名度和影响力的团体标准制定机构。

2019 年 8 月，中通协发布的团体标准《压缩空气站能效分级指南》（T/CGMA 033001—2018）申报了工业和信息化部百项团体标准应用示范项目，并通过了评审，被列入 2019 年工业和信息化部 103 项团体标准应用示范项目名录。

《压缩空气站能效分级指南》是全球第一个压缩空气系统能效标准，也是我国压缩机行业首个团体标准。该标准针对压缩空气站制定了系统能效分级指标，可为压缩空气站节能设计和节能改造提供依据和方向。该标准的实施将有效推动压缩空气站的节能工作，为促进工业领域节能减排发挥作用。

四、各专业行业积极开展团体标准工作

随着团体标准的社会认可度越来越高，更多的会员企业积极参与团体标准制定工作，在各专业分会标准化工作委员会的组织下，围绕市场急需的现行标准空白，立项编制团体标准，为促进行业技术提升与进步起到了积极作用。

中通协各专业行业充分发挥团体标准贴近市场需求、引领先进技术的优势，重点在以下几个方面推进团体标准工作：

（1）填补产品标准空白。当前现行的国家标准和行业标准无法覆盖已经进入市场销售的所有产品范围，部分细分种类的产品标准尚属空白，或已有标准标龄较长，性能参数不能满足现有产品生产需要。2019 年，《厢式和板框压滤机》《厢式和板框压滤机　滤板》《一般用途离心通风机用调节门技术条件》《消雾节水机械通风冷却塔》等团体标准立项，《螺旋卸料沉降离心机》（T/CGMA 071001—2019）、《蒸发式冷凝器》（T/CGMA 101002—2019）两项标准发布。这些团体标准将填补相应产品标准的空白。

（2）关注性能试验及检测方法标准。在产品生产制造过程中，性能试验及检验检测是产品技术性能及质量的保证。通过制定标准，对试验检测程序、内容及方法进行规范，将有效促进产品技术质量的提升。2019 年，《屋顶风机防雨性能试验》《饮用水阀门重金属含量及检测方法》《智能化阀门检测设备检测》等团体标准立项，《屋顶通风装置防雨性能试验方法》已完成标准制定和发布。

（3）关注质量、安全、节能、运行等标准薄弱环节。长期以来，标准化体系在产品质量、安全、节能环保以及选型运维等方面存在薄弱环节，不利于促进产品全寿命周期的创新发展和为用户服务。团体标准发挥优势作用，积极推进并提升相关方面的标准化水平。2019 年，通用机械行业有《离心机设计制造安全性评价规范》《铁制平板闸阀产品质量分等规范》《全自动阀门试验机质量分等规范》《一般用压缩空气过滤器选型指南》等团体标准立项，将为进一步完善标准化体系发挥作用。

中通协各专业分会建立健全标准化工作委员会的工作机制，在团体标准立项前，通过大量的行业调研工作，摸清现行国家标准、行业标准以及国外相关标准的发布执行情况，梳理分析制定团体标准的主要意义和必要性、可行性，形成调研报告，为团体标准的立项提供坚实基础和依据。在标准制定过程中，确保主起草单位具有行业先进性和标准制定工作能力，参与起草单位具有一定的行业代表性和覆盖范围，充分体现团体标准代表先进技术水平和行业水平；针对标准条款中的产品性能参数、测试方法、检测规则等相关内容，以试验检测数据为依据，进行充分对比论证；针对行业征求意见和评审中专家提出的意见建议，标准起草组多次召开协调会、研讨会、进行认真研究、讨论，逐条予以处理和回复，对标准条款进行充分的讨论和协调，达成一致意见。同时，对于已完成制定、发布实施的团体标准，各行业积极宣传贯彻，组织开展标准解读、推介、示范应用等形式丰富的各项活动，促进团体标准的实施与采标应用，发挥团体标准的作用。

截至 2019 年年底，全国共有 3 027 家社会团体在全国团体标准信息平台登记注册，共发布 12 063 项团体标准，其中制造业有关标准 6 187 项。这充分表明团体标准越来越被社会各界所认识、接受和采用，在国民经济各领域发挥着越来越重要的作用。中通协作为通用机械行业的全国性行业协会，将继续大力推进团体标准工作，制定更多适应市场发展需要、满足企业生产需求的团体标准，促进通用机械行业持续健康发展。

〔撰稿人：中国通用机械工业协会孙放〕

大事记

记载2019年通用机械行业重大事件

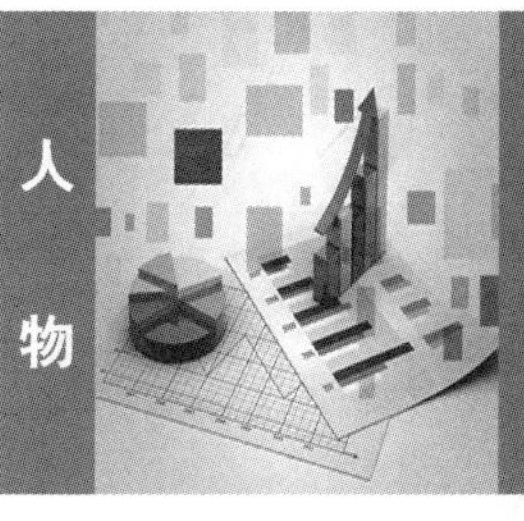

大事记

2019年中国通用机械工业大事记

2019 年中国通用机械工业大事记

1 月

19 日 江苏省机械行业协会在苏州主持召开苏州纽威阀门股份有限公司和中广核工程有限公司联合研制的 4 台“华龙一号”波纹管核级截止阀新产品样机鉴定会。鉴定结论为，新产品具备批量生产能力，达到国际同类产品先进水平，产品可在其他核电项目推广应用。该产品开发了模块化结构设计，可实现快速更换；采用高刚度轻量化阀盖及支架结构设计，提高了阀门的抗震能力；采用环保型设计方案，防漏油、双重密封结构设计等，有效避免阀门的潜在泄漏风险。

2 月

2 日 由沈阳鼓风机集团股份有限公司为浙江石化 4 000 万 t/a 炼化一体化项目一期配套的 380 万 t/a 重整机组顺利产出合格油样，机组一次投料开车成功。

25 日 晋煤集团与美国空气化工产品公司签署战略合作框架协议。晋煤集团将与美国空气化工产品公司按照华昱公司高硫煤洁净利用循环经济工业园工程建设进度，就空分装置、气化装置等开展长远合作。双方将共同探索多种合作模式，实现优势互补，进一步推进晋煤集团“二次转型”，实现双方共赢。

3 月

7 日 金通灵科技集团股份有限公司与吉林省农安县人民政府签订 30MW 生物质气化高温超高压热、电、氢等多联产项目投资合作协议。该项目拟投资近 4 亿元，年消耗秸秆约 30 万 t，年发电量为 2.4 亿 kW·h。

27 日 中国通用机械工业协会气体分离设备分会第八届理事会第六次会议在杭州召开。来自分会理事单位及会员单位的代表等共计 46 人参会。会议审议并通过了分会 2018 年度工作总结及 2019 年度工作计划报告，就开展第十届上海国际流体机械展、空分保有量调查、专题技术交流会等问题进行了讨论。会议期间，与会代表结合各自企业的生产经营情况进行了交流，并对行业面临的一些共性问题进行了讨论。与会人员还参加了同日召开的中国通用机械工业协会七届三次会员代表大会暨七届四次理事会会议。

27 日 四川天一科技股份有限公司与波兰某研究院签署合作协议，共同进行波煤集团焦炉气制氢项目的可行性研究。这标志着公司变压吸附（PSA）技术首次进入欧盟市场，也为波煤集团后续项目的落地奠定了坚实基础。

4 月

1 日 南通大通宝富风机有限公司凭借世界首台 600MW 超临界循环流化床锅炉燃煤发电机组的运行业绩，获得了约旦阿塔拉特油页岩电站项目锅炉配套一次风机和二次风机的供货及服务合同。

1 日 西安重装韩城煤矿机械有限公司与西安科技大学签署校企合作协议，设立西安科技大学研究生培养基地，实现技术、人才资源优化组合，为企业创新驱动发展增添新的突破点。

25 日 液化空气集团与成都华气厚普股份有限公司完成创建合资公司——液空厚普氢能源装备有限公司，旨在为燃料电池电动车开发、制造和部署加氢站。

26 日 由《证券时报》主办、人民日报社作为指导单位的 2019 首届中国上市公司高质量发展论坛暨“天马奖”第十届中国上市公司投资者关系评选颁奖典礼在北京举行。会上揭晓了本届天马奖获奖名单，山东省章丘鼓风机股份有限公司荣获天马奖“中国中小板上市公司投资者关系最佳董事会奖”。

5 月

14 日 中国机械工业联合会与中国通用机械工业协会在苏州组织召开了苏州纽威阀门股份有限公司自主研制的 56″ Class900 高压大口径全焊接球阀产品鉴定会。鉴定委员会认为，56″ Class900 高压大口径全焊接球阀主要性能指标满足技术条件、试验大纲及有关标准的要求，达到了国外同类产品先进水平，经工业试验后，可推广使用。

月内 中核苏阀科技实业股份有限公司“华龙一号”K2/K3 项目阀门验收暨项目总结会召开。在该项目中，公司承担了主蒸汽隔离阀、主给水隔离阀、稳压器快速卸压阀、地坑阀及闸阀、截止阀、止回阀等的研制及供货。其中，主给水隔离阀、稳压器快速卸压阀、地坑阀的样机研制也是公司“龙腾 2020 科技创新计划”关键设备研制子课题，且主给水隔离阀、稳压器快速卸压阀、地坑阀、核一级大口径高压楔式闸阀、核级气动闸阀、核一级气动截止阀等均为首次工程产品应用。这一系列核级高端阀门的工程供货标志着公司完全具备了该类阀门的制造和试验能力，实现了我国核电阀门国产化应用的重大突破。

6 月

6 日 在用户的参与及见证下，杭州杭氧股份有限公司膨胀机公司为张家港某大型化工企业配套的两台高低压氢气透平膨胀机发电机组主机完成了性能运转试验，机组各项关键指标均满足设计要求。

11 日 林德工程（杭州）有限公司与盛虹炼化签订盛虹集团 1 600 万 t/a 炼化一体化项目配套 4×95 000m^3/h（O_2）空分装置合同。

20—22 日 由中国通用机械工业协会气体分离设备分会主办的 2019 变压吸附产业发展大会在山西省太原市召开。来自高校、学会、企业等的专家和代表共 100 多人参会，在推动变压吸附产业健康和可持续发展、研究、应用等方面进行了深入交流。

月内 开封空分集团有限公司和清华大学核能与新能源技术研究院共同承担的国家重点研发计划“超高温气冷堆中间换热器合作研发”项目获国家科技部正式批复，获得国拨资金 900 万元。

7 月

1 日 南通大通宝富风机有限公司参与的首个全面执行中国标准的海外大型石化项目——恒逸石化股份有限公司控股子公司恒逸实业（文莱）有限公司兴建的 PMB 石油化工项目三大装置实现全面中交。该项目包括加氢裂化主装置、灵活焦化主装置和加氢精制主装置，其中，灵活焦化装置是企业承建的国内首套、世界第 7 套装置。

1 日 山东省章丘鼓风机股份有限公司与瑞士麦尔兹欧芬堡公司签订石灰窑工程项目罗茨鼓风机设备采购合同，涉及风机 12 台（套），为公司拓展海外风机市场迈出了坚实的一步。

22 日 杭州杭氧股份有限公司中标中石油广东石化分公

司 3 套 7 万 m^3/h 等级空分设备，实现与中石油在特大型空分领域的首次合作。

23 日 由中石化组织召开的重大装备国产化攻关项目“高压立式湿绕组型强制循环热水泵国产化研发”设备出厂验收会在沈阳鼓风机集团股份有限公司举行。由沈鼓集团石化泵公司自主研制的高压立式湿绕组型强制循环热水泵顺利通过验收。

28 日 杭州杭氧股份有限公司发布公告，投资设立青岛杭氧气体公司。这是杭州杭氧股份有限公司的第一家为电子行业供气的气体公司。

31 日 CAP1400 大型先进压水堆核电站示范项目关键设备湿绕组电机主泵样机通过了中国机械工业联合会和中国通用机械工业协会组织的鉴定。鉴定委员会一致认为，该主泵设计先进、结构合理、选材适当、制造工艺优良，为国内外首台（套）。这标志着 CAP1400 湿绕组电机主泵样机研制完成，解决了 CAP1400 示范项目关键设备的瓶颈问题，能够保障示范项目的主泵需求。

8 月

17 日 苏州安特威阀门有限公司自主研发的氧气专用球阀新产品鉴定会在苏州召开。鉴定结论为，安特威专用氧气球阀达到了国际先进水平，建议在煤化工、石油化工等领域推广使用。

26 日 中国通用机械工业协会和中国机械工业联合会在哈尔滨组织召开哈电集团哈尔滨电站阀门有限公司研制的“华龙一号”百万千瓦核电机组 MSR 先导式安全阀工程样机鉴定会。鉴定委员会专家考察了阀门生产场地和试验现场，见证了 MSR 先导式安全阀的部分性能试验，听取了研制工作总结报告，并审查了有关设计、制造、试验、检测等文件资料。鉴定委员会一致认为，该样机研制是成功的，具有自主知识产权，主要性能指标达到国际同类产品先进水平，具备批量生产和推广条件，同意通过鉴定。

9 月

3 日 江苏省机械行业协会、江苏省阀门工业协会在扬州联合召开了由中国石化销售有限公司华南分公司与扬州恒春电子有限公司联合研制的 CKDY300-EX 阀门电液执行机构产品科技成果鉴定会。该产品达到国内领先水平，鉴定委员会一致同意通过鉴定。

4—6 日 由中国通用机械工业协会气体分离设备分会主办的以“凝聚行业智慧 服务产业发展”为主题的第二届空分设备系统优化及新技术应用论坛在江西新余召开。来自国家应急管理部、河北省工业气体协会、河南省工业气体协会等国家安全监督管理部门、行业协会的领导及专家，空分设备成套、配套企业以及钢铁、石化等用户企业的代表共 160 多人参加了论坛。本次论坛围绕节能与安全两大主题，开展了空分设备安全运行的系列讨论。

30 日 南通大通宝富风机有限公司为神华榆林循环经济煤炭综合利用项目（一阶段工程）煤气化装置研制的两台高压氮气循环压缩机成功出厂。该产品能够完全满足在高升压条件下防腐、防爆、密封、强度、噪声等使用要求，为用户系统长期稳定运行打下了坚实的基础。

10 月

1 日 重庆通用工业（集团）有限责任公司自主研制的超大冷量化工用离心式冷水机组顺利通过性能测试及验收，相关性能达到国际先进水平。

13 日 由苏州纽威阀门有限公司研制的一批大口径高压上装式气动超低温开关球阀顺利通过项目验收。该阀门最大口径为 12in（300mm），设计压力为 1 500Lb，应用于中石油江苏 LNG（液化天然气）接收站气化外输能力改造项目，是国内 LNG 接收站项目首次尝试使用该类型开关球阀。

16 日 中国通用机械工业协会成立 30 周年纪念大会在沈阳举行，来自通用机械行业的代表共 400 多人参加大会。大会回顾了中国通用机械工业协会成立 30 年来通用机械行业取得的巨大成就，对为行业发展及协会建设做出突出贡献的企业和个人进行了表彰。杭州杭氧股份有限公司、四川空分设备(集团)有限责任公司、沈阳鼓风机集团股份有限公司等获得中国通用机械工业协会建会 30周年“重大装备突出贡献奖”，开封空分集团有限公司、苏州制氧机股份有限公司、北京北大先锋科技有限公司、杭州新亚低温科技有限公司等获得“特色优势企业奖”。

24 日 第十五届中国工业论坛暨首届绿色新兴工业博览会在浙江杭州国际博览中心举行。会上颁发了 2018 年度中国工业影响力品牌、影响力企业、影响力人物及首台（套）重大技术装备示范项目 4 个奖项。沈阳鼓风机集团股份有限公司囊括了大会评选的所有奖项。

月内 第二届国际流体机械产业高峰论坛阀门分论坛暨第七届国际阀门技术论坛在沈阳召开。此次论坛以“智能制造国际接轨、突破关键支撑发展”为主题，来自中石化南京阀门中心、罗托克、美国福斯集团、伯纳德、上海交通大学核电技术与装备工程研究中心、国家特种泵阀工程技术研究中心、兰州理工大学及骨干企业的专家，就阳光采购与智能化管理、阀门的智能制造、工业阀门智能制造发展和实践之路、定位器新诊断技术对阀门及执行器寿命影响、核电关键阀门力学仿真及安全分析、严酷工况阀门技术论述等主题，与参会代表展开了交流讨论。

11 月

28 日 由金通灵科技集团股份有限公司汽轮机公司研发生产的用于广东龙门垃圾发电项目的 N15-3.83/395 型高转速、高效率凝汽式汽轮机冲转成功。该汽轮机额定功率为 15MW，机组转速为 5 500r/min，内效率比同参数的 3 000r/min 常规汽轮机高出约 3%。

月内 由四川空分设备（集团）有限责任公司设计、供货、安装和调试的重庆万盛 LCO-6000 一氧化碳提纯装置一次性开车成功。该工程是公司首套从 CO/H_2 混合气体中提取高纯度 CO 的项目。

月内 开封空分集团有限公司与中海油再次深度合作，就 30 万 m^3 绕管换热器样机工业化应用与测试进行了可行性研究。

12 月

7 日 金通灵科技集团子公司上海运能能源科技有限公司承建的菲律宾马斯巴特项目 1×17MW 汽轮发电机组并网成功。整套机组从锅炉点火、汽轮机冲转到并网发电，系统运行稳定，辅机设备运转正常，各项性能指标良好，得到业主的好评。

11 日 中国通用机械工业协会和中国机械工业联合会在大连组织召开了由大连深蓝泵业有限公司、中海石油气电集团有限责任公司和中海浙江宁波液化天然气有限公司联合研制的大型 LNG 接收站高压外输泵产品鉴定会。会上，鉴定委员会专家听取了研制总结汇报、用户使用报告，查阅了有关设计、制造、检测、试验及质保等文件资料。专家一致认为，研制的大型 LNG 高压外输泵各项性能指标符合技术规格书、试验大纲及相关标准的要求，填补了国内空白，打破了国外技术垄断，主要技术指标达到国外同类产品先进水平，可进一步推广使用。

13 日 中国机械工业联合

会与中国通用机械工业协会在苏州组织召开了吴江市东吴机械有限责任公司CAP1400主蒸汽安全阀产品样机鉴定会。鉴定专家认为，产品样机设计合理、选材适当、性能优良，满足研制任务书要求。CAP1400主蒸汽安全阀样机的研制成功，填补了国内空白，具备自主知识产权，主要技术参数和性能指标达到了国际同类产品先进水平，可应用于CAP1400/CAP1000及其他核电项目。

23日 中国通用机械工业协会和昆仑能源有限公司在启东召开了LNG用阀门国产化研制新产品鉴定会。江苏神通阀门股份有限公司的总工、工程师就深冷球阀和深冷蝶阀研制作了专题报告，与会专家还见证了产品的性能试验。鉴定专家认为，研制的深冷球阀填补了国内空白，达到国际先进水平；研制的深冷蝶阀填补了国内空白，达到国际先进水平，部分指标达到国际领先水平。产品可在LNG接收站上推广应用。

23日 由江苏神通阀门股份有限公司和秦山第三核电有限公司联合研制的重水堆核级蝶阀产品样机鉴定会在江苏神通阀门股份有限公司召开。鉴定专家认为，重水堆核级蝶阀产品样机研制是成功的，主要技术参数和性能指标达到了国际同类产品先进水平，可在核电站上推广应用。

24日 中国通用机械工业协会与昆仑能源有限公司在江苏无锡组织召开了无锡市亚迪流体控制技术有限公司LNG接收站关键设备国产化低温阀门鉴定会。鉴定委员会一致认为，深冷蝶阀和低温高压调节阀填补了国内空白，达到国内领先水平，可在LNG接收站上推广应用。

25日 由工业和信息化部、中国工业经济联合会联合组织的制造业单项冠军经验交流会在北京举行。会上公布了第四批及通过复核的第一批单项冠军名单，包括沈阳鼓风机集团股份有限公司在内的第一批制造业单项冠军示范企业（共53家）通过复核。

25日 中国核电工程有限公司北京核工程研究设计院组织召开了中核苏阀科技实业股份有限公司承担的示范快堆蒸汽发生器快速隔离阀样机研制项目验收会。样机整机和自研执行机构性能试验满足快堆蒸汽发生器快速隔离阀研发外委技术任务书及试验大纲要求，研制、试验过程受控，符合质量保证要求，同意通过验收。

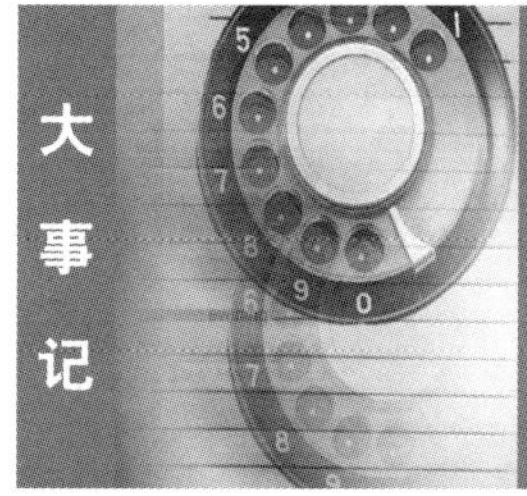

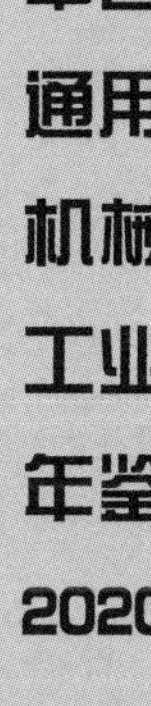

专文

介绍2019年江苏省阀门行业发展情况、永嘉泵阀产业发展情况

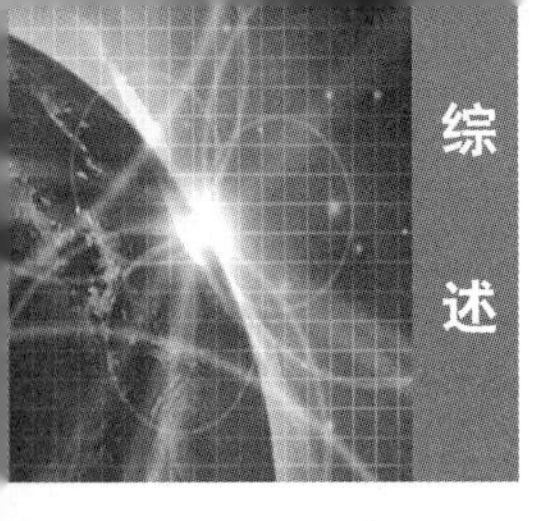

专文

2019 年江苏省阀门行业发展概况

2019 年，在世界经济低迷、外部环境复杂多变的背景下，江苏省阀门行业经济运行总体平稳，产销逐渐回稳，出口基本稳定。行业企业通过数字化、智能化改造，不断提高产品的质量和附加值，产业基础能力和产业链水平持续提升，推动了全行业的高质量发展。

一、经济运行情况

1. 工业总产值平稳增长

2019 年，江苏省阀门工业协会 102 家主要会员企业完成工业总产值 203.04 亿元，同比增长 7.79%。其中，苏州纽威阀门股份有限公司完成工业总产值 26.63 亿元，江苏苏盐阀门机械有限公司完成工业总产值 19.36 亿元，江苏神通阀门股份有限公司完成工业总产值 14.76 亿元，中核苏阀科技实业股份有限公司完成工业总产值 12.55 亿元，南京科远智慧科技集团股份有限公司完成工业总产值 10.80 亿元。102 家企业中，工业总产值同比增长的企业有 75 家，工业总产值同比下降的企业有 27 家。工业总产值增幅较大的企业有西派集团有限公司（增长 51.7%）、苏州道森阀门有限公司（增长 51.5%）、苏州安特威阀门有限公司（增长 45.6%）。2019 年江苏省阀门行业工业总产值前 10 名企业见表 1。

表 1　2019 年江苏省阀门行业工业总产值前 10 名企业

序号	企业名称	工业总产值（万元）	序号	企业名称	工业总产值（万元）
1	苏州纽威阀门股份有限公司	266 276	6	江苏盐电阀门有限公司	70 222
2	江苏苏盐阀门机械有限公司	193 645	7	江苏万恒铸业有限公司	55 567
3	江苏神通阀门股份有限公司	147 600	8	江苏亿阀集团有限公司	43 212
4	中核苏阀科技实业股份有限公司	125 515	9	苏州安特威阀门有限公司	38 600
5	南京科远智慧科技集团股份有限公司	108 029	10	江苏圣业阀门有限公司	36 531

2. 工业销售产值稳步增长

2019 年，江苏省阀门生产企业产品销售普遍增长，各厂家抓住时机，合理组织生产和销售，行业产销实现小幅增长。

2019 年，江苏省阀门工业协会参与统计的会员企业完成工业销售产值 198.39 亿元，同比增长 6.57%。其中，苏州纽威阀门股份有限公司完成工业销售产值 25.96 亿元，江苏苏盐阀门机械有限公司完成工业销售产值 19.33 亿元，江苏神通阀门股份有限公司完成工业销售产值 14.42 亿元，中核苏阀科技实业股份有限公司完成工业销售产值 12.65 亿元，南京科远智慧科技集团股份有限公司完成工业销售产值 10.59 亿元。工业销售产值增幅较大的企业有西派集团有限公司（增长 48%）、苏州道森阀门有限公司（增长 32.6%）、南京科远智慧科技集团股份有限公司（增长 28.5%）、江苏亿阀集团股份有限公司（增长 27%）。2019 年江苏省阀门行业工业销售产值前 10 名企业见表 2。

表 2　2019 年江苏省阀门行业工业销售产值前 10 名企业

序号	企业名称	工业销售产值（万元）	序号	企业名称	工业销售产值（万元）
1	苏州纽威阀门股份有限公司	259 556	6	江苏盐电阀门有限公司	65 626
2	江苏苏盐阀门机械有限公司	193 263	7	江苏万恒铸业有限公司	52 176
3	江苏神通阀门股份有限公司	144 155	8	江苏亿阀集团有限公司	42 851
4	中核苏阀科技实业股份有限公司	126 535	9	江苏圣业阀门有限公司	35 399
5	南京科远智慧科技集团股份有限公司	105 908	10	扬州电力设备修造厂有限公司	35 301

3. 利税总额增幅较大

2019 年，江苏省阀门工业协会参与统计的会员企业实现利税总额 27.69 亿元，同比增长 20.85%。其中，苏州纽威阀门股份有限公司实现利税总额 6.95 亿元，江苏苏盐阀门机械有限公司实现利税总额 3.13 亿元，江苏神通阀门股份有限公司实现利税总额 2.92 亿元，中核苏阀科技实业股份有限公司实现利税总额 1.80 亿元。利税总额增幅较大的企业有江苏经纬阀业有限公司（增长 152%）、氟络塞尔特种阀门（苏州）有限公司（增长 99%）、德科隆（无锡）流体控制有限公司（增长 89%）。2019 年江苏省阀门行业利税总额前 10 名企业见表 3。

表 3　2019 年江苏省阀门行业利税总额前 10 名企业

序号	企业名称	利税总额（万元）	序号	企业名称	利税总额（万元）
1	苏州纽威阀门股份有限公司	69 450	6	江苏盐电阀门有限公司	9 511
2	江苏苏盐阀门机械有限公司	31 307	7	苏州安特威阀门有限公司	6 542
3	江苏神通阀门股份有限公司	29 165	8	常州电站辅机股份有限公司	5 580
4	中核苏阀科技实业股份有限公司	17 975	9	苏州维萨阀门有限公司	5 000
5	南京科远智慧科技集团股份有限公司	14 203	10	江苏亿阀集团有限公司	4 861

4. 行业利润稳中有升

2019 年，江苏省阀门工业协会参与统计的会员企业实现利润总额 22.86 万元，同比增长 47.8%。其中，苏州纽威阀门股份有限公司实现利润总额 5.99 亿元，江苏苏盐阀门机械有限公司实现利润总额 2.20 亿元，江苏神通阀门股份有限公司实现利润总额 1.91 亿元，南京科远智慧科技集团股份有限公司实现利润总额 1.42 亿元，中核苏阀科技实业股份有限公司实现利润总额 1.35 亿元。利润总额增幅较大的企业有苏州道森阀门有限公司（增长 179.2%）、江苏万恒铸业有限公司（增长 163%）、德科隆（无锡）流体控制有限公司（增长 124.5%）、常州兰陵自动化设备有限公司（增长 77.6%）、江苏神通阀门股份有限公司（增长 73.9%）、吴江东吴机械有限责任公司（增长 64.9%）。2019 年江苏省阀门行业利润总额前 10 名企业见表 4。

表 4　2019 年江苏省阀门行业利润总额前 10 名企业

序号	企业名称	利润总额（万元）	序号	企业名称	利润总额（万元）
1	苏州纽威阀门股份有限公司	59 893	6	江苏盐电阀门有限公司	5 987
2	江苏苏盐阀门机械有限公司	21 957	7	苏州安特威阀门有限公司	5 614
3	江苏神通阀门股份有限公司	19 064	8	常州电站辅机股份有限公司	3 540
4	南京科远智慧科技集团股份有限公司	14 204	9	西诺威阀门控制（苏州）有限公司	3 523
5	中核苏阀科技实业股份有限公司	13 536	10	苏州道森阀门有限公司	3 509

5. 出口交货值小幅下降

2019 年，江苏省阀门工业协会参与统计的会员企业中从事阀门外贸业务的企业有 35 家，共完成出口交货值 42.88 亿元，同比下降 1.4%。其中，苏州纽威阀门股份有限公司完成出口交货值 13.66 亿元，江苏盐电阀门有限公司完成出口交货值 4.17 亿元，苏州道森阀门有限公司完成出口交货值 3 亿元，江苏圣业阀门有限公司完成出口交货值 2.62 亿元，苏州工业园区思达德阀门有限公司完成出口交货值 2.25 亿元。出口交货值增幅较大的企业有江苏明通福路流体控制设备有限公司（增长 151.9%）、盐城思达德民力阀门有限公司（增长 121.9%）、氟络塞尔特种阀门（苏州）有限公司（增长 46.9%）。2019 年江苏省阀门行业出口交货值前 10 名企业见表 5。

表 5　2019 年江苏省阀门行业出口交货值前 10 名企业

序号	企业名称	出口交货值（万元）	序号	企业名称	出口交货值（万元）
1	苏州纽威阀门股份有限公司	136 631	6	江苏万恒铸业有限公司	21 544
2	江苏盐电阀门有限公司	41 726	7	苏州维萨阀门有限公司	20 000
3	苏州道森阀门有限公司	30 000	8	江苏圣泰阀门有限公司	19 507
4	江苏圣业阀门有限公司	26 244	9	江苏九龙阀门制造有限公司	18 832
5	苏州工业园区思达德阀门有限公司	22 450	10	西诺威阀门控制（苏州）有限公司	17 500

二、新产品开发与应用情况

2019 年 1 月 19 日，江苏省机械行业协会在苏州召开了苏州纽威阀门股份有限公司和中广核工程有限公司联合研制的 4 台“华龙一号”波纹管核级截止阀新产品样机鉴定会。鉴定结论为，新产品具备批量生产能力，达到国际同类产品先进水平，产品可在其他核电项目推广应用。该产品开发了模块化结构设计，可实现快速更换；采用高刚度轻量化阀盖及支架结构设计，提高了阀门的抗震能力；采用防漏油、双重密封结构设计等，有效避免阀门的潜在泄漏风险。5 月 14 日，中国机械工业联合会与中国通用机械工业协会在苏州组织召开了苏州纽威阀门股份有限公司自主研制的 56″ Class900 高压大口径全焊接球阀产品鉴定会。鉴定委员会认为，56″ Class900 高压大口径全焊接球阀主要性能指标满足技术条件、试验大纲及有关标准的要求，达到了国内外同类产品先进水平，经工业试验后，可推广使用。10 月 13 日，由苏州纽威阀门有限公司研发制造的一批大口径高压上装式气动超低温开关球阀顺利通过项目验收。该阀门最大口径为12in（300mm），设计压力为1 500Lb，应用于中石油江苏LNG接收站气化外输能力改造项目，是国内LNG接收站项目首次尝试使用该类型开关球阀。公司充分发挥自有铸造、研发、加工、超低温试验平台、全球采购资源等优势，严格控制每一个检验节点，在业主与寰球工程公司代表的见证下，所有阀门一次性通过了-196℃超低温测试与低泄漏实验，顺利完成了交付。

2019年1月18日，江苏神通阀门股份有限公司研制的当前国内最大燃气系统*DN*4 500mm全封闭式插板阀运送至客户现场。该产品采取全封闭框架式结构，使得阀门在承受较高的压力下不易变形，从而具有更好的密封性；密封副的松开夹紧为蜗轮蜗杆传动，使阀门运动变得更加平稳；阀体密封面采用不锈钢材质，与橡胶配对密封；阀板采用浮动阀板，调节性能好，能有效防止密封圈脱出，密封更可靠。12月23日，由中国通用机械工业协会组织的江苏神通阀门股份有限公司重水堆核级蝶阀产品样机鉴定会召开。该重水堆核级蝶阀由江苏神通阀门股份有限公司和秦山第三核电有限公司联合研制，鉴定产品为900H2D642X-150C、150H2D672X-150R、400H2D972X-300C。鉴定委员会认为，重水堆核级蝶阀产品样机研制是成功的，主要技术参数和性能指标达到了国际同类产品先进水平，可在核电站上推广应用。

2019年5月，中核苏阀科技实业股份有限公司“华龙一号”K2/K3项目阀门验收暨项目总结会顺利召开。在该项目中，公司承担了主蒸汽隔离阀、主给水隔离阀、稳压器快速卸压阀、地坑阀及闸阀、截止阀、止回阀等的研制及供货。其中，主给水隔离阀、稳压器快速卸压阀、地坑阀的样机研制也是公司“龙腾2020科技创新计划”关键设备研制子课题，且主给水隔离阀、稳压器快速卸压阀、地坑阀、核一级大口径高压楔式闸阀、核级气动闸阀、核一级气动截止阀等均为首次工程产品应用。这一系列核级高端阀门的工程供货标志着公司完全具备了该类阀门的设计制造和试验能力，实现了我国核电阀门国产化应用的重大突破。12月25日，中国核电工程有限公司北京核工程研究设计院组织召开了中核苏阀科技实业股份有限公司承担的示范快堆蒸汽发生器快速隔离阀样机研制项目验收会。样机整机和自研执行机构性能试验满足快堆蒸汽发生器快速隔离阀研发外委技术任务书及试验大纲要求，研制、试验过程受控，符合质量保证要求，同意通过验收。

2019年年初，南通市电站阀门有限公司签订了百万机组改造项目用主蒸汽闸阀采购技术协议。该闸阀设计工作温度为605℃、工作压力为27.56MPa，两台产品均一次装配试验合格，启闭灵活。2月，两台主蒸汽F92锻钢闸阀顺利通过业主现场见证验收，交付用户使用。

2019年8月17日，苏州安特威阀门有限公司自主研发的氧气专用球阀新产品鉴定会在苏州召开。鉴定结论为，安特威专用氧气球阀达到了国际先进水平，建议在煤化工、石油化工等领域推广使用。该氧气专用球阀采用公司自主研发的硬质合金密封面涂层，解决了高温、高压、脱油脱脂、超纯气体工况下金属粘接的难题；采用了无O形圈结构、定量压缩、碟簧补偿及双滑块等设计，解决了氧气工况下内漏、外漏、扭矩不稳定和卡涩的难题。

2019年9月3日，江苏省机械行业协会、江苏省阀门工业协会在扬州联合召开了由中国石化销售有限公司华南分公司与扬州恒春电子有限公司联合研制的CKDY300-EX阀门电液执行机构产品科技成果鉴定会。该产品已达国内领先水平，鉴定委员会一致同意通过鉴定。产品主要技术特点和创新点：采用双向齿轮泵及密闭油箱，延长液压油使用寿命；角行程采用磁性编码器，实现0.1° 的精确角度测量，可实现非接触式位置检测，阀门位置检测不漂移；在 -40 ～ 70℃的环境下，蓄能器保压时间不少于 30 天；采用专用防电涌设计，在电源和信号端实现电涌保护，适用于高雷区的环境应用，并通过了国家级防雷检测中心的检测；研发了 500kN 液压负载推拉力综合测试台，保证了大推力测试的准确性。当前该产品已投入批量生产，在中石油、中石化等管道与油库、水务行业得到了良好应用。

2019 年，孚德逊（苏州）通用设备有限责任公司成功开发出安特洛斯（ANTI-LOOSE）阀门产品配套件 —— 双碟防松垫片，解决了双碟防松垫片重大技术难题。双碟防松垫片由两片垫片组成，采用结构制锁方式，垫片的小齿面加工成放射状直齿或圆弧齿，大齿面加工成大齿斜面。当螺栓预紧时，垫片小齿面一侧楔入螺栓头接触面，另一侧小齿面楔入联接件表面，两垫片之间大齿面相楔啮合，实现自锁功能。同时，全系列产品硬度和韧性实现了较好的平衡，减少了碎裂隐患。该产品已通过锁紧垫片类产品横向振动试验，取得了国家机械工业通用零部件产品质量监督检测中心产品检测合格报告，防松锁紧效果完全符合国家标准。

2019 年 10 月，江苏圣泰阀门有限公司承接的中石化安庆分公司热电项目用高温、高压锻造系列阀门顺利通过验收，成功交付用户。该项目阀门产品的阀体采用 12Cr1MoV 合金结构钢整体锻造，设计压力为 14MPa，使用温度为 540℃。闸阀导向条和闸板导向槽表面堆焊硬质合金，当阀杆施加扭矩时，阀瓣与密封面之间均匀接触，确保介质流体泄漏量为零，延长阀门使用寿命。滑动部件间有一定的硬度差别，以防相互咬紧，并提供有利的磨损特性；配套电动执行机构单程开启或关闭都控制在 90s 以内，具有足够的力矩和刚度，保证开启或关闭时的稳定性。

2019 年 12 月 13 日，中国机械工业联合会与中国通用机械工业协会在苏州组织召开了吴江市东吴机械有限责任公司 CAP1400 主蒸汽安全阀产品样机鉴定会。鉴定委员会认为，产品样机设计合理、选材适当、性能优良，满足研制任务书要求。CAP1400 主蒸汽安全阀样机的研制成功，填补了国内空白，具有自主知识产权，主要技术参数和性能指标达到了国际同类产品先进水平，可应用于 CAP1400/CAP1000 及其他核电项目。

2019 年 12 月 24 日，中国通用机械工业协会与昆仑能源有限公司在江苏无锡组织召开了无锡市亚迪流体控制技术有限公司 LNG 接收站关键设备国产化低温阀门鉴定会。鉴定委员会认为，深冷蝶阀和低温高压调节阀填补了国内空白，达到国内领先水平，可在 LNG 接收站推广应用。

三、行业中存在的问题及发展建议

当前，江苏省阀门行业经济运行总体向好，但行业企业之间发展不平衡，尤其外贸企业不确定因素增加，导致外贸出口同比下降。近几年，受用户低价中标、回款拖欠、流动资金少等影响，行业企业利润率较低，带来行业经济效益的下滑。行业企业负债率居高不下是困扰企业的最大问题，值得引起重视。

要尽快改变阀门行业用工难、技术工种人员缺少的局面，开辟多种途径来吸引人才、培养人才，改变行业多年用工荒的难题；走科技创新、智能化发展之路，提高行业发展质量水平；制定实实在在的扶持政策，降低有关税费，使企业能够有更多精力开发新产品，提高企业内部效益。

〔撰稿人：江苏省阀门工业协会盛根林〕

2019 年永嘉泵阀产业发展概述

一、产业发展概况

2019 年，永嘉县泵阀行业继续保持较快增长，国内、国际两大市场持续保持旺盛需求态势。据统计，1—12 月，永嘉县完成泵阀工业总产值 292 亿元，同比增长 13.5%。永嘉县泵阀行业规模以上企业有 147 家，完成工业总产值 102.63 亿元，同比增长 16.3%。全行业在永嘉、温州乃至浙江省范围内的影响力稳步提升。外贸自营出口额为 18.4 亿元，同比增长 6.5%。

二、产业发展举措

1. 平台建设

（1）搭建技术交流平台。2019 年 1 月 8 日，在温州职业技术学院举行了浙南职业教育集团成立大会，浙江省泵阀行业协会（简称协会）被推介为该集团的副理事长单位。3 月 11—12 日，广东 - 独联体国际科技合作联盟副秘书长等一行先后走访泵阀企业，就金属材料、耐磨技术、表面处理、焊接及国外院士专家的高端国际人才引进等方面进行了深入的探讨。9 月 28 日，由协会常务副会长单位超达阀门集团股份有限公司等企业与开封大学联合成立的国内首家阀门行业学院 —— 开封大学阀门学院在开封大学揭牌，开创了国内阀门民营企业直接参与高校办学的先河。10 月 26 日，协会联合温州职业技术学院、温州系统流程装备科学研究院、温州机械工程学会、永嘉县科技开发服务中心等单位在永嘉瓯北举办第二届中国控制阀专家论坛。在 2019 世界科学家峰会期间，借全国各专家云集永嘉之际，协会联合永嘉县科协、浙江省机械工程学会等单位，在伯特利科技有限公司和宣达实业集团有限公司连续举办两场高层次产业技术需求对接会。12 月 18—20 日，协会与浙江省机械工程学会共同邀请浙江大学一批教授、专家在国家阀门（浙江）质量监督检测中心、宣达实业集团有限公司、保一集团有限公司、球豹阀门有限公司等单位举行产业技术对接活动。

（2）建立技术人才专家库。5 月 14 日，协会联合永嘉泵阀科技服务中心，举行了温州泵阀行业技术人才专家库成立仪式。本着“在于精不在于多”的原则，严格把关入选要求，共有 25 名专家入库。

（3）搭建智能制造云平台。3 月 15 日，协会协助县经信局等部门组织召开了永嘉泵阀智能制造云平台座谈会，选出包括伯特利科技有限公司、凯泉集团有限公司、超达阀门集团股份有限公司、宣达实业集团有限公司、球豹阀门有限公司等一批龙头企业在内的 28 家企业作为首批智能制造示范企业。政府加大财政补助力度，通过个性化定制、互联网、云计算来推动泵阀行业改造提升，实现机器换人和智能制造。到 2020 年年底，全行业智能制造企业将达到 100 家以上。

2. 标准制定

2019 年 1 月 24 日，由保一集团有限公司主导制定的《液化天然气阀门》《弹簧载荷式安全泄压阀》《先导式安全泄压阀》等 3 项“浙江制造”团体标准研讨启动会顺利召开。专家针对 3 项标准的先进性指标和标准内容进行了仔细分析和讨论，确定了符合“浙江制造”标准要求的国内一流、国际先进水平的先进性指标内容。

4 月 29 日，由纽顿流体科技有限公司主导的“浙江制造”团体标准《波纹管密封钢制截止阀》启动暨第一次研讨会在浙江省泵阀产品质量检验中心顺利召开。10 月 30 日，该标准评审会在永嘉县质检大楼举行，邀请邱晓来、陈国顺、吴建东等专家参加评审。

9 月 21 日，由协会与浙江省泵阀产品质量检验中心牵头组织制定、保一集团有限公司等单位共同参与起草的《液化天然气阀门》《弹簧载荷式安全泄压阀》《先导式安全泄压阀》等 3 项“浙江制造”团体标准评审会在保一集团有限公司举行。

3. 项目申报

2019 年，协会协助政府部门申报重大项目，推进产业转型升级。

2019 年 5 月 28 日，协会向县委县政府提交了“关于申请建设永嘉县泵阀配套产业园的报告”，申请建设永嘉泵阀配套产业园，拟投资 10 亿元，建设占地面积 20 万 m^2（300 亩）的配套产业园区，以解决中小微企业特别是“专精特新”企业的生产用地难题。该报告受到了县委县政府主要领导的高度重视。

受政府有关部门的委托，协会于 2019 年 9 月 18—25 日开展了泵阀行业交易市场情况调查工作，并多次参与了“泵阀展览交易中心规划设计方案”“泵阀展示交易中心合作协议”的讨论，为项目的顺利推进提出了许多专业性的意见和建议。12 月 19 日，协会起草并提交了“永嘉县徐岙 200 亩精密铸造（锻造）基地建设项目方案”，为整个项目的启动创造了有利条件。

协会参与综合体建设。自 2019 年 2 月以泵阀产业为主要载体的“浙江永嘉系统流程装备创新服务综合体”被省政府列入第二批省级产业创新服务综合体，由各相关部门、科研机构、龙头企业和行业协会等组建成立的理事会作为综合体的决策机构，常设机构为综合体秘书处。成立了永嘉阀协科技创新服务有限公司，开展市场化运营和管理，努力打造“技术研发—智能制造—检验检测—成果转化”的产业创新生态链。

4. 组织培训

2019 年 3 月 29 日，温州市阀门技能培训启动仪式暨车工安全和文明生产教育在永嘉县质检大楼举行。本次培训由协会、温州职业技术学院、温州系统流程装备科学研究院主办，温州市泵阀技能培训中心承办，共有 150 余名企业负责人、人力资源负责人和一线工人参加培训。

7 月 23 日，由永嘉县商务局主办、协会承办的“永嘉阀门产业国际市场开拓专题研讨会”在永嘉县质检大楼举行，伯特利科技有限公司、超达阀门集团股份有限公司、球豹阀门有限公司、方正阀门集团有限公司、永一阀门集团有限公司等 40 家阀门企业的近 50 名负责人和外贸部经理参加研讨会。

7 月 26 日，由协会和杭州先临三维数字系统工程有限公司联合举办的泵阀行业“设计—仿真—制造”一体化解决方案培训会在永嘉质检大楼举行，来自超达阀门集团股份有限公司、保一集团有限公司、方正阀门集团有限公司、欧维克集团有限公司、宣达实业集团有限公司、恒华阀门有限公司、特技阀门集团有限公司、百强阀门集团有限公司及精嘉阀门集团有限公司等企业的 30 多位设计研发人员参加培训。

8 月 14 日，由协会和温州市人民检察院、永嘉县人民检察院联合举办的“预防民营企业工作人员职务犯罪”专题讲座在科福龙阀门集团有限公司举行，协会组织 20 多家会员企业参加了讲座。

8 月 28—30 日，协会联合兰州理工大学温州泵阀工程研究院共同举办的“泵阀行业系列学术报告暨产品基础知识培训”在宣达实业集团有限公司举行。此次培训主要针对研究院在读研究生、泵阀企业研发技术人员等。

11 月 10 日，协会在常务副会长立信阀门集团公司董事长王启耐的大力支持下，联合上海材料研究所举办“永嘉泵阀行业理化检验员培训班”，邀请上海材料研究所的专家就力学、化学光谱、金相等内容进行培训。共有约 50 名企业理化人员参加培训并取得资格证书，为后续的企业招投标工作提供有力支持。

11 月 28 日，由协会和温州系统流程装备科学研究院联合主办的“5G 时代阀门企业运用社交媒体应对新格局培训班”在永嘉县质检大楼举行，共有 30 余名泵阀企业的外贸负责人参加培训。

12 月 20 日，由永嘉县科学技术局、永嘉县科学技术协会联合主办，协会和永嘉县铸造行业协会联合承办的“泵阀产品原材料热处理技术培训会”在温州举行。来自泵阀、铸造等行业的企业负责人和技术人员共 50 余人参加了培训会。

5. 考察学习

2019 年 2 月 18 日，永嘉县副县长董庆标带领全县相关部门人员赴乐清、温岭等地考察、学习智能制造和产业创新服务综合体建设。6 月 11 日，协会与县科技局、温州系统流程装备科学研究院考察、学习“温州市国家大学科技园”校地合作、高端人才引进等先进经验和做法。6 月 29—30 日，江苏省阀门工业协会会长彭新英同中核苏阀科技实业股份有限公司、江苏神通阀门股份有限公司、江苏苏盐阀门机械有限公司和苏州纽威阀门股份有限公司等企业的近 40 家常务理事单位负责人在协会会长黄胜丰的陪同下，到浙江永嘉、龙湾考察当地阀门企业。

6. 组织参展

2019 年 5 月 18 日，为期三天的第 22 届广州国际流体展暨泵阀门管道展览会在广交会展馆闭幕。此次展会由协会与广东省机械行业协会、广东-独联体国际科技合作联盟联合主办。展会同期举办了“2019‘一带一路’国际能源化工装备与技术创新高峰论坛”，邀请俄罗斯石油公司、吉尔吉斯斯坦石油天然气集团、格鲁吉亚石油天然气公司、乌克兰国家科学院金属合金物理研究所等的高级管理人员介绍装备制造领域最新创新成果、本国石油天然气行业发展情况及需求。协会秘书长陈文荣介绍了浙江泵阀企业在“一带一路”沿线国家的出口情况。

9 月 18 日，协会组织方正阀门集团有限公司、科福龙阀门集团有限公司、高东阀门有限公司、浙江欧菲石油机械有限公司、浙江焜卓自控阀门有限公司和浙江成高阀门有限公司等会员企业参加第 12 届印尼国际石油天然气勘探、产品及精炼展览会，拓展印度尼西亚市场，开拓“一带一路”市场。

由中国商务部主办、温州市政府与法兰克福展览会（上海）有限公司、中国机电产品进出口商会等单位联合主办的第三届“中国机械工业（俄罗斯）品牌展”于当地时间 10 月 30 日在莫斯科开幕。协会组织了方正阀门集团有限公司、浙江永联阀门集团有限公司、欧维克阀门有限公司和特普阀业有限公司等企业参与展会。

7. 开展宣传和公益活动

2019 年，协会组织对行业、企业重大活动在《温州都市报》、温州电视台等媒体上进行宣传报道，编辑出版《泵阀纵横》杂志，更新网站信息 1 000 余条。通过微信公众号发布相关文章十余篇，进一步加大了对外宣传力度。

2019 年 8 月 10 日，超强台风“利奇马”过境，在浙江温岭登陆，永嘉县山早村等地由于山体滑坡形成堰塞湖并决口，造成严重的经济损失与人员伤亡。协会积极响应县委县政府的号召，于 8 月 15 日向全行业发出“关于台风‘利奇马’灾后重建接受捐赠援助的倡议书”，组织开展向灾区捐款献爱心活动，得到了广大会员及相关企业的积极响应。短短数天，共收到 48 家企业的近 400 万元爱心捐款，协会也捐出 1 万元支援灾区建设。协会会员企业用实际行动向受灾群众表达了一份心意，献出自己的微薄之力。

〔撰稿人：浙江省泵阀行业协会陈文荣、周思聪〕

高端访谈

引领行业创新发展
建设世界一流工业气体供应商
——访林德亚太工程有限公司总经理查文杰

《中国通用机械工业年鉴》编辑部　魏素芳　陈美萍

查文杰 总经理

查文杰，现任林德工程亚太区工程总监、林德亚太工程有限公司杭州总经理。1984年毕业于上海理工大学制冷与低温技术专业，2002年加入林德工程，在低温和空气分离领域已经工作了35年。

1.林德经过多年的发展，成为全球领先的工业气体和工程公司。请介绍一下公司的发展历程及当前的生产经营情况。

作为全球领先的工业气体和工程公司，林德于2018年和普莱克斯完成了市值900亿美元的对等合并。2019年，林德的销售总额为280亿美元，当前旗下包含林德气体和林德工程。

林德工程总部位于德国慕尼黑，设有亚太与美洲两大区域中心以及20多个分支机构。其中，亚太区中心位于中国，在新加坡、马来西亚、印度、泰国、韩国、澳大利亚等地设立了10余个分公司及办事机构。

1986年，林德工程在北京开设了第一个代表处，1995年开设了大连生产工厂，1996年设立上海工程中心。

2002年，林德工程（杭州）有限公司成立，负责销售、工程、采购、施工、项目执行和客户服务。2020年9月，林德亚太工程有限公司成立，林德工程亚太区总部正式落户杭州。林德成为第一家在杭州设立的亚太区域性总部的世界500强外资企业。这对于林德在中国乃至全球的发展具有里程碑式的意义。当前，林德工程在中国拥有近1000名员工。林德已向多个行业的客户提供了200多套包括空分设备、制氢和天然气液化装置在内的工业气体装置，并建立了长期友好的合作关系。

140多年来，林德工程凭借约1400项气体工艺工程专利应用，已为全球的第三方客户和林德气体提供了4600多套工业装置，其中空气分离装置3000余套。林德工程始终致力于为客户提供质量上乘、技术先进以及高性价比的工业气体装备。

2.请介绍一下公司的主导产品及其在重点项目中的应用情况。

林德工程的产品涵盖了工业气体装置的各个方面，除了空分设备外，还有烯烃装置、天然气装置、氢气和合成气装置、变压吸附装置等。这些产品除了应用于传统的冶金、石化行业外，更广泛地运用到煤化工、炼化一体化、电子气及清洁能源等领域。

2013年，林德为印度贾姆讷格尔公司煤制油项目提供5套15万m^3/h制氧装置，该装置是当前全球单套制氧能力最大的空分装置。该项目的冷箱来自林德工程大连工厂，冷箱长、宽均为10m，高为70m，总吨位达880t，是当前世界上最大的组装式冷箱。

空分装置塔器在林德大连出厂

印度贾姆讷格尔项目整体冷箱交付

2013年，林德为神华宁煤年产400万t煤制油项目完成了6套10万m^3/h空分集群设备的供货任务。2016年，林德为大连恒力石化2000万t/a炼化一体化项目提供6套8万m^3/h空分装置，其冷箱是当时国内最大的组装式冷箱。2017年，林德为重庆巴斯夫提供了一套75000m^3/h SMR（蒸汽重整制合成气装置），这也是林德在中国所承建的最大的SMR装置。

林德为大连恒力石化提供整体冷箱空分集群

当前，林德工程已向国内市场交付了200多套工业气体装置，为中国工业气体行业的发展和进步做出了应有的贡献。

近年来，公司在氢能源领域也加大了开发力度，现有产品包括太阳能聚热发电、液氢装置、水电解氢装置以及加氢站等。

2020年，林德与大连冰山集团签署协议，在辽宁省大连市成立合资公司，共同建造加氢站，旨在满足亚太地区不断增长的市场需求。该加氢站将从2021年起，为当地燃料电池汽车提供氢能源。在接下来的几年内，林德加氢站的生产能力将进一步提升。

2014年，林德在奥地利维也纳开始首次小规模的加氢站建设，而即将在大连生产的离子压缩机IC90和双离子压缩机IC90系统也将依托林德在维也纳研发的离子压缩机技术。该项技术经过验证，具有节能、节省空间的特点。

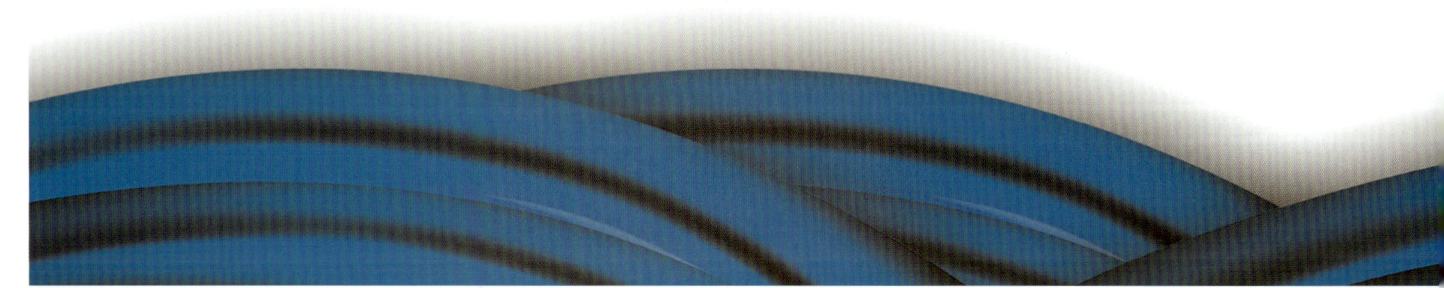

在大连制造的离子压缩机采用五步过程将气态氢压缩至100MPa

德国威斯巴登ESWE公交车加氢站（35MPa）

林德拥有氢能生产、加工、储存、配送等领域的先进技术和解决方案，并拥有完善的液态氢生产与配送系统。公司还运营着世界上第一个高纯度氢气储存洞穴，并拥有超过1000km的氢气管道网络，为客户提供可靠的氢能源供应服务。同时，林德在向清洁氢能转型的过程中也处于领先地位，已经在全球参与建设了190多个加氢站，运营着80组氢能电解槽。

3.请介绍一下公司如何践行持续性发展的理念

每一天，我们矢志不渝，践行企业使命——精益丰产，惠泽全球，以高质量的技术、服务和解决方案，帮助客户取得更大的成功，同时保护我们的地球使之可持续发展。

林德以“安全、诚信、责任、包容、共建”的价值观，致力于成为全球表现最佳的工业气体和工程公司，为客户提供创新和可持续的解决方案。在严格遵守林德领先的“安全、健康、环境和合规”原则下，为客户提供总成本最优的解决方案，并持续服务于全球工业气体领域的健康发展。

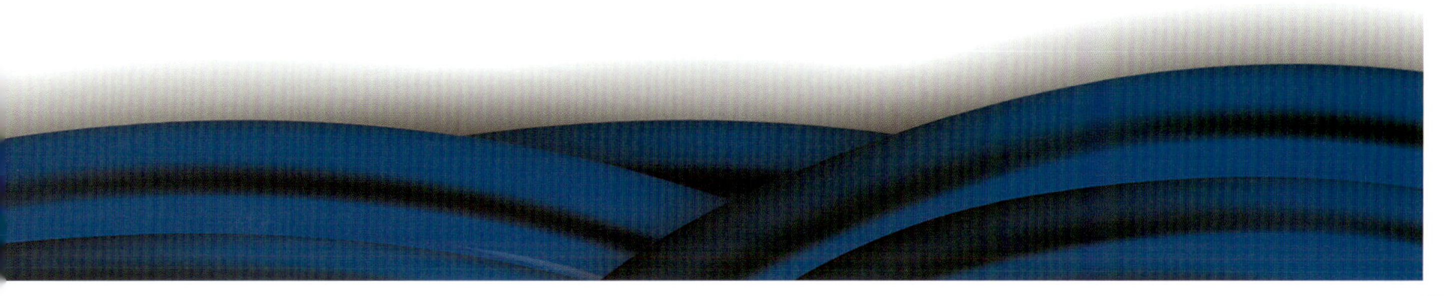

我们将在更广阔的全球布局中充分发挥个人优势和集体优势，通过增强业务网络集中度，实现工业气体、医疗气体业务盈利性增长及可持续发展；凭借世界一流的工程和技术能力，与第三方客户共同实现盈利性增长。林德会继续以创新为理念，为客户探索新的技术和应用方法，开发优质产品和革新工艺，向每位客户提供能满足其质量期望的产品和服务。

4.转型升级是制造业发展的一大趋势，针对当前的国内外市场形势，公司制定了怎样的发展策略？

林德工程的业务与中国宏观经济以及行业产能情况密切相关。2003—2013年，林德业务发展很快，主要受益于中国钢铁、现代煤化工行业的发展。2014—2016年，钢铁产能过剩，煤化工项目批复延缓，公司业务随之出现了一定的下滑。林德积极调整策略，瞄准新的市场热点，如电子气体、石油炼化一体化等业务。当前，林德亚太工程有限公司积极进行战略布局，抓住海外市场，响应“一带一路”倡议，让更多的产品走出中国、走向世界。

未来，林德工程计划将亚太区作为业务重点。除中国市场外，将积极开拓东南亚、澳大利亚、韩国等地区市场，承接和管理整个亚太区内的设计、销售及工程业务。公司的业务将形成“双轮驱动”的模式，为客户提供技术创新和可持续发展的工业气体装置和服务，稳定、健康、持续地发展壮大，以实现林德“精益生产，惠泽全球”的目标。

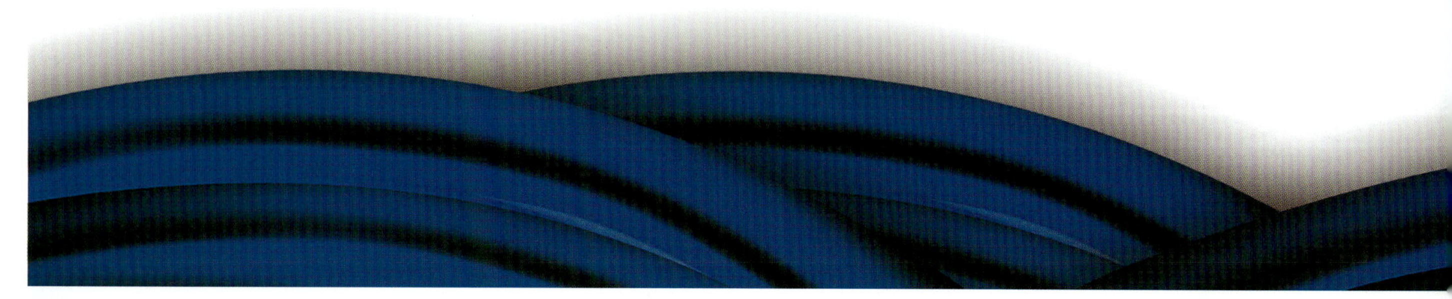

林德工程大事记

1879年

著名的德国科学家、低温技术的先驱者——卡尔·冯·林德博士创建了林德低温设备公司，即林德的前身。

1895年

卡尔·冯·林德博士首次利用绕管式换热器（CWHE）实现工业规模的空气液化。

1902年

卡尔·冯·林德博士建立了世界上第一套空气分离装置，开创了世界工业气体的先河。

1913年

林德第一套空气分离装置出口到中国，正式进入中国市场。

1986年

林德工程北京代表处成立，于2017年并入林德工程（杭州）有限公司。

1995年

林德工艺装置有限公司于大连成立，于2005年变更为林德工程（大连）有限公司，是林德工程位于中国的制造中心。

2002年

林德工艺装置有限公司杭州工程与销售中心于杭州成立，于2005年变更为林德工程（杭州）有限公司。

2004年

林德工程设计提供了中国第一套大型液化天然气装置（位于新疆鄯善），为中国天然气工业的发展树立了标杆。

2010年

林德工程大连工厂的规整填料生产线落成并投入生产。此外，还设有塔器、冷箱及绕管换热器等生产线。

2013年

林德工程签订了中国国内总体规模最大的空分装置合同——神华宁煤400万t/a煤制油项目配套的6套10万m^3/h空分装置。

2015年

印度贾姆讷格尔公司5套150000m^3/h空分项目所有整体冷箱由林德工程大连工厂制造，完成整体组装并交付项目现场。该设备单体质量超过880t，是当前世界上单体制氧产量最大的空气分离设备。

2016年

林德工程为大连恒力石化2000万t/a炼化一体化项目提供6套8万m^3/h空分装置，其冷箱也是当时国内最大的组装式冷箱。

2017年

神华宁煤的空分装置完成移交，标志着林德工程完成了第100台空分装置的交付。

2018年

林德和普莱克斯完成了市值900亿美元的对等合并，成为全球最大的工业气体业务供应商。

2020年

林德亚太工程有限公司成立，杭州成为林德工程亚太区域总部；在上海、新加坡、马来西亚、印度、泰国、韩国、澳大利亚等地设立分公司及办事机构。

行业概况

从生产发展情况、市场及销售、科技成果及新产品、基本建设及技术改造、企业结构调整等方面报道我国通用机械行业各分行业的发展情况

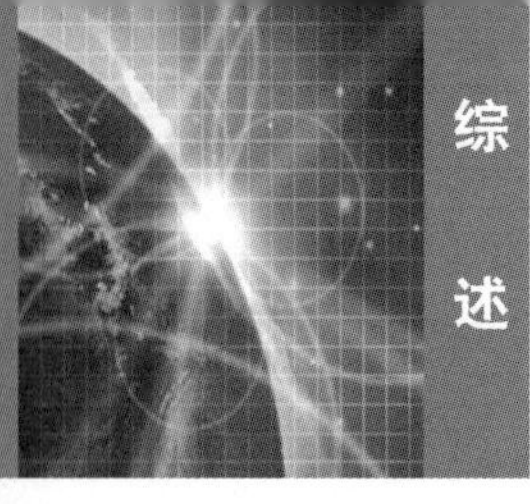

行业概况

2019 年泵行业概况

2019 年，泵行业企业面对复杂的国内外经济发展环境，坚持创新发展理念，全面推动行业健康发展，行业经济运行保持了稳中向好、稳中有升的良好态势。

一、生产发展情况

2019 年，据国家统计局对泵行业 1 217 家规模以上企业统计：主要产品产量 17 781.23 万台，同比增长 0.33%，较上年回落 2.74 个百分点。实现主营业务收入 1 686.68 亿元，同比增长 6.21%，较上年回落 3.94 个百分点；实现利润总额 140.21 亿元，同比增长 15.68%，较上年提升 7.47 个百分点；完成出口交货值 272.34 亿元，与上年持平。

2019 年，据中国通用机械工业协会泵业分会对 192 家会员企业统计：完成工业总产值 620.5 亿元，同比增长 4.19%，比上年回落 0.75 个百分点；完成工业销售产值 582.6 亿元，同比增长 2.44%，比上年回落 3.62 个百分点；完成工业增加值 182.9 亿元，同比增长 5.59%，比上年回落 3.38 个百分点。在 192 家会员企业中，工业总产值超过亿元的企业有 108 家，共完成工业总产值 585.9 亿元，占行业完成工业总产值的 94%。

2019 年，泵行业 62 家重点骨干企业主要经济指标完成情况：完成工业总产值 398.8 亿元，同比增长 3.5%；实现主营业务收入 390 亿元，同比增长 4.3%；实现利润总额 29.2 亿元，同比增长 13.5%；实现利税总额 44.2 亿元，同比增长 8.7%。2019 年泵行业工业总产值前 20 名企业见表 1。

表 1　2019 年泵行业工业总产值前 20 名企业

序号	企业名称	工业总产值（万元）	同比增长（%）
1	上海东方泵业（集团）有限公司	307 611	6.4
2	上海凯泉泵业（集团）有限公司	302 934	4.7
3	上海连成（集团）有限公司	300 311	6.9
4	上海熊猫机械（集团）有限公司	264 250	8.2
5	南方中金环境股份有限公司	260 816	6.7
6	利欧集团浙江泵业有限公司	198 368	16.1
7	新界泵业集团股份有限公司	153 791	8.8
8	中国电建集团上海能源装备有限公司	135 997	7.0
9	上海凯士比泵有限公司	131 225	9.7
10	丰球集团有限公司	127 360	-0.1
11	广州市白云泵业集团有限公司	119 446	14.7
12	广东凌霄泵业股份有限公司	112 192	-0.9
13	安徽天马泵阀集团有限公司	108 421	3.6

（续）

序号	企业名称	工业总产值（万元）	同比增长（%）
14	广东肯富来泵业股份有限公司	95 527	-1.1
15	大耐泵业有限公司	91 207	9.2
16	嘉利特荏原泵业有限公司	86 838	35.7
17	赛莱默水处理系统（沈阳）有限公司	84 025	6.4
18	武汉特种工业泵厂有限公司	80 938	23.7
19	君禾泵业股份有限公司	74 990	16.3
20	重庆水泵厂有限责任公司	72 661	28.8

2019 年，沈鼓集团核电泵业有限公司完成产品订货 14 710 万元，占集团下达指标的 73.6%。公司与烟台市台海集团签订了关于海上核动力浮动平台及其他项目的联合体合作协议，与中广核工程公司签订了“华龙一号”APA 液力耦合器技术咨询协议，共同致力于“华龙一号”主给水泵用耦合器的研发；与中核供应链有限公司签订了供应商采购平台合作框架协议。

大耐泵业有限公司产品种类齐全，包括应用于工业领域的 OH 型（除 OH6 型外）、BB 型、VS 型泵以及特殊用途的泵（如自吸泵、潜水泵、轴流泵、混流泵、高温熔盐泵、低温乙烯泵）。2019 年，公司对 OH2 型泵产品进行全面的标准升级，对 OH1 型泵产品进行全面的结构升级改造，重点发展了稳定性高的中小规格 BB2 型泵，完成了 BB4 型泵、BB5 型泵产品可靠性的升级改造。公司主要产品产量 10 651 台（套），同比增长 2.81%。

2019 年，江苏振华海科装备科技股份有限公司实现主营业务收入 2.84 亿元，实现利税 1.13 亿元；技改投入 865 万元。公司完成新产品开发 28 项，申请专利 12 项；被评为国家专精特新科技“小巨人”企业、国家两化融合管理体系贯标示范企业；荣获教育部科学技术进步奖二等奖、江苏省军民融合科技创新奖三等奖。

2019 年，中国电建集团上海能源装备有限公司传统业务和非传统业务实现双增长，全年新签合同额 26.78 亿元。公司荣获全国文明单位、上海市文明单位、“守合同　重信用”AAA 企业等荣誉称号，连续第 7 年荣获“上海市平安示范单位”称号。公司检测中心通过国家 CNAS 复评评审。

2019 年，大连深蓝泵业有限公司产品产量 3 306 台，完成工业总产值 59 638 万元，完成工业销售产值 59 776 万元，实现利润总额 1 230 万元。公司为浙江石化 4 000 万 t/a 炼化一体化二期项目提供 501 台石油化工泵。

2019 年，三联泵业股份有限公司总资产达 4.8 亿元，净资产突破 2.6 亿元，签单总额 3.81 亿元。

2019 年，西安泵阀总厂有限公司完成工业总产值 34 905 万元，实现主营业务收入 31 707 万元，实现利润总额 3 515 万元。货款回收完成 33 456 万元，同比增长 11.27%。

2019 年，上海连成（集团）有限公司销售额达到 29.6 亿元，同比增长 10% 以上。其中，市政行业销售额增长 31%，建筑行业销售额增长 8%，工矿行业销售额增长 4%。全年产品产量同比增长 11.56%。100 万元以上合同共计 275 份，同比增长 17.98%。其中，建筑行业合同占比 56.4%、工矿行业合同占比 27.3%、市政行业合同占比 16.3%。

2019 年，湖南天一奥星泵业有限公司完成中化泉州石化有限公司100万t/a乙烯及炼油改扩建项目和中石油长庆油田上古天然气项目等多个重点项目产品的研发、生产工作。公司完成工业总产值40 330万元，同比增长14.29%；实现主营业务收入31 726万元，同比增长12.03%；实现利润总额1 858万元，同比增长14.20%。

2019年，重庆水泵厂有限责任公司实现主营业务收入61 421万元，实现利润总额8 516万元，新增订货76 300万元，回款为70 155万元，应收账款为23 500万元，存货为20 000万元。

二、市场及销售情况

2019年，泵业分会参与统计的192家会员企业共实现主营业务收入613.2亿元，同比增长4.88%，比上年回落0.12个百分点；实现利润总额48.1亿元，同比增长12.63%，比上年提高17.79个百分点；实现利税总额71.3亿元，同比增长6.7%。192家企业中，盈利企业有171家，亏损企业有21家。2019年泵行业主营业务收入前20名企业见表2。2019年泵行业利润总额前20名企业见表3。

表2　2019年泵行业主营业务收入前20名企业

序号	企业名称	主营业务收入（万元）	同比增长（%）
1	上海凯泉泵业（集团）有限公司	357 569	10.0
2	上海东方泵业（集团）有限公司	300 237	7.0
3	上海连成（集团）有限公司	295 649	10.2
4	上海熊猫机械（集团）有限公司	249 295	8.2
5	南方中金环境股份有限公司	243 293	-2.8
6	利欧集团浙江泵业有限公司	185 042	15.2
7	新界泵业集团股份有限公司	158 677	12.4
8	安徽天马泵阀集团有限公司	154 521	7.0
9	中国电建集团上海能源装备有限公司	132 300	7.2
10	上海凯士比泵有限公司	131 847	5.2
11	丰球集团有限公司	127 356	-0.1
12	广东凌霄泵业股份有限公司	113 494	8.3
13	广州市白云泵业集团有限公司	109 584	14.7
14	大耐泵业有限公司	100 665	15.5
15	广东肯富来泵业股份有限公司	92 367	5.0
16	赛莱默水处理系统（沈阳）有限公司	84 552	6.9
17	嘉利特荏原泵业有限公司	81 092	39.5
18	山东双轮股份有限公司	77 123	-1.3
19	武汉特种工业泵厂有限公司	70 706	21.0
20	三联泵业股份有限公司	67 868	4.0

表3　2019年泵行业利润总额前20名企业

序号	企业名称	利润总额（万元）	同比增长（%）
1	广东凌霄泵业股份有限公司	31 978	16.1
2	利欧集团浙江泵业有限公司	25 493	137.7
3	南方中金环境股份有限公司	24 128	-4.1
4	上海熊猫机械（集团）有限公司	23 756	3.9
5	安徽天马泵阀集团有限公司	21 742	-3.4
6	新界泵业集团股份有限公司	21 589	7.1
7	上海凯泉泵业（集团）有限公司	20 817	53.0
8	上海东方泵业（集团）有限司	15 362	6.2
9	上海连成（集团）有限公司	13 444	-33.0
10	嘉利特荏原泵业有限公司	13 024	68.4
11	丰球集团有限公司	12 939	-22.4
12	大耐泵业有限公司	12 603	24.8
13	赛莱默水处理系统（沈阳）有限公司	11 404	-4.6
14	青蛙泵业有限公司	9 802	93.1
15	山东长志泵业有限公司	9 790	-0.3
16	君禾泵业股份有限公司	8 972	52.5
17	广州市白云泵业集团有限公司	8 915	25.9
18	重庆水泵厂有限责任公司	8 516	23.9
19	浙江泰福泵业股份有限公司	7 891	38.1
20	江苏振华海科装备科技股份有限公司	7 770	-23.7

2019年，参与统计的企业中有85家企业的产品出口，共完成出口交货值62.57亿元，同比下降8.2%。2019年泵行业出口交货值前20名企业见表4。

表4　2019年泵行业出口交货值前20名企业

序号	企业名称	出口交货值（万元）	同比增长（%）
1	利欧集团浙江泵业有限公司	141 697	4.6
2	新界泵业集团股份有限公司	58 915	3.8
3	广东凌霄泵业股份有限公司	47 108	1.1
4	君禾泵业股份有限公司	44 177	-30.8
5	浙江泰福泵业股份有限公司	35 656	21.6
6	丰球集团有限公司	31 841	4.3
7	赛莱默水处理系统（沈阳）有限公司	20 462	-13.6
8	湖南天一奥星泵业有限公司	18 782	22.6

（续）

序号	企业名称	出口交货值（万元）	同比增长（%）
9	湖南凯利特泵业有限公司	15 265	10.4
10	南方中金环境股份有限公司	11 503	-29.2
11	青蛙泵业有限公司	10 562	34.8
12	江苏双达泵阀集团有限公司	9 538	7.8
13	上海东方泵业（集团）有限公司	9 521	-18.2
14	上海凯士比泵有限公司	8 801	16.7
15	沈阳启源工业泵制造有限公司	7 916	4.6
16	广东肯富来泵业股份有限公司	6 817	-43.4
17	安徽莱恩电泵有限公司	6 561	-6.6
18	湖南湘电长沙水泵有限公司	5 773	-22.5
19	蓝深集团股份有限公司	5 766	1.7
20	大连深蓝泵业有限公司	5 529	-3.8

大耐泵业有限公司的离心泵产品用于石油、石化、化工、制药及冶炼等行业。2019 年，公司参与中沙（天津）石化有限公司投资的年产 26 万 t 聚碳酸酯项目的投标，签订 730 万元订单。陕煤集团榆林化学有限责任公司承担的煤炭分质利用制化工新材料示范项目分两期四阶段建设，全部项目预计 2025 年建成投运。公司参与 12 万 t/a 中低温煤焦油制备碳材料研究开发项目，为用户量身定制 16 台高温离心泵。公司一直以来与浙江逸盛石化有限公司保持良好的合作关系，当前已为其提供化工离心泵上百台，始终为用户及时提供最优的泵设备解决方案及最优质的产品。公司取得了天津渤化化工发展有限公司 180 万 t/a 甲醇制烯烃项目 1 200 万元的订单，提供 98 套离心泵；为中石油西南油气田分公司安岳气田高石梯—磨溪区块灯四气藏二期天然气净化厂项目提供 3 台中压装置给水泵、1 台贫液循环泵，均为 BB3 系列水平中开多级离心泵。

2019 年，江苏振华海科装备科技股份有限公司完成订单 1 224 份，同比增长 12.5%。公司倾力开发国内外民品市场，成功签订韩国、日本的订单，金额分别为 120 万元、400 万元，并且均签约建立长期合作的意向。在国内民用市场中，公司的高压冲洗泵、防横倾泵等新产品得到客户的认可，并且获得了多份订单。

2019 年，中国电建集团上海能源装备有限公司深挖传统火电存量市场，先后中标防城港柳钢 3×135MW、上海电气塔尔 2×660MW 等炎电机组的给水泵项目。公司打造焊材产品成套化解决方案，成功试点上海电建、山东电建、天津电建等公司的出口总包项目。面对国内火电市场持续低迷的状况，公司积极开拓钢厂自备电厂和石油化工市场，获得扬子石化、榭北热电、万华化学、江阴澄星等一系列项目。泵类改造取得实质性突破：完成陕西户县 300MW 机组给水泵升级改造，通过大唐西安热工院的第三方鉴定，给水泵效率实际提升 3% 以上；中标安徽田集电厂一期 600MW 机组前置泵改造项目。公司通过与国内总包方合作，中标上海电气塔尔、巴基斯坦信德、印度尼西亚维达贝斯等多个火电项目，加强售后服务，全年累计实现销售收入同比增长 10% 以上。公司发挥服务产业一体化优势，做好国内各大电厂的技术支持和售后维修。2019 年，公司服务业务完成销售收入 1.1 亿元，同比增长 5% 以上，实现稳中有升。公司加快新产品的产业转化，与上海交通大学等高校合作的光热电站关键设备熔盐泵已完成首台样机的制造和试验，并通过新产品鉴定。

2019 年，重庆水泵厂有限责任公司在市场开拓方面成果显著。公司在钢铁行业实现新增订货 3.7 亿元。通过加强对客户资源的精细化与系统化管理，动态跟踪用户设备使用、设备运行、切换台位周期等情况，提前为客户规划备件采购及维修计划，对重点设备的备件进行预投，保证了备件的及时供给。公司的备件和维修全年订货 2.2 亿元。海洋油气市场实现新增订货 5 600 万元，同比增长 139%。海外市场布局初见成效，全年实现新增订货 3 453 万元，同比增长 185%。离心式除磷系统中标率 100%，实现订货 21 429 万元，市场占有率稳居行业前茅。公司签订第一个全生命周期平台状态监测模块订货合同 —— 中石化东北油气田分公司松原采气厂全生命周期平台状态监测模块订货合同，为实现企业管理模式的转型升级开创了良好条件。

2019 年，山东双轮股份有限公司完成重大项目中标金额合计 17 408 万元，其中浙江石化 4 000 万 t/a 炼油装置二期循环水用泵项目合同额为 4 000 多万元。中标西安地铁 6 号线、广州地铁 18 号线、福州轨道交通 1 号线等国内多个地铁项目，合同额共计 3 000 多万元。

2019 年，襄阳五二五泵业有限公司为应对传统市场日益萎缩的严峻形势，不断开拓新市场，成功签订印度尼西亚某百万吨氧化铝项目渣浆泵供货合同，合同总价超过 1 000 万元，标志着公司氧化铝用泵得到海内外市场的认可，在冶金行业和外贸市场取得新的重大突破。

2019 年，湖南耐普泵业股份有限公司实现订货 51 095 万元，其中，立式长轴泵获得订单 1.8 亿元，消防泵获得订单 1.05 亿元。LNG 海水泵市场中标率达到 80%；柴油机消防泵突破在海洋平台的业绩瓶颈，中标渤海曹妃甸、南海陆丰海洋平台项目，拳头产品的市场优势进一步显现。

2019 年，三联泵业股份有限公司对清水泵、化工泵和渣浆泵、民用泵等产品实施灵活的市场促销政策，产品销量 50 000 台（套），同比增长 10%。公司加大钢铁大客户的开发和维护力度，推动新型清水泵及民用泵产品上市，在河南、河北、广东、山东等区域开展近 10 场矿山、钢铁用泵产品现场推介会。公司推进海外市场销售改革，组建了一个分公司，东南亚、中东等主流市场得到恢复。全年新建售后服务网点 6 处，加大库存管理力度，加大配件投放力度，建立 24 小时快速响应机制。

南方中金环境股份有限公司始终坚持“让客户更节约，让竞合更有力”的市场观念，充分运用公司 SAP-CRM 客户关系管理系统，通过“一对一”营销原则，满足不同价值客户的个性化需求，提高客户满意程度；通过客户关系管理，提高客户忠诚度和保有率，提升公司盈利能力。2019 年，公司荣获“全国顾客满意十大品牌”，跻身“中国机械工业百强”。在外部环境复杂多变的经济形势下，公司仍坚持稳中求进，坚持高质量发展。公司在全国各大城市设立办事处，已建立以华南、华北、华东、华西四大区为基础、辐射全国的营销网络。面对烧碱、铜箔、化工等传统优势行业市场增长明显放缓、新开工项目大幅减少、市场竞争持续加剧的形势，公司以主动引领市场为指导思想，以技术与销售紧密结合为支撑，全方位出击，固本拓新，取得了较好的销售业绩。公司取得中石油（上游）集中采购网上招标化工泵甲级供货商资格、多级离心清水泵乙级供货商资格，为市场的开拓提供了有力保障。

2019 年，西安泵阀总厂有限公司大力推广环保行业特材轴流泵系列产品，共签订轴流泵合同 1 540.03 万元，其中钛材轴流泵合同 1 367.94 万元；签订衡阳建滔环保 MVR 项目 2 台 1.4m 特材轴流泵合同，金额达 550 万元；承接烧碱行业合同 4 486.74 万元、环保行业合同 4 245.84 万元、铜箔行业合同 378.29 万元。

2019 年，上海连成（集团）有限公司智慧水务云平台投入使用。公司先后参加了第八届上海国际泵管阀展览会、泰国国际水处理展览会、越南国际水处理展览会、2019 第九届上海国际城镇给排水水处理展览会、2019 第十四届中国城镇水务发展国际研讨会与新技术设备博览会，成功开拓国内外水泵行业市场。

三、科技成果及新产品

2019 年，沈鼓集团核电泵业有限公司开展了 CAP1400 屏蔽主泵样机试验、AP1000 屏蔽电机主泵项目验收准备、轴封主泵样机试制装配、APA 液力耦合器研发、“华龙一号”3 种核二级泵和核三级泵的样机试制、非均匀来流的屏蔽主泵水力优化设计方法研究及 50Hz AP1000 屏蔽电机主泵的研制等科研项目。公司共承担集团技术创新项目 9 项，其中结转项目 6 项、新立项项目 3 项。

2019 年，大耐泵业有限公司研发的高含气量固液气三相流泵、低温乙烯泵可以替代进口产品；应用于新疆蓝山屯河公司生物降解工程塑料一体化项目中的大型 BB2 泵，具有高的耐汽蚀性能以及稳定的运行质量；特殊设计的超低汽蚀 BB5 型烯烃泵应用于浙江石化 4 000 万 t/a 炼油项目中，解决了此类工况中的汽蚀难题；BB3 型泵应用于中石油西南及西北分公司的净化装置中，逐步替代了进口产品。公司获得授权专利 20 项，具体包括：水泵试压检测夹具（专利号 ZL201821383888.1）、离心泵水流引入板（专利号 ZL201821385529.X）、一种新型小流量泵（专利号 ZL201821391995.9）、一种前置式双吸叶轮切割增压装置（专利号 ZL201821391994.4）、一种锥形密封腔装置（专利号 ZL201821392658.1）、防颗粒杂质沉积的离心泵（专利号 ZL201821393325.0）、一种离心泵叶轮结构（专利号 ZL201821402732.3）、悬臂端吸多级泵（专利号 ZL201821402734.2）、无密封立式多级泵(专利号 ZL201821402735.7)、单密封多级泵(专利号 ZL201821402746.5）、一种泵体模型结构（专利号 ZL201821410140.6）、倾斜角度调整底座（专利号 ZL201821410168.X）、一种叶片模型结构（专利号 ZL201821410495.5）、一种新型立式泵密封结构（专利号 ZL201821863995.4）、一种新型轴承冷却结构（专利号 ZL201821864011.4）、一种新型气液混输叶轮（专利号 ZL201821880887.8）、一种新型直联泵（专利号 ZL201821880875.5）、一种高压注水泵级间过渡套的工装夹具（专利号 ZL201821887155.1）、一种泵用调级模具（专利号 ZL201821887167.4）、一种自吸泵的新型密封结构（专利号 ZL201822115879.0）。

大连深蓝泵业有限公司与中国石油天然气股份有限公司大庆石化分公司联合研发出能够输送含有粒径 6mm 左右焦炭颗粒的急冷油介质、连续运转时间达到一年以上的急冷油泵。该泵流量、扬程范围广，效率高，汽蚀性能优良，采用接触式电涡流传感器，实现长期运行监护，确保机组可靠运行。该泵打破急冷油泵长期被国外企业垄断的局面，实现了国产化，可节约设备投资成本，降低设备维护成本，具有良好的社会效益和经济效益。2018 年，中海浙江宁波液化天然气有限公司与大连深蓝泵业有限公司签订 LNG 接收站高压外输泵国产化联合研制项目合作协议，由大连深蓝泵业有限公司完成设计制造及工厂试验。2019 年 7 月 16 日，国产 LNG 高压外输泵开车投用，振动值为 0.7mm/s 左右，达到国际同类产品水平，满足中海浙江宁波液化天然气有限公司接收站二期工程项目参数要求。2019 年 12 月 11 日，中国机械工业联合会与中国通用机械工业协会在大连组织召开了由大连深蓝泵业有限公司、中海石油气电集团有限责任公司和中海浙江宁波液化天然气有限公司联合研制的大型 LNG 接收站高压外输泵产品鉴定会。鉴定委员会认为，研制的大型 LNG 接收站高压外输泵填补了国内空白，打破了国外技术垄断，主要技术指标达到国际同类产品先进水平。鉴定委员会一致同意通过鉴定。

2019 年，三联泵业股份有限公司实施的研发项目有 11 项，分别是高效耐磨型黄河水利用双吸泵的研制、煤矿专用离心式渣浆泵研制、固液两相流旋流式杂质泵的研发、高效耐磨旋流器给料泵研制、轧钢用高效循环水泵研制、叶轮泵泵轴高效润滑结构的研发、节能型 QW（N）型潜污泵研制、钢厂用节能型化工泵研制、泵盖专用可调高效工装法兰的研发、高效节能型多级中开双吸泵研制和高智能高温高效液力透平余能回收装置关键技术研究。公司获得授权的发明专利有 1 项，即一种水泵出水接头自动钻孔装置（专利号 ZL201810733878.4）；获得授权的实用新型专利共 19 项，具体包括：家用小型增压泵泵体（专利号 ZL201820768666.5）、泵用高效密封环（专利号 ZL201820768670.1）、一种大功率重载荷用中开泵轴承体结构（专利号 ZL201821020734.6）、一种循环自冷潜水泵（专利号 ZL201821022275.5）、一种高效耐磨型黄河水利用双吸泵外壳（专利号 ZL201820671135.4）、一种潜水电泵用高压潜水电机（专利号 ZL201920003123.9）、一种切割型潜水泵结构（专利号 ZL201822206148.7）、一种潜水电泵斜拉式轨道安装结构（专利号 ZL201822192262.9）、一种矿用高效耐磨渣浆泵叶轮（专利号 ZL201822192303.4）、一种泵用稀油润滑轴承部件（专利号 ZL201822192301.5）、一种高炉冲渣泵用无冲洗轴封部件（专利号 ZL201920003124.3）、一种用于双吸泵泵壳拔插式镗削自动进刀装置（专利号 ZL201920173864.1）、一种离心中开泵轴承体散热结构（专利号 ZL201920184726.3）、一种双吸泵中开面密封结构（专利号 ZL201920173865.6）、一种叶轮泵泵轴润滑结构（专利号 ZL201920131351.4）、一种水泵用的移动底盘（专利号 ZL201920130654.4）、一种密封垫高效冲切装置（专利号 ZL201920174381.3）、一种农用水泵用的安装底座（专利号 ZL201920131339.3）、一种轴封用密封补偿环（专利号 ZL201920220138.0）。公司的高效耐磨型黄河水利用双吸泵被评为 2019 年安徽省工业精品，被列入安徽省工业领域节能环保产业“五个一百”推介目录。“一种带有轴向力平衡装置的泵”荣获国家专利奖优秀奖。

2019 年，辽宁恒星泵业有限公司研制了管道输油泵，改进 HPT 型管道输油泵 85 轴承体结构，体积减小，方便拆装，降低了成本；完善 TLBAW 型稠油泵带保温层的泵体；加大泵体底座底盘，减小高度和面积比，增强稳定性；将 HLB 型泵的密封结构由机械密封改为进口骨架油封，以适应工况的需求。

2019 年，丰球集团有限公司开发了一些市场急需的新产品，完成了一些专利项目的申报和 5 个新产品的申报鉴定工作。公司申报的浙江省高新技术企业研究开发中心、发明专利产业化项目、浙江省节水型企业、浙江省水平衡测试企业顺利通过专家评审，申报的国家节能产品通过 CQC 认证。公司参与制定的 4 项中国农业机械学会团体标准获得批准发布。公司的新型高效旋流式无堵塞泵关键技术研究与推广应用项目获得中国石油和化学工业科技进步奖二等奖，2 项 QC 成果获得浙江省机械工业 QC 成果一等奖，5 个省级新产品试制计划被批准立项并顺利通过专家鉴定，申报的省级引智项目被批准立项。公司申报实用新型专利 13 项，获得授权的实用新型专利有 12 项，获得省级科技成果证书 5 项。

西安泵阀总厂有限公司通过引进、消化、吸收先进技术，研发了钛制强制循环泵。2019 年 2 月，公司与建滔（衡阳）实业有限公司签订环氧氯丙烷项目废盐水蒸发水平衡装置用 TA10 材质的 1400XQZL 型轴流泵合同，双方合力攻关，解决了大型轴流泵水力模型比转速修正、无后置导叶结构、大型难熔高性能有色金属叶轮成形及大规格轴承安装等技术问题。当前，钛制强制循环泵有14个规格，全年订货量60余台。公司根据产品性能进行水力性能精准化设计的低比转速多级泵DPT6-50，已形成订货；根据市场对液环泵提出的更高要求，结合API681标准，对特材液环泵进行系列化对标设计。公司的钛泵、钛阀在钛合金海水管路系统应用项目中获得项目方的认可，为公司打开军工领域新的市场奠定了基础。全年主要工艺创新点达20项，其中TA2等离子喷涂亚氧化钛，钛、锆基体无氢渗碳，钛材基体离子氮化等重点试验项目取得突破性进展。2019年，公司共申报专利10项，其中发明专利1项；设立科技项目12项，“钛制强制循环泵”取得了科技成果鉴定1项。

2019年，天津泵业机械有限公司结合公司发展战略和市场需求，针对各类军用、民用产品开展各类技术创新及相关研究工作25项，包括单螺杆泵衬套翻胶技术、单螺杆泵支架冲压设计与制造技术、万向节护套钢带卡紧固技术、双螺杆泵进出口法兰应变仿真分析技术、大规格双螺杆泵轴优化设计技术、三螺杆泵常规铸造底座改弯板焊接技术、多级离心泵设计开发技术、抽气装置优化设计技术、柴油机机带内浸没式三螺杆泵设计技术、高速柴油机机带淡海水泵设计技术、CP型喷射泵设计技术及20MPa高压螺杆泵设计技术等。公司实施的科研项目有30余项，项目涉及新一代低噪声螺杆泵研制、高压大流量液压泵产品、高压三螺杆泵及螺杆泵远程监控与智能故障诊断等。公司获得各级科研及建设资金4 741万元，其中已结项的低噪声特种泵产业化能力建设项目获得国家奖励补助资金470万元。低噪声螺杆泵科研生产条件建设项目获得批复财政支持资金3 270万元，工业和信息化部先进船舶专项高压大流量液压三螺杆泵项目获得国拨项目资金220万元，自强工程两个专项项目获得科研资金649万元。

2019年，上海连成（集团）有限公司生产的高难度多级中开泵和大口径轴流泵取得了重要突破，填补了公司大型水泵产品的空白。在新产品的开发上，重视产品改进、效能提升、降低成本，各系列产品的性能达到国内领先水平。公司完成了6类、120多种型号试制，共申报专利62项、软件著作权4项。与江苏大学镇江流体工程装备技术研究院达成战略合作，共建上海连成镇江水力研究中心。

2019年，湖南天一奥星泵业有限公司研制的产品具有效率高、结构紧凑、制造工艺优良、成本较低和可靠性高等优点，在用户现场运行良好，获得用户的一致好评。特别是BB3系列输油泵，在国内同行业中技术处于领先地位，大大提升了公司的市场竞争力。BB3系列产品进行了全面升级换代，最新一代（第六代）BB3系列产品的效率、可靠性大大提升，扬程可达2 500m。公司开发的用于高压直流输电领域的水冷循环用离心泵，输送介质为纯水（去离子水），采用特殊技术和工艺，泵在加工、装配、出厂环节都不会被污染；新开发的符合API610标准要求的、应用于石油化工行业的OH3结构立式单级单吸离心泵，具有可靠性高、维护方便等特点，已得到成功应用。

2019年，重庆水泵厂有限责任公司投入研发费用4 050万元，占营业务收入的7.65%；获得项目政策资金1 242万元。公司的核电泵制造数字化车间被认定为2019年第一批重庆市数字化车间。公司加强产学研合作，与重庆理工大学成功申报重庆市研究生培养基地，与西安交通大学签署博士后联合培养协议。公司通过了国家企业技术中心、国家知识产权优势企业的复评，被评为重庆市高新技术企业；获得中国机械工业先进集体、重庆市首届创新争先奖等殊荣。公司申报专利51项，其中发明专利6项；获得授权专利37项，其中发明专利 2 项。公司的 1 000MW 核电站离心式上充泵关键技术及工程应用研究项目已完成结题验收，重庆市工业泵工程技术研究中心能力提升项目通过重庆市科技局的验收。

中国电建集团上海能源装备有限公司的高效生物质给水泵的研发项目获得 2019 年度中国电建科学技术奖二等奖；国际工程火电 / 输变电设计施工和装备制造技术标准应用研究项目获得 2019 年度中国电建科学技术奖一等奖。1 000MW 火电机组给水泵被认定为上海市高新技术成果转化项目，船用脱硫系统关键泵阀技术研究及应用项目获得集团公司 2019 年科技项目立项。公司修订发布“创新科技产业园项目管理办法”，扩大入园项目范围，明确奖励标准和条件，进一步鼓励科技创新，注重申报项目的创新性，提高入园项目质量。公司申请国家专利 10 项，获得授权实用新型专利 5 项。

湖南耐普泵业股份有限公司自主研发的立式蜗壳海水泵和立式长轴海水取水泵分别在挪威和冰岛成功运行。公司研制的立式长轴海水消防泵在中海油天津分公司渤中 34-9 油田开发项目 CEPA 平台投入运行，解决了海洋平台用泵振动值普遍偏大的难题；QX-5000 大流量两栖机动应急抢险泵车通过新产品鉴定，产品获得湖南省水利科技重大项目立项；自主研发的潜液式永磁低温泵通过了由中国机械工业联合会和中国通用机械工业协会组织的产品鉴定，产品填补了国内空白，整体性能达到国际先进水平。

2019 年，合肥恒大江海泵业股份有限公司加大科技创新和新技术研发力度，研发投入共计 1 062 万元，占销售收入的 7%。公司的大型潜水电泵关键技术及产业化应用研究项目获得中国产学研合作创新成果奖一等奖，矿用隔爆型潜水电泵机组被列为安徽省首台（套）重大技术装备，一种叶轮内置式潜水轴流泵获得安徽省专利奖优秀奖，叶轮内置式潜水电泵机组被列入安徽省工业领域节能环保产业“五个一百”推介目录，带行星齿轮减速器大型潜水电泵关键技术及应用项目获得安徽省水利科技进步奖二等奖，ZD（H）BX 系列带行星齿轮减速潜水轴（混）流电泵、GZBW（S）系列大型潜水贯流泵获得福建省水利先进实用技术及产品推广证书。

上海阿波罗机械股份有限公司自主研发的“华龙一号”海外首堆巴基斯坦 K3 机组首台主给水泵出厂试验顺利完成，试验结果全部满足合同及技术规格书要求，并一次通过中国中原对外有限公司和巴基斯坦业主的见证。

四、基本建设及技术改造

2019 年，大连深蓝泵业有限公司重点对生产工艺进行了技术改造。根据产品工艺路线，优化设计生产现场工艺布局，通过建立车间物流指数模型，消除物料在生产流程的回流和干涉，解决车间人员流动混乱的现象，将物料的移动距离减少到最小范围。通过大力推行柔性数控生产工艺，不断优化零部件数控加工工艺路线，保障产品品质和生产效率；改造龙门镗铣床刀具切削冷却系统，成功解决加工大型光孔和螺纹孔时排屑和冷却效果不佳的问题，显著提高了产品加工效率和加工质量；不断设计和优化工装工具，降低人员劳动强度，保障生产人员的作业环境和安全生产，提高工作效率。

2019 年，天津泵业机械有限公司投资 1 650 万元，用于购置新设备，添置 11 台（套）关键设备，包括螺杆磨床、螺杆专用铣床、数控立式珩磨机、数控车床、旋风铣床、立式加工中心、卧式拉床、高精度外圆磨床及摇臂钻床等。通过添置关键加工设备，解决配套产品规模化生产的瓶颈问题，同时提高产品质量的稳定性，满足配套装备对特种泵产品的需求。

2019 年，大耐泵业有限公司实施泵业园区生产电力扩容和试验站改造项目，根据泵业园区内各企业的电力需求情况及市场预测，制定了企业电力扩容和试验站设施发展规划。完成扩容发展后，公司的主流产品尤其是大功率产品生产能力将大幅提高。

2019 年，西安泵阀总厂有限公司新增 81 台国内先进设备，提升了生产产能；新增 7 台低压配电柜、1 台电力变压器动力供配电设备，满足生产任务高负荷用电需求；购置环保设备 11 台。

2019 年，合肥恒大江海泵业股份有限公司投资 2 亿多元的“高效节能潜水电泵扩大产能及技术中心”建设项目进展顺利，可在 2020 年投入使用。为适应市场和科技创新的需要，公司持续对大型潜水电泵重点实验室进行技术改造，新增加智慧泵站、矿用轻型泵、水润滑推力轴承智能试验平台等试验工位，为各类潜水电泵提供性能测试和全功能试验服务。

五、企业经营管理及改革

2019 年，沈鼓集团核电泵业有限公司针对项目管理工作，总结以往项目计划的经验，研讨项目计划的管理流程，确定项目计划的模板、关键里程碑节点和通用周期；将主泵项目计划中投产前的任务纳入产前准备计划中，实现产前准备计划对公司所有执行产品项目、备件项目的全覆盖；优化项目会议管理模式，逐步建立外部会议和内部会议相结合、专题会议和例会并行的项目会议管理体系；针对重大问题，建立专人负责、团队协作制度，保证泵壳发运质量。公司加强质量全过程控制，提升公司质量管理水平，具体做法是：制定 2019 年核安全文化推进计划，并开展核安全文化自评估工作；加强过程控制，改善工作流程，促进产品实物质量稳步提升；定期召开质量例会，切实加强公司质量管理工作；做好现场监督的执行工作。公司规范采购合同流程，加强供应商管理水平，降低采购成本。通过紧抓绩效考核，推动各部门工作效率的提升。

2019 年，中国电建集团上海能源装备有限公司推进信息化、自动化、智能化建设。公司本部 ERP 系统全面运作，促进业务流程规范化、成本精细化，推动焊材产品制造全流程信息化；通过推广使用“电建通”，实现跨部门、跨公司联系一键直达，提高了办公效率；建立了统一的人力资源管理信息系统，已完成系统的基础框架搭建工作并逐步向子公司覆盖。公司 PIV 流动测试实验室新增 V3V 三维体流场测量回路，以熔盐模型泵水力模型为研究对象，利用 3D 打印机完成 80% 以上零部件打印制造，成功装配并运行首台 3D 打印熔盐模型泵。

2019 年，中国电建集团上海能源装备有限公司持续抓改革，扎实推进企业管理工作。①持续推进制度改革。开展部门边界调研，逐步完善公司新组织架构下的部门接口及体系流转，梳理三大类待明确的问题及优化建议；推进绩效、薪酬改革工作，成立员工绩效薪酬分配现状调研工作小组，完成相关制度的制定及实施工作；重新调整公司绩效考核管理办法，引入服务评分机制，促进管理服务部门的业务提升。②统筹抓好子企业重点改革工作。郑州泵业公司组织机构调整后，开展全员竞聘工作；上海环保公司调整市场营销激励考核方式，实行销售承包制考核，营销人员绩效薪酬与新签合同、项目资金回款量和项目毛利直接挂钩；海南公司进一步调整组织架构，部门由原来的 8 个变为 6 个，管理人员从原来的 30 人减至 28 人。③专项工作加快推进。按照集团公司统一部署要求，做好本部和子企业厂办大集体改革、三供一业分离移交等专项工作。④着力提升财务管控。全面预算管理向纵深推进，将产品成本、人工成本、各项费用全部纳入预算管理；注重“开源节流”，强化“大资金管控”意识，从经营活动本身增加资金流入，降低债务风险。统筹开展子企业逾期调剂资金的偿还工作，对债务风险居高不下的子企业出具风险提示函，提请限期整改；持续推进“两金”管控工作，本部和子企业制定年度“两金”工作压降方案。加强各类应收款项的回收，重点清收老账。⑤降本增效工作取得实效。采用授权实施的方式进行集中采购，采购成本明显下降。加强库存管理，开展库存大排查工作，对于部分停缓建项目的给水泵芯包、筒体、滤网、热控仪表等，通过认定后进行利用，共计消化库存约 522 万元。⑥加强群众性质量管理活动。公司开展“我当一天检验员”合理化建议征集活动，共收到提议 29 项，有 5 项提议被列入企业发展的好建议，并进行推广。⑦安全管控持续强化。修订完善了公司安全生产责任制，形成涵盖全员、全过程、全方位的责任体系；建设安全风险管控与隐患排查治理双重预防机制；加强安全宣传教育，通过开展各类 HSE 考试、安全生产主体责任和规章制度培训等活动，让广大员工参与到安全环保活动中来，营造安全文化氛围；加强网络信息安全管控力度。

2019 年，大连深蓝泵业有限公司开展优化管理、组织变革、降低运营成本等工作，并取得了一定的效果。为适应市场，公司开展了生产组织机构改革，成立项目管理部，对订单产品的生产形成矩阵式的项目管理方式，按照项目管理理念，对合同执行的全过程实行管理和控制。公司狠抓技术管理提升活动，对技术团队进行内部组织调整，吸纳了大量行业内的专业人才，组建了能力中心、产品研发部、订单产品设计部。公司重视企业的品牌建设，开展保证产品质量、提高服务水平、加大宣传力度、推进企业文化建设等工作，制定了一系列的产品推广策略。公司加强了在东南亚、西亚、南美等地的市场推广力度，在国际环境整体不景气的情况下，公司的国际业务实现了增长。

2019 年，大耐泵业有限公司深入实施工业化、信息化的“两化融合”，提升资源利用率。在流程再造方面，已上线德国 SAP 系统，通过标准化的业务流程，整合公司物流、资金流、信息流等各种企业资源，提升内部运营的效率和整体的经营水平。公司引入图文档加密系统，有效保护公司无形资产和员工劳动成果；建立电子化的知识与制度管理平台，将员工和企业的智慧资源进行有效的分享与利用，并为企业长远的发展提供知识及决策依据；建立 PLM 产品生命周期管理系统，从产品设计到批准，进行科学、智能化的管理。

2019 年，重庆水泵厂有限责任公司制定了公司全流程智能制造协同平台建设五年战略规划，推进公司机泵全生命周期管理平台建设，完成产品试验测试系统智能化升级改造，完成泵系统远程诊断和智能服务中心建设；开展 QC 活动，提质增效。

2019 年，江苏振华海科装备科技股份有限公司强化生产计划管理，严格考核。各分厂实行按劳分配和厂务、工时考核公开透明，生产完成率有较大的提高；物采部实现采购计划表与采购发票、资金安排、合同管理“一表制”，去繁从简，使多项工作一并考核；每周三和周五召开计划执行情况沟通短会，促进生产计划执行。公司加强生产过程的监督与协调，确保订单与新品快速推进；现场管理取得明显成效，完成泰州市应急管理局要求开展的安全生产“双重预防机制”工作，对全公司的风险场所进行辨识，特别是铸造、涂装、有限空间作业等较大风险场所实行分级管控及风险评价，列出安全管理方法和措施。公司的两化融合工作平稳推进，做好生产订单齐缺料与进度查询、单品 + 条码管理二次开发工作；完成两化融合管理体系第一次监督审核资料整理，企业互联网化提升项目申报、企业上云项目申报、两化融合管理体系示范企业项目申报工作。

2019 年，三联泵业股份有限公司上线了全新的 ERP 系统，实现了财务供应链的正常运作。公司通过 ISO9001 质量管理体系认证换版审核后，重新制定了新版管理手册，并结合企业信息化平台的提升建设，通过系统大数据分析，着力构建数字化质量管理平台，质量管理数字化水平得到很大的提升。公司成立QC质量改进小组，全年共计完成10项质量改进项目，并举办质量月、质量管理理论培训等活动。

2019年，天津泵业机械有限公司为提升项目管理能力和团队协作能力，制定了项目管理办法，将项目分为合同类项目、研发创新类项目、管理支持类项目与资金类项目，并确定了立项原则、执行过程要求、结项报告要求及奖励标准等相关内容。公司从两个方面开展质量体系建设工作：一是以企业战略、质量方针、质量目标为主线，聘任中层及以上的人员为质量管理体系建设小组成员，配合质量管理体系工作人员，梳理公司组织架构，明确各部门职责。二是加强对公司质量管理体系内审员的培养。各部门业务骨干参加外部内审员培训后，被聘任为公司质量管理体系内审员。各部门内审员配合部门主管对部门内部体系文件进行梳理、修订。公司对采购工作加以改进，根据公司要求寻找优质供应商，与供应商签署框架协议，使产品交货期得到有效控制。2019年共计走访供应商20余家，对供应商进行现场评价，提出了50多项整改要求，开具20多项整改单，要求供应商对出现的问题进行分析并制定改进措施。对于批量、复发的质量问题，召集供应商，召开了10余次专题质量分析会。为了加快企业国际化的进程，公司参加新加坡亚太海事展、伊朗石油展和北美OTC石油展等国外大型展会，开拓海外市场，寻求合作伙伴；与瑞典SRM公司开展技术合作，抢占高端产品市场。

2019年，上海连成（集团）有限公司不断推动产品质量创新，提升售后服务和连成品牌知名度，坚持“质量第一、信誉至上”的品牌理念。针对产品质量问题，质量部门能及时反馈，进行试验调试，有效降低了设备返修率，确保产品合格率达到100%。公司坚持周工作例会制度，及时召开重大项目、质量管理等专题会议，日常工作逐步走向规范化和系统化。集团办公OA系统的成熟应用，实现了移动办公、协同办公、流程化管理、信息共享等模式，逐步推广无纸化办公，优化了各类审核流程。

2019年，西安泵阀总厂有限公司引入ERP信息管理软件，提升生产管理水平。ERP信息化管理系统的局部上线，实现了泵事业部采购下发和产品入库的智能化管理，生产成本更加清晰，生产过程更加规范。公司专门设立综合计划室，泵、阀事业部突出计划管理职能。泵事业部建立了生产计划考核机制，实现计划节点负责制管理模式。各事业部通过班前会制度、模拟工时制、合理化建议、供应商评价、质量管理培训等途径，提升了生产管理水平。为实现特材产品精细化管理、洁净化生产，公司成立了特材事业部。2019年12月21日，公司举办了特材事业部开业典礼，50余家客户代表莅临，扩大了公司在特材市场的影响力。

南方中金环境股份有限公司推行股权激励计划及员工持股计划等多维度的长效激励机制，不断优化薪酬管理体系，持续保持核心管理团队的稳定性。公司建立了完善的高级管理人员考评及薪酬管理制度，实施了股权激励计划及员工持股计划等长效激励机制，建立并完善了公司与员工的利益共享机制，充分调动了员工的积极性与创新力。

六、企业人才培养情况

2019年，沈鼓集团核电泵业有限公司开展培训需求调研，根据各部门的培训需求，结合公司发展战略，制定年度培训工作计划，组织培训近100次，共计3 100多人次接受了培训。

大耐泵业有限公司制定了科技人员培养进修制度，加强员工的科研实践能力。公司同浙江理工大学机械能源与动力工程学院开展泵性能测试培训，与江苏大学流体机械工程技术研究中心开展水泵设计、水泵实验技术培训；为员工提供国内学术交流考察机会，派设计人员前往德国合作生产厂接受培训；企业内部举办多场与设计相关的讲座。公司与诸多高校建立了良好的合作关系，每年都有学生到企业实习，实习后与企业签订就业意向，在学生实习过程中对其进行有针对性的培训。2019 年 8 月，公司与兰州理工大学签订“教育部卓越工程师计划工程实践教育基地”共建协议。公司制定了师傅带徒弟实施制度，对于新员工或要提升某项技能的员工，选派专业的导师有针对性地进行指导，创造激励人才成长的良好环境，逐步形成现代企业发展所需的人才管理体系。

2019 年，江苏振华海科装备科技股份有限公司完成计划内培训 3 次、计划外临时培训 20 次，参培人员共 154 人次。公司培养后备干部 28 人，组织测评 1 次。

中国电建集团上海能源装备有限公司加强人才的“引、培、育、留”机制建设。2019 年，公司引进博士 1 名，本科生、研究生 29 名。组织开展市场营销培训、班组建设培训、安全培训、特种作业人员培训和船舶脱硫系统主题培训等，培训人员共计 800 多人次；创新人才激励制度，完成本部技术岗位晋升职业通道修订工作。针对特殊岗位技术人员，制定专项晋升办法。通过制定有效的人才培养与开发计划，培养公司战略后备人才队伍，满足公司中长期发展规划对人才的需求。

大连深蓝泵业有限公司为满足不同岗位的需求，通过两种模式培养人才。一是对于复合型经营管理人才的培养，采取宽口径培养模式，即：一线轮岗工作时间为一年；从副班长到班长的挂职锻炼时间为一年；从车间副主任到主任的挂职锻炼时间为一年；从中层副职到正职的挂职锻炼时间为一年；培养期间采用继续教育 + 内外培训 + 双师培养制 + 分段式多模块培训体系。二是对于专业技术及业务管理型人才的培养，采用以专业技术为主线进行培养的模式，即采用专业或业务领域内轮岗 + 项目锻炼 + 内部指导 + 继续教育 + 内外培训模块训练等多种培养方式进行培养。公司坚持“内部培养为主，外部培养为辅”的培养原则，不断探索、优化人才培养方式，根据实际需求进行人才培养方案的调整，争取将公司人才比例不断扩大。

〔撰稿人：中国通用机械工业协会泵业分会王国轩、朱文兰　审稿人：中国通用机械工业协会泵业分会解刚〕

2019 年风机行业概况

2019 年，风机行业在国家宏观经济环境稳定的大环境下，深化供给侧改革，坚持稳中求进，持续推进产业结构优化和创新发展，行业经济运行稳中有升，主要指标取得较好的成绩。

一、生产发展情况

截至 2019 年年底，中国通用机械工业协会风机分会有会员单位 263 家，其中企业会员 250 家，大学、研究院所等 13 家。

2019 年，据风机分会对 157 家会员企业统计：年末从业人员人数为 49 734 人，比上年减少 600 人；固定资产合计 1 422 174 万元，比上年增加 106 955 万元；全员劳动生产率为 22.81 万元 / 人，比上年增加 0.95 万元 / 人。

2019 年，参与统计的风机生产企业共完成工业总产值 4 716 005 万元，比上年增长 8.4%。其中：风机产值 2 751 476 万元，比上年增长 2%，占全行业工业总产值的 58%；风机配件产值 401 535 万元，比上年下降 2.5%，占全行业工业总产值的

9%；其他产品产值 1 562 994 万元，比上年下降 7.3%，占全行业工业总产值的 33%。

2019 年各类风机产品产值完成情况：离心压缩机产值 700 568 万元，比上年下降 4.3%；轴流压缩机产值 143 254 万元，比上年增长 42.6%；能量回收透平机组产值 42 627 万元，比上年增长 35.6%；离心鼓风机产值 212 092 万元，比上年下降 5.6%；罗茨鼓风机产值 186 754 万元，比上年增长 9.9%；离心通风机产值 743 576 万元，比上年增长 2.5%；轴流通风机产值 450 587 万元，比上年下降 2.2%；旋涡风机产值 22 966 万元，比上年增长 0.1%；空调风机产值 133 973 万元，比上年增长 4.8%；其他风机产值 115 079 万元，比上年增长 11.4%。

从 2019 年各地区工业总产值完成情况来看：东北地区完成工业总产值 1 087 559 万元，比上年增长 0.2%；华北、西北地区完成工业总产值 929 304 万元，比上年增长 29.6%；华东地区完成工业总产值 2 056 096 万元，比上年增长 5.1%；中南、西南地区完成工业总产值 643 046 万元，比上年增长 8.7%。2019 年风机行业工业总产值前 20 名企业见表 1。

表 1　2019 年风机行业工业总产值前 20 名企业

序号	企业名称	工业总产值（万元）	同比增长（%）
1	沈阳鼓风机集团股份有限公司	1 000 350	1.9
2	陕西鼓风机（集团）有限公司	776 211	32.7
3	山东格瑞德集团有限公司	305 464	-8.0
4	金通灵科技集团股份有限公司	188 704	-4.3
5	浙江朗迪集团股份有限公司	162 484	1.3
6	重庆通用工业（集团）有限责任公司	142 627	50.7
7	荏原冷热系统（中国）有限公司	125 963	12.6
8	山东省章丘鼓风机股份有限公司	111 529	28.2
9	浙江上风高科专风实业有限公司	110 230	2.4
10	浙江亿利达风机股份有限公司	98 737	-4.1
11	佛山市南海九洲普惠风机有限公司	88 126	5.5
12	瑞冬集团股份有限公司	48 580	33.3
13	南通大通宝富风机有限公司	48 427	-2.3
14	泛仕达机电股份有限公司	44 909	13.1
15	中国电建集团透平科技有限公司	42 848	-0.2
16	广东绿岛风空气系统股份有限公司	40 626	8.5
17	广东肇庆德通有限公司	40 243	9.7
18	湖北双剑鼓风机股份有限公司	40 118	10.5
19	英飞同仁风机股份有限公司	39 680	27.3
20	上海电气鼓风机厂有限公司	37 873	24.9

2019 年，参与统计的风机生产企业共完成工业增加值 1 134 483 万元，比上年增长 6.5%。其中：东北地区完成工业增加值 209 413 万元，比上年增长 0.5%；华北、西北地区完成工业增加值

272 172 万元，比上年增长 26%；华东地区完成工业增加值 490 394 万元，比上年增长 2.1%；中南、西南地区完成工业增加值 162 504 万元，比上年增长 1.3%。

2019 年，参与统计的风机生产企业共生产风机产品 18 027 233 台，同比增长 1.9%。在统计的 10 类风机产品中，轴流通风机和旋涡风机产量比上年有所下降，离心压缩机、轴流压缩机、能量回收透平机组、离心鼓风机、罗茨鼓风机、离心通风机、空调风机、其他风机等均比上年有较大增长。2019 年风机产品产量见表 2。

表 2　2019 年风机产品产量

产品名称	产量（台）	同比增长（%）
离心压缩机	631	16.0
轴流压缩机	80	35.6
能量回收透平机组	40	33.3
离心鼓风机	6 595	26.5
罗茨鼓风机	70 162	5.2
离心通风机	2 836 336	11.8
轴流通风机	2 974 973	-4.6
旋涡风机	185 201	-5.2
空调风机	10 716 979	1.7
其他风机	1 236 236	1.3

二、重大技术装备及关键设备完成情况

2019 年，沈阳鼓风机集团股份有限公司攻克了新一代 MAC 空压机 +SVK 增压机设计等技术难题，完成了全新的水平剖分型整体机壳开发等关键技术研究，新开发的典型产品主要有：为宁夏宝丰能源集团 220 万 t/a 煤制甲醇项目配套的 10.5 万 m^3/h 空分装置设计的新一代 MAC 空压机 +SVK 增压机机组，为天津渤化化工发展有限公司 20 万 t/a 环氧丙烷（PO）、45 万 t/a 苯乙烯（SM）装置设计的 PO/SM 丙烯循环气压缩机组，为伊朗 BUSHEHR 炼厂 MEG 项目设计制造的 CO_2 压缩机组，为中国航空工业集团公司沈阳空气动力研究所设计制造的 161 结冰风洞动力段压缩机组。

2019 年，陕西鼓风机（集团）有限公司研制的 5 000m^3 以上等级大型高炉鼓风机组和工业流程能量回收发电装置 8 万 m^3/h、10 万 m^3/h 等级以上大型空分离心压缩机组、百万吨级精对苯二甲酸（PTA）装置配套压缩机组、天然气长输管线压缩机组等高效节能产品均已达到国际领先水平；创新研发的冶金余热余压能量回收同轴机组 BPRT、烧结余热回收与烧结主抽风机联合驱动机组 SHRT 应用技术荣获联合国国际能效合作伙伴关系组织（IPEEC）“十大节能技术和十大节能实践”奖，并获得 2019 世界制造业创新产品金奖；研制的节能环保产品轴流压缩机被评为中国制造业“单项冠军产品”。

2019 年，重庆通用工业（集团）有限责任公司完成 MVR 系统用离心式蒸汽压缩机组系列化产品的研发。该项目针对化工等行业浓缩结晶领域节能改造的市场需求，自主研发了 MVR 系统用离心式蒸汽压缩机组，开展了气动设计及噪声优化、高转速宽运行范围柔性转子 - 轴承系统设计、高效低泄漏密封系统及雾化喷水降温系统设计、高精度异形焊接蜗壳设计及工艺等研究工作，实现了产品的高效、低振、低噪、宽运行范围、高适应性的技术突破，获得授权发明专利 1 项。该项目突破了蒸汽介质、特殊材料、变频使用、大流量等带来的特性问题，对研制出的样机进行测试和试验。产品经重庆市计量质量检测研究院检验，主要技术指标符合相关标准要求，用户使用效果良好。该产品通过重庆市经信委组织的市级新产品专家组鉴定，主要技术指标达到国内同类产品领先水平。公司完成变频直驱离心式冷水机组的研发，通过对样机进行性能测试，机组性能系数 COP 及综合部分负荷性能系数 IPLV 均远超国家一级能效水平，机组性能优异。

2019 年，山东省章丘鼓风机股份有限公司联合中国科学院理化技术研究所、山东章鼓节能环

保技术有限公司、中国科学院过程工程研究所开展的“高盐高浓有机废水无害化与资源化处理技术装备集成及示范”项目成功申报2019年度山东省重大科技创新工程。

三、市场及销售

2019年，参与统计的157家风机生产企业共完成工业销售产值4 278 085万元，比上年增长5.2%。其中：东北地区完成工业销售产值1 129 030万元，比上年增长5.7%；华北、西北地区完成工业销售产值675 330万元，比上年增长14%；华东地区完成工业销售产值1 673 089万元，比上年增长3.2%；中南、西南地区完成工业销售产值800 636万元，比上年增长2.9%。

2019年，参与统计的风机生产企业共实现主营业务收入4 727 940万元，比上年增长13.8%。其中：东北地区实现主营业务收入1 034 360万元，比上年增长4.5%；华北、西北地区实现主营业务收入1 004 414万元，比上年增长40.3%；华东地区实现主营业务收入2 031 497万元，比上年增长9.4%；中南、西南地区实现主营业务收入657 669万元，比上年下降11.3%。2019年风机行业主营业务收入前20名企业见表3。

表3　2019年风机行业主营业务收入前20名企业

序号	企业名称	主营业务收入（万元）	同比增长（%）
1	沈阳鼓风机集团股份有限公司	939 863	5.8
2	陕西鼓风机（集团）有限公司	874 310	48.0
3	山东格瑞德集团有限公司	333 043	0.6
4	金通灵科技集团股份有限公司	188 033	-3.3
5	浙江朗迪集团股份有限公司	159 304	1.5
6	重庆通用工业（集团）有限责任公司	131 007	43.2
7	荏原冷热系统（中国）有限公司	125 630	12.3
8	山东省章丘鼓风机股份有限公司	107 865	14.4
9	浙江亿利达风机股份有限公司	99 471	-1.3
10	中国电建集团透平科技有限公司	80 644	-1.4
11	佛山市南海九洲普惠风机有限公司	74 239	5.3
12	浙江上风高科专风实业有限公司	72 201	36.9
13	上海电气鼓风机厂有限公司	67 589	110.0
14	瑞冬集团股份有限公司	55 955	48.0
15	泛仕达机电股份有限公司	43 981	5.2
16	广东绿岛风空气系统股份有限公司	42 993	10.5
17	湖北双剑鼓风机股份有限公司	42 365	7.6
18	南通大通宝富风机有限公司	37 895	-0.8
19	英飞同仁风机股份有限公司	37 140	20.4
20	山东中昊控股集团有限公司	36 401	56.2

2019年，参与统计的风机生产企业共实现利润总额258 454万元，比上年增长66.4%。其中：东北地区实现利润总额8 814万元，比上年下降43.6%；华北、西北地区实现利润总额73 801万元，比上年增长28.6%；华东地区实现利润总额147 186万元，比上年增长17.2%；中南、西

南地区实现利润总额28 653万元，比上年增长166.3%。在157家上报企业中，亏损企业有18家，累计亏损额92 262万元。2019年风机行业利润总额前20名企业见表4。

表4 2019年风机行业利润总额前20名企业

序号	企业名称	利润总额（万元）	同比增长（%）
1	陕西鼓风机（集团）有限公司	67 291	36.5
2	山东格瑞德集团有限公司	16 743	-3.4
3	金通灵科技集团股份有限公司	12 288	10.8
4	浙江朗迪集团股份有限公司	12 147	-7.4
5	浙江亿利达风机股份有限公司	11 228	139.1
6	荏原冷热系统（中国）有限公司	9 102	82.0
7	山东省章丘鼓风机股份有限公司	8 094	-13.4
8	广东绿岛风空气系统股份有限公司	7 853	73.2
9	泛仕达机电股份有限公司	6 706	9.0
10	南京磁谷科技股份有限公司	5 604	79.7
11	上海通用风机股份有限公司	5 559	30.6
12	苏州顶裕节能设备有限公司	5 482	89.3
13	浙江金盾风机股份有限公司	5 470	17 545.2
14	湖北三峰透平装备股份有限公司	5 080	196.7
15	沈阳鼓风机集团股份有限公司	4 837	35.3
16	浙江格凌实业有限公司	4 410	-4.0
17	百事德机械（江苏）有限公司	4 307	57.4
18	浙江上风高科专风实业有限公司	4 272	-22.7
19	浙江双阳风机有限公司	3 863	16.3
20	英飞同仁风机股份有限公司	3 818	48.2

2019年，参与统计的风机生产企业共完成出口交货值192 562万元，比上年下降7.4%。其中：东北地区完成出口交货值33 681万元，比上年下降25.4%；华北、西北地区完成出口交货值22 684万元，比上年增长7.7%；华东地区完成出口交货值91 790万元，比上年下降3.3%；中南、西南地区完成出口交货值44 407万元，比上年下降5.4%。2019年风机行业出口交货值前20名企业见表5。

表5 2019年风机行业出口交货值前20名企业

序号	企业名称	出口交货值（万元）	同比增长（%）
1	沈阳鼓风机集团股份有限公司	30 483	-24.4
2	陕西鼓风机（集团）有限公司	22 191	-42.2
3	广东肇庆德通有限公司	17 990	10.2

（续）

序号	企业名称	出口交货值（万元）	同比增长（%）
4	浙江朗迪集团股份有限公司	16 594	-11.0
5	泛仕达机电股份有限公司	16 485	0.9
6	杭州顿力电器有限公司	11 910	32.5
7	浙江亿利达风机股份有限公司	10 894	6.7
8	浙江格凌实业有限公司	8 723	-9.3
9	荏原冷热系统（中国）有限公司	8 635	15.9
10	广东绿岛风空气系统股份有限公司	4 570	18.3
11	浙江鹏翔暖通设备有限公司	4 323	
12	威海克莱特菲尔风机股份有限公司	4 102	36.8
13	福建东亚环保科技股份有限公司	3 398	8.9
14	江苏英德利实业有限公司	2 982	44.9
15	四平鼓风机股份有限公司	2 557	11.1
16	上海电气鼓风机厂有限公司	2 182	18.3
17	金通灵科技集团股份有限公司	2 055	-86.0
18	中国电建集团透平科技有限公司	1 964	24450.0
19	山东章晃机械工业有限公司	1 848	4.4
20	山东宏烨环境科技有限公司	1 677	

2019 年，沈阳鼓风机集团股份有限公司实现油田上游轻烃回收装置、空气储能装置等新市场开拓，签订中沙（天津）石化 130 万 t/a 乙烯扩建项目裂解气压缩机改造合同，实现潍钢 4 万 m^3/h 空分装置 EPC 总承包项目首个订单突破。各种主机产品的市场份额不断提升，大炼化市场离心压缩机占有率超过 85%，1 250kN 以上往复压缩机市场占有率达 90%，煤化工市场离心压缩机市场占有率达 75%，长输管线用离心压缩机市场占有率达 90%，核主泵市场占有率达 100%。在天然气油田火驱工程、分布式能源、垃圾处理和核电等领域不断推出新产品。

2019 年，陕西鼓风机（集团）有限公司实现销售订货同比增长 28.54%，营业收入同比增长 51.03%，企业发展再创新高。

2019 年，重庆通用工业（集团）有限责任公司抓住冶金、建材、化工行业集中技改的机遇，实现风机营业收入 3 亿元，同比增长 15%。出口市场大幅增长，风机出口订单同比增长 35%；氧化风机首次出口到巴基斯坦。同时，冷水机组在锂电行业实现突破。在风电领域，新签订单 942 套，订单金额共计 12.9 亿元。公司完成 148 个风电场的 2 395 套叶片的吊装、巡检、维修、增功技改等工作，实现运维收入 638 万元。

2019 年，山东省章丘鼓风机股份有限公司根据国家产业政策及客户需求，积极开发新产品。通过新产品开发，公司实现了产品的更新换代，产品逐步向节能、高效、环保方向发展。公司紧盯国家节能减排项目，满足国家节能降耗及环保需求，为用户提供高效、可靠的风机产品。另外，继续扩展产品在工业废水处理行业的应用，加大电子、电气设备市场开拓力度，实现产品向智能化方向发展。公司产品主要销往电力、化工、水泥、水处理、钢铁冶炼及石灰窑等行业。主要产品罗茨鼓风机销售 9 688 台，实现销售收入 67 473 万元。罗茨鼓风机市场销量比较好的有：引进日本公司的 RR 系列罗茨鼓风机、L 型罗茨鼓风机、3H 型低噪声三叶罗茨鼓风机、ZR 系列大型罗茨鼓风机，引进美国技术开发的 ZG 高速高效罗茨鼓风机、ZW 型三叶罗茨鼓风机。

2019 年，山东明天机械集团股份有限公司销售各类风机 4 065 台，同比增长 33%；实现销售收入 9 862 万元，同比增长 59%。公司在全国各个省份设立办事处，建立大客户直销部。公司外贸出口形势良好，出口额为 86.7 万元，同比增长 380%。

2019 年，浙江明新风机有限公司的风机销售额为 1.62 亿元，同比增长 15.7%。公司的变压器风机、制冷专用风机、空冷器专用风机和烟草风机的原有客户业务订单有所增加，国外订单明显减少。

2019 年，湖北双剑鼓风机股份有限公司产品主要销售领域是化工、石油、矿山、冶金、煤炭及环保等行业。其中，化工行业风机销量 350 台，石油行业风机销量 1 258 台，矿山行业风机销量 172 台，冶金行业风机销量 168 台，煤炭行业风机销量 166 台。公司实现主营业务收入 42 365 万元，实现净利润 3 785 万元。

四、科研成果及新产品

2019 年，参与统计的风机分会会员企业在科研方面共支出 189 336 万元，同比增长 8%，科研经费支出占主营业务收入的 4%。

2019 年，沈阳鼓风机集团股份有限公司各项目取得阶段性进展。公司承担的国家重点研发计划项目“流体机械新型节能与系统智能调控技术”，围绕流体机械新型节能方法及系统智能调控技术研发亟需解决的基本难题——流体机械复杂流场的可靠预测与诊断、流动的精细组织与设计、系统的高效匹配与协同，在流动预测能力提升、设计的精细化和全参数化、系统匹配设计与调控、专门技术创新与先进技术集成及示范验证等方面取得了重要的进展。海洋工程装备科研项目“天然气液化用大型混合冷剂压缩机研制”完成了大型混合冷剂压缩机详细设计，样机机械运转试验、气体密封试验、性能试验和晃动试验，并通过了船级社认证，具备验收条件。国家重点研发计划项目“面向 E 级计算机的大型流体机械并行计算软件系统及示范”完成了压缩机 40 万核能力型并行计算，并基于标模压缩机 NASA Rotor37、Rotor35 和 Stage37，完成软件精度和并行效率的实验验证；完成了 2.4m 连续式跨音速风洞压缩机安装调试、机械运转及闭式循环系统性能试验以及 5 个马赫数、32 条变开度曲线的性能测试；完成了流体机械多块并行连续伴随优化方法研究，开发了优化目标梯度计算量与设计变量数目无关的基于多块结构化网格的并行连续伴随优化设计求解程序；建立了第三代核主泵水力模型优化设计命题，确定核主泵水力模型优化设计的几何变量、目标函数及约束条件，完成第一轮次优化设计。2×180 万 t/a 煤制甲醇装置用离心压缩机组是沈阳鼓风机集团股份有限公司为中天合创能源有限责任公司煤炭深加工示范项目煤制甲醇装置研制的离心压缩机组，包括丙烯压缩机和甲醇合成气压缩机。该项目的研制成功，填补了国内空白，整体技术指标达到国际先进水平，部分性能指标达到国际领先水平，社会效益和经济效益显著。公司加大技术研发投入，持续推进创新成果升级换代和转化应用。2019 年共开发新产品 219 种，完成科研项目 113 项，科技成果转化率达到 94%；申报专利 118 项，获得科技拨款到账 5 015 万元。公司荣获市级以上科技奖励 11 项，10 万 m^3/h 等级制氧量空分装置用压缩机组及成套装备研制和产业化应用项目荣获辽宁省科技进步奖一等奖。

2019 年，陕西鼓风机（集团）有限公司完成新产品试制 4 项，分别是大型轴流压缩机的设计开发、新型离心压缩机组的设计开发、高炉能量回收透平机组、能量回收同轴机组。产品通过陕西省工信厅的鉴定，达到国际先进水平。公司完成新材料、新技术、新工艺的研制 3 项，分别是液化天然气（LNG）用混合冷剂离心压缩机设计开发与应用、空分装置配套空增压一体机汽电双驱同轴机组（MCRT）、36 万 t/a 高效宽工况硝酸四合一机组。

2019 年，重庆通用工业（集团）有限责任公司的 MVR 系统用离心式蒸汽压缩机组通过重庆市经信委技术创新重点项目鉴定，变频直驱离心式冷水机组被列入重庆市技术创新指导性项目推荐目录。

2019 年，浙江明新风机有限公司投入研发经费 879 万元。公司的科技成果转化项目共 7 项，对主要产品的核心技术拥有自主知识产权。公司列入省级新产品试制计划的有电动机外置低噪声冷却塔专用风机、隔音式变压器用风机、环保型风机箱、可调式空冷器风机、热泵专用轴流风机、便于安装的变压器用风机和带传动冷却风机。公司获得授权的发明专利有 1 项，即烟叶烤房温湿度精确控制装置及方法（ZL201710595899X），获得授权的实用新型专利有 5 项，包括接力式风机（ZL2018209026797）、便携外置式注油的风机（ZL2018216315861）、轴流加强式排烟风机（ZL201821631565X）、可单手操作的肩背烟叶打顶抑芽机及操作器改进结构（ZL2018214395378）和汽化燃烧装置（ZL2018216218363）。

2019 年，山东省章丘鼓风机股份有限公司深入开发市场需求的新产品，并把现有的罗茨鼓风机、离心风机、泵、电气设备产品形成系列化、成套化，重点开发高效节能的新产品。公司在生产气力输送单机产品的基础上，已成功转向承接气力输送系统的交钥匙工程；MVR 蒸发结晶系统工程节电效果显著，为用户解决了二氧化碳、盐等排放问题，而且排放的水达到国家环保排放的标准。公司具备提供“水系统平衡＋生化处理＋深度处理＋第三方托管运营”的一站式服务能力，助力工业企业绿色发展，帮助客户解决工业水处理问题。公司继续从美国引进先进风机技术，加速与美国研究所的联合研发，使产品向智能化、低噪声化和高效化方向发展。公司吸收美国先进风机技术，开发了具有国际先进水平的多级离心鼓风机，产品性能优良、运行平稳，具有振动小、效率高、噪声小等特点。公司的 TZJF 型渣浆泵被列入 2019 年山东省第一批技术创新项目计划，CTF 型垃圾焚烧发电用离心通风机、ZGB 型罗茨鼓风机、焦化废水深度处理预处理系统被列入 2019 年第二批山东省技术创新项目计划，海水脱硫用大型焊接离心鼓风机、氯化钠废水 MVR 蒸发结晶系统被列入 2019 年第三批山东省技术创新项目计划。高盐高浓有机废水无害化与资源化处理技术装备集成及规范项目被列入山东省重大科技创新工程项目。

2019 年，山东明天机械集团股份有限公司与山东大学联合成立磁悬浮式离心风机研发技术中心。公司签订磁悬浮式鼓风机的合作研发协议，完成了 RSR200H 高压逆流冷却罗茨鼓风机的试制，新申报专利 5 项。公司新立项的磁悬浮式鼓风机运行效率可达 84.5%，比罗茨风机及多级离心风机节能 30% 左右；采用整体箱式结构，风机噪声在 80dB 以下，机体振动小，无须做安装基础；系统集成性高，操作方便。

2019 年，山东开泰集团有限公司不断加大研发投入，鼓励全员创新，加快科技成果转化速度，促进科研项目的推广应用。智能抛喷丸清理及 PM2.5 环保除尘装备项目入选山东省重点建设项目，QWD1250 钢网带式抛丸清理机入选国家重点新产品项目。公司承担山东省火炬计划项目 1 项、山东省星火计划项目 1 项、山东省自主创新成果转化重大专项计划项目 1 项，获得山东省科技厅自主创新专项资金 1 000 万元。

2019 年，湖北双剑鼓风机股份有限公司完成新产品产值 29 248 万元。公司研制的新产品主要为离心制酸风机、环保曝气风机、电站风机及离心鼓风机等。公司申报专利 10 项，其中发明专利 2 项、实用新型专利 8 项。

五、质量及标准

1. 质量管理

截至 2019 年年底，风机分会 231 家企业会员中有 226 家企业通过了 ISO9000 质量管理体系认证。

2019 年，沈阳鼓风机集团股份有限公司全面深化质量管理体系建设，修订完善质量标准，完成质量管理信息平台建设；加大关键配套件、铸锻件、外协组部件质量管控力度，有效提高了供应商质量过程管控能力；建立内外反馈质量问题处理制度，对各项质量问题进行全面梳理和分析；深入开展 8D、提案改善等质量改进活动，深化各项质量管理成果，各项关键质量指标稳步提升。公司为提高产品质量而采取的措施包括：细化质量统计分析应用，促进关键质量指标稳步提升；强化内部审核，保持质量体系有效运行；持续固化前期 8D 活动的措施；组织两个专项整改活动——整顿无损探伤技术条件，强化压缩机平衡气、密封气等高压气管路过程控制；强化一把手质量责任，有效开展各项质量管理活动；严格执行质量责任制考核，提高工作质量。公司荣获沈阳市市长质量奖。公司的 ISO9001 质量管理体系认证证书通过再认证，证书有效期是 2019 年 12 月 4 日至 2022 年 11 月 6 日。

西安陕鼓动力股份有限公司于 1994 年 9 月取得中国质量认证中心（CQC）认证，2019 年 8 月通过复审。公司狠抓质量管理，推行产品质量“零让步”工作，深入贯彻“零缺陷”的质量管理原则，进一步提升员工的质量意识，规范质量行为，杜绝不合格品的非预期使用或出厂，降低质量风险，提升用户满意度。为了进一步提升全员的质量意识，提升产品质量、服务质量、工程质量及运营质量，公司启动质量管理体系升级行动，重塑公司的质量体系。

重庆通用工业（集团）有限责任公司于 2019 年 11 月取得美国空调供热制冷工业协会颁发的机组 AHRI 认证（机组、实验台）审核。

山东省章丘鼓风机股份有限公司于 2018 年 9 月通过了山东世通质量认证有限公司的认证，通过认证的范围有罗茨鼓风机、罗茨真空泵、离心鼓风机、渣浆泵的设计、制造和服务。证书有效期是 2018 年 9 月 28 日至 2021 年 11 月 15 日。公司坚持不懈地进行全面质量管理与提升，将质量管理工作细化到每一道工序、步骤和环节，及时发现和解决质量缺陷和问题，提高产品实物质量，并不断完善质量管理体系，塑造质量品牌。公司始终坚持“质量第一，质量兴企”“做，就做到最好”的理念，从源头抓起，严抓采购、过程及最终检验，及时处理各类质量问题，并确保质量信息具有可追溯性。在过程检验方面，确保零部件 100% 受检，将产品安装、试验和发货作为检验工作的重点，风机受检率为 100%。公司定期召开质量分析会，针对某些质量问题，开展质量专题会。公司深入开展创建学习型组织活动，推行以“整理、整顿、清扫、清洁、素养”为主题的“5S 管理”活动，实行“优质岗”活动，评选质量服务之星。在技术和质量人员中继续开展每周一课培训，及时总结成功的经验和失败的教训。

2019 年，山东明天机械集团股份有限公司通过了 ISO9001 国际质量管理体系认证。公司生产的“山鼓”牌系列三叶罗茨鼓风机被评为中国环保机械行业协会重点推介产品。公司通过知识产权管理标准化的认定，继续加大研发创新力度和成果转化力度，持续加强质量教育，提高品牌意识，加大质量管控，切切实实地从售前、售中到售后为客户提供优质的产品和服务，尤其是及时处理客户投诉及售后服务问题。公司定期进行客户满意度调查，对客户满意度、客户流失率等问题进行调查，以掌握客户需求的变化和企业为客户创造价值的能力。

2019 年 6 月 28 日，经新世纪检验认证股份有限公司确认，长春花园机械有限公司取得了 ISO9001：2015 质量管理体系认证证书，证书有效期至 2022 年 6 月 23 日。公司生产的所有通引风机全部采用 ISO9001：2015 质量标准生产，产品质量符合质量标准要求。

湖北双剑鼓风机股份有限公司以等效采用行业标准为主，2003 年首次通过深圳鹏程国际认证有限公司的质量管理体系认证。2019 年，公司再次通过质量管理体系认证。

2. 标准化工作

2019 年，风机分会完成两项团体标准立项，完成 1 项团体标准的制定与发布，组织召开团体标准工作会议 7 次。

2019 年 1 月，《屋顶通风装置防雨性能试验方法》团体标准立项。5 月初完成征求意见稿，6 月末完成了标准送审稿。7 月，召开《屋顶通风装置防雨性能试验方法》团体标准审查会议。本次会议主要审查了标准送审稿及相应材料，对标准送审稿的逐个条款进行了充分讨论，并提出了审查意见。8 月底，在中国通用机械工业协会标准化管理委员会召开的通用机械行业团体标准审定会上，专家委员对标准提出修改意见，会后形成《屋顶通风装置防雨性能试验方法》报批稿。11 月，该团体标准正式批准发布。

2019 年 6 月，《离心通风机用调节门技术条件》团体标准立项，7 月份完成标准初稿，12 月份召开初稿（工稿）协调讨论会。

2019 年 1 月，在上海召开了《一般用离心空气压缩机》第二次标准研讨会，就压缩机的振动振幅与转子动平衡控制指标确定方法和试验方法进行了重点研讨。8 月，在江苏常州召开了《一般用离心空气压缩机》标准征求意见稿的研讨会。9 月，在江苏无锡召开了《一般用离心空气压缩机》标准审查会，与会委员及代表在充分协商与讨论的基础上，按照规定程序进行投票，《一般用离心空气压缩机》标准通过审查。12 月，中国通用机械工业协会在北京召开团体标准专家委员会会议，审议该项标准。

六、基本建设及技术改造

为满足国家调整能源结构的需要、符合“十三五”振兴东北地区等老工业基地的要求，由沈阳鼓风机集团股份有限公司作为牵头单位，联合大连理工大学、中国标准化研究院和沈阳透平机械股份有限公司，开发建设产品绿色设计平台。该项目以原有生产线为基础，建立绿色制造示范线；研发新产品——一体化压缩机；申报一体化压缩机绿色产品团体标准。各方明确任务分工，建立项目管理小组，任命项目联络人，确保项目在实施过程的各个环节有效衔接，真正形成“产学研用”的绿色制造创新模式。2019 年，沈阳鼓风机集团股份有限公司完成一体化压缩机绿色设计平台及产业化应用项目。

2019 年，陕西鼓风机（集团）有限公司完成技术改造项目 4 项，分别是 PLM 升级改造，新增检验、检测设备，加工车间设备更新，设备大修。技改投入资金总额为 339.9 万元。

2019 年，重庆通用工业（集团）有限责任公司完成了通风机前后盘高效自动焊工艺技术研究项目的技术方案验证，实现通风机前后盘的自动焊接作业，降低工作环境中噪声和大气的污染；开展了小型焊接机器人工作站的技术方案论证，在促进特殊材料叶轮焊接技术整体升级的同时，提高产品质量；完成了高精度异形焊接机壳工艺研究及优化项目，形成具有自主知识产权的核心技术；完成了钛合金关键旋转零部件坯件的增材制造技术论证。

2019 年，山东省章丘鼓风机股份有限公司自筹资金约 200 万元，完成了喷漆房改造。此次改造实现了废气挥发性有机物的连续自动在线监测。为了进一步提高企业生产能力、提升产品质量，公司购置了先进的设备，如加工中心、数控车床、数控火焰精细等离子切割机、卧式硬支承平衡机和逆变式 CO_2 气体保护焊机等。

2019 年，山东明天机械集团股份有限公司新建的东厂区车间面积为 5 600m^2，生产磁悬浮式离心风机和蒸汽压缩机。公司完成加工工艺优化项目 140 余项，制作组合工装 70 余套，加工效率提升了 35%。

2019 年，浙江明新风机有限公司年产 1 万台合金微型叶轮项目开工。该项目总投资 1 500 万元，项目建成后将形成年产 1 万台合金微型叶轮的生产能力。公司购置了数控机床、机器人加工设备和计算机信息系统等。

2019 年，长春花园机械有限公司利用自筹资金，设计研发公司所需的 SY-16 型旋压机、数控法兰冲孔机、自动风门套管焊接机、底座冲孔机和扁钢切割机 5 种设备。这些设备全部申请了实用新型专利。

七、企业经营管理及改革

2019 年，沈阳鼓风机集团股份有限公司综合创新改革取得新进展，完成了全员岗位序列等级聘任和薪酬制度改革，实现了干部员工由职务工资体系向岗位工资体系的平稳过渡，进一步完善了员工薪酬工资结构。关键岗位及核心骨干员工和青年员工的薪酬水平明显提高，薪酬体系的激励导向作用进一步增强。集团及子公司混改工作积极推进，集团层面混改方案基本完成，已经与多家战略投资者进行多次沟通。

2019 年，重庆通用工业（集团）有限责任公司通过工艺流程细化、管理升级等工作，不断提升生产制造能力。公司推进 5S 精益生产管理和工艺改进；通过加强冷机、压缩机产品“三化”工作，产品交付周期有效缩短；加强对内、外部质量损失的控制；加强计划的过程控制，挖掘生产潜能，按计划推进整体生产进度；做好售前、售中、售后服务，积极与用户沟通协调，加强对用户的售后服务和跟踪，着力提高用户满意度；不断加强降本增效工作，全年实现降本 5 000 万元。

2019 年，山东省章丘鼓风机股份有限公司继续按“拉长主业，上新创新，合资合作，发展大章鼓”的总体发展战略，以“做，就做到最好”为工作理念，不断强化企业内部管理，加快技术创新步伐。7 月 7 日，山东省章丘鼓风机股份有限公司成立了山东章鼓鼓风机创新研究院，以提升鼓风机高端技术。公司对产业结构进行了调整，逐步实施多元化发展战略，大力发展以鼓风机为代表的现代先进制造业、以工业废水处理为代表的高端环保业，同时加大电子电气公司的运作投入，总体业绩明显提高。公司转变经济增长方式，把着眼点从过去的上规模、上产量逐步转变为技术创新、产品创新，扩大服务领域，逐渐走出传统产品加工制造的老路，围绕系统工程集成，强化科技创新与系统服务，走专业化协作的大市场开发、品牌建设发展之路。

八、企业节能、降耗、减排情况

2019 年，参与统计的风机生产企业生产用钢材消耗量为 479 317t，同比增长 1.2%；用电量为 41 271 万 kW·h，同比增长 5.3%；综合能耗总量为 71 116t 标准煤，同比增长 2.5%。

2019 年，沈阳鼓风机集团股份有限公司在追求工业发展、技术进步的同时，按照绿色工厂的要求，以“高效低耗的生产方式，奉献绿色环保产品”为目标，逐步形成了以合理规划为先导、以先进管理为依托、以技术创新为驱动、以清洁生产为重点、以废物利用为补充的绿色制造体系模式。公司不断夯实能源管理基础，不断完善集团公司能源管理三级网络；坚持巡检制，加强能源统计分析；加强公司用能定额管理工作，不断完善各种用能定额；加强对峰、谷、平用电合理使用。公司大力开展节能宣传和节能技术培训工作。在2019年以“绿色发展，节能先行”为主题的全国节能宣传周期间，公司组织节能员参加经济技术开发区节能宣传活动，组织人员参加活动月启动仪式、论坛等。公司还利用广播站、沈鼓信息报、办公局域网、各车间宣传板等，宣传国家节能法和节能降耗小常识，以及节能先进事迹、各种节能措施，发动员工为节能降耗提出合理化建议。2019年，公司综合能耗为13 534t标准煤，同比下降4.96%；万元产值综合能耗为0.013 5t标准煤/万元，同比下降6.7%；万元增加值综合能耗为0.071 1t标准煤/万元，同比下降8.73%。公司荣获沈阳市节能减排先进企业、节能示范企业等称号。

2019年，陕西鼓风机（集团）有限公司开展企业节能降耗工作，建立健全环境、能源管理机制，着力提升环境和能源管理体系运行水平，把节能降耗工作贯穿到企业发展全过程和各环节。公司通过生产制造环节绿色改造、污水处理回用及运行分布式能源互联岛等，在能源节约和高效利用方面取得了积极成效，荣获西安市节水型企业称号。

2019年，山东省章丘鼓风机股份有限公司完善了企业内部的节能、减排、降耗的措施。公司定期清理危废仓库和事故水池，制定并完善了环境保护应急预案并备案，编制了变更环境影响分析报告，制定了环境保护管理制度，通过有机废气VOCs专项治理验收及环保部门督查组的多次检查，保证了公司正常的生产运营。公司将重点生产车间的节能减排工作作为重点，对相关人员进行强化管理培训，并按照集约化、特色化、高新化、信息化的要求，利用先进的节能技术手段和管理模式，推动节能减排工作有序进行。

九、行业及企业人才培养情况

为提高风机行业各企业通风机设计和制造水平，培养企业技术人才，同时解决行业内相关企业振动、噪声检测与故障诊断等问题，风机分会于2019年11月26日在无锡举办了第十期“离心通风机设计及振噪检测与故障诊断”培训班。参加此次培训的学员均为风机行业会员企业及非会员企业的技术、销售人员。本次培训班聘请西安交通大学、上海交通大学、华北电力大学的教授等，为学员讲解离心通风机设计及振动和噪声检测与故障诊断等一系列课程。

2019年，沈阳鼓风机集团股份有限公司紧紧围绕企业的战略目标，建立健全集团管控的现代化招聘配置、薪酬激励机制，完善人才培养体系。公司建立了全新的岗位设置和职业生涯发展通道，完成全员职业发展等级评聘工作，并实现职业发展的制度化、动态化管理；建立全新的员工绩效考核体系，实行目标驱动的员工绩效管理模式，逐步实现员工绩效、薪酬、职业发展等级联动机制。公司完善人才引进和利用机制，扩大招聘院校的范围，参加省、市的“招才引智”“凤来燕归”等一系列人才引进活动；深化校企合作，与西安交通大学、浙江大学、大连理工大学、东北大学等高校建立校企合作平台；举办大型技能竞赛及培训，与各高校开展深入交流。公司建立健全集团管控的现代化培训体系和机制，制定了差异化的培养计划，开展“集团高端营销战略培训”“中高层管理人员安全业务培训”“卓越绩效管理”等15项培训，开展了中层领导干部内训活动。技能提升培训是员工培训的重点，其中，机械基础、机械制图培训班，装配钳工技能提升培训班，以及电焊工技能提升培训班的培训课程是培训中心专职培训员授课的精品课程，培训人群涵盖生产制造的主要工种。全年开展集团级培训71次，培训员工2万余人次。

2019年，陕西鼓风机（集团）有限公司紧密结合集团分布式能源战略转型与业务提升的需求，从管理培训、专业技能培训、通用能力培训、专项认证类培训等多个维度，依托集团三级培训体系，推进集团培训业务的开展。公司深入推进各级领导干部及储备干部培养、全员职业通道专业培训、员工职业技能提升培训和集团重点培训项目的开展。

2019年，重庆通用工业（集团）有限责任公司在人才引进方面下足功夫，通过提高学历标准、扩大引才区域、增加学科选择、拓宽招聘渠道、提升薪酬待遇等方式，引进优秀人才，基本满足了公司发展需要。公司加大人才培养力度，开展分级分类培训。其中，新进员工采取岗位师徒制的培养方式。在职员工培训分级分类：鼓励一线员工参加国家级、市级以及区级技能大赛，许多员工在技能水平得到提升的同时也收获了个人荣誉；鼓励技术人员参加外部各类技术研讨交流会；选拔管理人员参加外部各类管理培训，如业务财务双向融合培训、生产管理训练营等。公司鼓励员工提升学历，对于按期获得对口专业更高学历的员工，根据相关管理办法给予奖励。公司落实人才梯队化建设，对团队合作模式和人员布局进行调整，年初制定明确的团队计划，确定工作内容、责任人、团队成员技能提升目标，并安排专人跟踪检查，为不同水平的人员提供相应的培训内容。

2019年，山东省章丘鼓风机股份有限公司进一步加强高、精、尖人才的引进和培养。在公司内部，继续推行每周一课的专业技能和专项培训。公司引进高科技人才、专家、院士等，举办专家讲座、培训；强化内部培训，招聘大学毕业生并进行系统培训。

2019年，山东明天机械集团股份有限公司继续大力推动产学研合作，形成以企业为主体、以高等院校和科研院所为依托、以人才为根本的技术创新体系，通过人才梯队的建设，激发员工的潜力，实现人才的在职开发。公司鼓励管理层多参加培训班、研讨会，为员工的成长创造良好的企业环境，从而不断提升管理层的综合素质，造就复合型人才。

2019年，浙江明新风机有限公司的4名技术员申报工程师职称，均顺利通过。公司明确了不同职系的晋升评估、管理办法，为员工提供双轨制职业发展通道。公司建立职业生涯辅导制度，动态管理员工发展，不断帮助员工调校职业阶段性发展，由专人对员工职业生涯目标实施定期跟踪管理，督导员工向设定的目标发展。公司构建多种学习成长平台，如公司三级培训、员工换岗、后备人才培养计划等，帮助员工实现职业发展。

十、信息化建设情况

2019年，沈阳鼓风机集团股份有限公司推进信息化建设进程，完成了典型工装参数化设计、透平产品三维设计交档推广等工作，系统整体上线培训以及项目总结，系统已交付使用；建立质量管理信息化系统，提高了质量管理和质量检验信息化水平；完成了售后服务云平台，基本实现了CRM营销服务一体化目标。公司上线运行了招标采购及供应商管理平台，实现了ERP优化实物流与信息流同步和核算的质量提升。中石化阳光供应链项目实现中石化易派客系统与沈鼓ERP系统集成，最终实现中石化对内部采购合同管理业务的拓展和延伸。

2019年，陕西鼓风机（集团）有限公司紧跟数字化时代，积极探索互联网思维下的“智能+”模式，以大数据、云计算、互联网等技术为支撑，从“制造”迈向“智造”，制定了包括产品智能化、服务智能化、过程智能化的“三位一体”及“智能+”智能制造实现路径，形成了在三大业务板块下的全流程的智能化系统解决方案。公司在设计、生产、管理等方面实现信息化的基础上，为用户提供智能化产品及服务，包括数字化交付、压缩机动态仿真 CDS、全球首个能源互联岛运营中心的方案应用、近千台机组远程在线监测与诊断平台、流程工业 EAOC 能效优化控制、全生命周期的 MRO 核心软件应用等一系列智能化方案。

山东省章丘鼓风机股份有限公司积极探索信息化工作管理的新思路、新举措，突出网上应用，强化信息服务，落实安全保密措施的保障。公司信息化建设主要围绕“理清思路，找准方向，把握重点，着力打造知识共享工程，构建高效运作工作平台，稳步推进信息化建设工作上一个新的台阶”的思路开展工作。2019 年，公司专门成立了信息化部，利用互联网时代的信息共享，助力公司转型升级。

2019 年，重庆通用工业（集团）有限责任公司依托金蝶 OA 7.0 产品建设的协同办公 OA 平台和信息交流与共享机制，实现了网上协同办公；通过移动端应用 —— 云之家，实现了可随时随地审批相关流程，进一步提升了办公的及时性、便捷性。公司依托金蝶 S-HR 2.0 产品建设的人力资源管理系统，改变了人力资源工作方式，即从原来纯手工或半手工的业务处理方式转变为智能自动处理方式 。公司依托金蝶 EAS 8.1 产品建立的进销存系统与标准化流程，基本满足了采购、销售、库存、财务等管理需求，实现了公司流程标准化操作；实现了财务业务一体化的应用，实现了资金流、物流、信息流管理的有效统一与集成；提高库存数据准确性，实现账实相符、账账相符。公司依托 PLM 信息化项目建设，搭建 CAD/CAPP/PLM 的协同工作平台，实现产品生命周期管理和项目管理；规范设计开发的工作流程，提高产品开发设计效率，实现产品开发合理的配置管理、变更管理、变形设计、派生设计及版本管理等。

2019 年，山东明天机械集团股份有限公司继续优化 T6 系统（生产管理系统），并取得了一定的效果。采购订单、生产计划以及出入库管理等工作流程有效推进，为企业的全面信息化管理奠定了基础。

〔撰稿人：中国通用机械工业协会风机分会邱娟、刘蕾、张宇航　审稿人：中国通用机械工业协会风机分会董友〕

2019 年阀门行业概况

2019 年，面对全球复杂多变的经济形势和国内产能严重过剩的局面，阀门行业克服困难、转变经营方式和发展理念，加大科技创新投入和技术改造力度，实现了健康稳定发展。行业骨干企业研发了一大批高端阀门新产品，并在大型核电、超（超）临界火电、大型石化装置、煤炭综合利用、LNG 接收站、冶金和远程调水工程等项目上获得应用，打破了国外垄断，实现了自主化。行业骨干企业的销售收入、出口和利润指标高于行业总体水平，引领了行业发展。

一、生产发展情况

2019 年，据国家统计局统计：全国规模以上阀门生产企业有 1 809 家，实现主营业务收入 1 968.98 亿元，同比增长 3.11%；实现利润总额 152.26 亿元，同比增长 7.89%；完成出口交货值 345.21 亿元，同比下降 5.64%。共有亏损企业 186 家，亏损面为 10.28%；亏损额为 4.95 亿元，同比下降 10.51%。

2019年，据中国通用机械工业协会阀门分会对100家阀门生产企业统计：完成工业总产值344.8亿元，同比增长4.38%；实现主营业务收入336.95亿元，同比增长6.89%；实现利润总额30.89亿元，同比增长14.22%；完成出口交货值47亿元，同比增长8.95%；资产总计459亿元，同比增长6.17%。2019年阀门行业工业总产值前20名企业见表1。2019年阀门行业工业销售产值前20名企业见表2。2019年阀门行业出口交货值前20名企业见表3。2019年阀门行业利润总额前20名企业见表4。

表1 2019年阀门行业工业总产值前20名企业

序号	企业名称	工业总产值（万元）	序号	企业名称	工业总产值（万元）
1	苏州纽威阀门股份有限公司	266 276	11	上海凯科阀门制造有限公司	82 197
2	江苏苏盐阀门机械有限公司	193 645	12	浙江石化阀门有限公司	80 526
3	吴忠仪表有限责任公司	147 998	13	陕西航天泵阀科技集团有限公司	74 973
4	江苏神通阀门股份有限公司	147 600	14	上海美科阀门有限公司	72 980
5	远大阀门集团有限公司	146 280	15	江苏盐电阀门有限公司	70 222
6	中核苏阀科技实业股份有限公司	125 515	16	北京航天石化技术装备工程有限公司	69 344
7	浙江迪艾智控科技股份有限公司	107 621	17	成都乘风流体科技集团有限公司	64 596
8	河南省高山阀门有限公司	93 616	18	超达阀门集团股份有限公司	63 200
9	上海冠龙阀门机械股份有限公司	92 895	19	慎江阀门有限公司	62 689
10	良工阀门集团有限公司	85 000	20	北京市阀门总厂股份有限公司	61 145

表2 2019年阀门行业工业销售产值前20名企业

序号	企业名称	工业销售产值（万元）	序号	企业名称	工业销售产值（万元）
1	苏州纽威阀门股份有限公司	259 556	11	上海凯科阀门制造有限公司	78 944
2	江苏苏盐阀门机械有限公司	193 263	12	陕西航天泵阀科技集团有限公司	74 973
3	远大阀门集团有限公司	165 091	13	浙江石化阀门有限公司	73 044
4	江苏神通阀门股份有限公司	144 155	14	上海美科阀门有限公司	71 573
5	中核苏阀科技实业股份有限公司	126 535	15	北京航天石化技术装备工程有限公司	69 344
6	吴忠仪表有限责任公司	122 900	16	江苏盐电阀门有限公司	65 626
7	浙江迪艾智控科技股份有限公司	104 848	17	超达阀门集团股份有限公司	63 127
8	上海冠龙阀门机械股份有限公司	95 718	18	北京市阀门总厂股份有限公司	57 970
9	河南省高山阀门有限公司	91 260	19	慎江阀门有限公司	57 136
10	良工阀门集团有限公司	79 000	20	重庆川仪调节阀有限公司	54 000

表 3　2019 年阀门行业出口交货值前 20 名企业

序号	企业名称	出口交货值（万元）	序号	企业名称	出口交货值（万元）
1	苏州纽威阀门股份有限公司	136 631	11	超达阀门集团股份有限公司	12 867
2	江苏盐电阀门有限公司	41 726	12	河南省高山阀门有限公司	10 896
3	青岛伟隆阀门股份有限公司	31 000	13	铁岭特种阀门股份有限公司	8 356
4	陕西航天泵阀科技集团有限公司	29 435	14	北京航天石化技术装备工程有限公司	8 124
5	天津银河阀门有限公司	27 270	15	天津市北方阀门控制设备有限公司	7 085
6	慎江阀门有限公司	23 462	16	上海凯科阀门制造有限公司	6 043
7	远大阀门集团有限公司	22 942	17	浙江迪艾智控科技股份有限公司	5 996
8	潍坊裕川机械有限公司	15 608	18	四川精控阀门制造有限公司	4 923
9	安徽方兴实业股份有限公司	15 214	19	蓬莱金创精密铸造有限公司	4 910
10	中核苏阀科技实业股份有限公司	13 751	20	成都航利阀门成套设备有限公司	4 498

表 4　2019 年阀门行业利润总额前 20 名企业

序号	企业名称	利润总额（万元）	序号	企业名称	利润总额（万元）
1	苏州纽威阀门股份有限公司	59 893	11	浙江石化阀门有限公司	7 901
2	江苏苏盐阀门机械有限公司	21 957	12	吴忠仪表有限责任公司	7 426
3	江苏神通阀门股份有限公司	19 064	13	青岛伟隆阀门股份有限公司	6 418
4	上海冠龙阀门机械股份有限公司	13 638	14	河南省高山阀门有限公司	6 190
5	中核苏阀科技实业股份有限公司	13 536	15	江苏盐电阀门有限公司	5 987
6	远大阀门集团有限公司	12 039	16	浙江永盛科技股份有限公司	5 514
7	陕西航天泵阀科技集团有限公司	8 962	17	成都乘风流体科技集团有限公司	5 202
8	上海凯科阀门制造有限公司	8 149	18	超达阀门集团股份有限公司	5 185
9	北京航天石化技术装备工程有限公司	8 055	19	慎江阀门有限公司	4 808
10	浙江迪艾智控科技股份有限公司	7 907	20	上海美科阀门有限公司	4 643

2019 年，参与统计的企业总资产贡献率为 10.45%，同比下降 8.01 个百分点；成本费用利润率为 11.25%，同比上升 20.71 个百分点；主营业务收入利润率为 9.01%，同比上升 6.12 个百分点；资本保值增值率为 115.94%，同比下降 6.54 个百分点；净资产收益率为 12.46%，同比下降 2.58 个百分点；流动资产周转率为 1.09 次，同比下降 6.84 个百分点；资产负债率为 42.9%，同比下降 5.26 个百分点；全员劳动生产率为 44.96 万元 / 人。

2019 年，中核苏阀科技实业股份有限公司按照大事业部制运行模式，对内部组织机构进行调整，整合公司技术资源，突出研发集中优势，成立了研究设计院。公司通过国防军工计量标准复查审核和 2019 年度 CE 换证审核，召开“华龙一号”K2/K3 项目阀门验收暨项目总结会。

慎江阀门有限公司是一家专门从事阀门研发、设计、制造和销售的国家高新技术企业，注册资金 12 008 万元。2009 年，公司三期建设完成，新建厂房占地面积约 8 万 m^2（120 亩）。公司主导产品有闸阀、球阀、蝶阀、截止阀、止回阀、旋塞阀、平板阀和调节阀八大系列，适用于低温、超低温、高温、波纹管、抗硫、抗氢、耐磨、低泄漏及全真空等工况。近年来，公司加大适用于低温、超低温、高温等工况阀门的研发工作，先后完成高压 Y 型截止阀、内置旋启止回阀、大口径高压截止阀、煤化工用耐磨开关阀门、压力平衡式旋塞阀和平板闸阀的研发、制造和产业化推广工作。2018—2019 年，中科炼化一体化项目高压、低温阀门累计执行合同额超过 8 000 万元，鄂安沧输气管道项目旋塞阀执行合同额500余万元。公司对低温阀、高压阀门、Y 型截止阀的结构、工艺和加工方法进行革新，有效缩短了工艺流程，提高了工作效率。公司还通过了标准化、计量和全面质量管理工作的验收。

四川飞球（集团）有限责任公司专业研发、制造、销售各类高中压阀门。产品广泛用于石油、化工、冶金、电力、造纸和医药等行业。公司承担了国家重点工程“西气东输”等主管线阀门的制造、建设任务。公司建设了飞球阀门制造中心，项目总投资 2.4 亿元，占地面积约 8 万 m^2（120 亩）。第一期项目总建筑面积 2.7 万 m^2，其中厂房面积 1.7 万 m^2，建设年限为 2019—2021 年。该项目建成后，可生产适用于原油、天然气、液化天然气、成品油的储运和管道建设用大口径高压阀门，形成年产 9 000t 国际先进标准阀门的生产能力。第二期项目是创建飞球阀门研发检测中心，整合自贡地区的阀门产业，最终形成集阀门研发、生产、检测、销售于一体的产业集群。在现有全焊接锻钢固定球阀科技成果技术、阀门产品结构的基础上，建设一条年产 9 000t 大口径油气集输管线阀门生产线，形成大口径油气集输管线阀门批量生产的能力，以满足国内外油气长输管道建设及城市管网建设的需求。

2019 年，江南阀门有限公司基本建设及技术改造情况：①建设自动上下料生产线。作为企业智能、以机代人的一个试点，引进机械手与加工中心一体作业单元线，涵盖企业大部分批量生产的较大零件，实现视觉系统自动抓举上下料，24h 不间断生产产品。提高了产品生产效率，实现以机代人的目的。②大型加工车间引进高端数控加工设备，如 8m 数控立式车床、大型龙门加工中心和卧式加工中心等。③建设车间信息化系统，后期将引进 MES 系统。实现 PLM 系统、ERP 系统、MES 系统的对接，车间现场实现无纸化、管理数据透明化、质量信息收集智能化和数据汇总快捷化。

浙江伯特利科技有限公司是由伯特利集团全资控股的一家集研发、生产、销售服务于一体的阀门专业生产企业。公司作为浙江省首家阀门数字工厂的生产基地，投入 8 000 多万元，进行智能化车间打造，实现了厂区数控机床联网、可视化管理、车间无纸化办公以及工序进度管理。公司致力于依靠科技创新，不断应用新技术、新工艺、新材料开发高质量新产品。近几年重点研发的超低温阀门、临氢阀、管线球阀、高性能双向密封蝶阀、海工阀门等产品均已广泛应用于各相关行业。产品已批量应用于石油石化行业临氢装置上，其中自主研发的海洋移动平台专用阀，对海洋移动平台的作业和拖航安全起到了关键作用，并获得了两项国家发明专利，填补了国内空白。2019 年 12 月，公司获得国家高新技术企业称号。公司基础建设及技术改造情况：打造数字工厂的第二阶段——智慧仓库，已建设完成并投入使用。年产 5 000t 智能工厂技术改造项目已建设完成，购置了卧式加工中心、立式车床、等离子堆焊机、超频真空热处理设备、斜床身数控机床、数控铣镗床、智能型阀门压力测试机及便携式光谱仪等设备。年产 5 000t 低温蝶阀技改项目已建设完成，实现研发、供应链、生产制造、财务核算等有效整合，项目新增高压空气增压机、加工中心、数控单柱立式铣车床等设备 30 台。年产 8 000t 船舶专用阀门及低功率气动控制阀门项目一期工程已于 2017 年 4 月竣工投产，剩余部分（3 号车间、1 号宿舍楼、综合办公楼）预计 2020 年年底竣工。在建的年产 3 000t 低温球阀技改项目计划于 2021 年 4 月建设完成，项目新增数控车床、卧式加工中心、数控铣床等设备 30 余台。

武汉锅炉集团阀门有限责任公司投入资金 1.2 亿元，在武汉市大桥新区建设武锅能源及武锅阀门新基地。其中，阀门公司厂房内进行设备升级改造及智能化提升，新增刨台式数控镗铣床、加工中心、数控车床、钻床、插床、磨床、研磨设备、等离子堆焊机、离子氮化炉、蒸汽发蓝炉、全密封多功能淬火油槽和自动抛丸机等生产设备，安全阀冷态试验台架系统、流体动态试验系统等试验设备，自动化立体仓库、自动化涂装线等设备。新基地（含武锅能源）计划投入 3 000 万元进行信息化建设。新厂建成后，将采用 PLM、ERP、MES 等管理系统。当前，阀门厂房土建部分已进入收尾阶段，90% 的主体生产型设备已基本制造完成，即将交货安装。剩余 10% 的生产型设备按计划招标准备中，试验系统型设备在建中。

2019 年，浙江永盛科技股份有限公司铸造车间实施技术改造，形成中温蜡和低温蜡两条硅溶胶铸造工艺，当前已完成项目改造。公司投资 1.48 亿元，拟建设真空阀生产线和工业控制阀研究院，当前项目地基已完工。

远大阀门集团有限公司为了适应国内大型化工、水利项目的产品需求，开发了美标化工阀、水力阀等全系列新产品。2019 年，公司投资 6 000 万元，建设年产 8 000t 锻钢阀、铜阀项目。该项目占地面积 11 353m^2，总建筑面积 14 646m^2，购置机械手、锻压机等各类设备 106 台，年产锻钢阀 5 500t、铜阀 2 500t。当前该项目车间建设已完工，设备在调试中。

2019 年 4 月，宣达实业集团有限公司实验室正式取得中国合格评定国家认可委员会（CNAS）认可，获得 CNAS 认可证书。本次认可对象为金属材料及其制品，认可能力范围包含拉伸、冲击、硬度、金相、成分及均匀腐蚀等检测内容。

2019 年 6 月，青岛伟隆阀门股份有限公司在莱州市沙河镇黄三角先进制造产业园举行新铸造线投产仪式。该项目占地面积超过 45 000m^2，建筑面积超过 25 000m^2，建有两条具备先进技术水平的自动化造型铸造线，年生产 8 万 t 阀门类、汽车配件类铸铁件产品。

二、科研成果及新产品开发情况

1. 大连大高阀门股份有限公司

2019 年，大连大高阀门股份有限公司承担的国家科技重大专项有 3 项，分别为核级仪表阀（气动）研制、燃料运输通道闸阀研制、CAP1400 主蒸汽隔离阀驱动装置研制。公司新产品开发情况：①完成中子快堆钠截止阀研发。电动波纹管截止阀的公称通径为 80mm，压力级为 Class300，适用温度为 530℃，技术水平达到国际先进水平。产品已取得霞浦核电示范工程订货。②完成中子快堆钠止回阀研发。止回阀的公称通径为 80mm，压力级为 Class300，适用温度为 530℃，技术水平达到国际先进水平。产品已取得霞浦核电示范工程订货。③完成 LNG 超低温三偏心蝶阀的设计。蝶阀的公称通径为 600mm，压力级为 Class150，适用温度为 -196℃。④完成 LNG 超低温轴流式止回阀的设计。止回阀的公称通径为 250mm，压力级为 Class150，适用温度为 -196℃。⑤完成国家科技重大专项核级气动仪表阀的设计。仪表阀的压力级为 Class1500，适用温度为 370℃，技术水平达到国际先进水平。⑥完成国家科技重大专项燃料运输通道闸阀的设计。闸阀的公称通径为 750mm，压力级为 Class150，适用温度为 320℃，技术水平达到国际先进水平。⑦完成国家科技重大专项主蒸汽隔离阀驱动装置的设计，技术水平达到国际先进水平。⑧完成间断性排污阀的研发。排污阀的公称通径为 25mm，压力级为 Class1 500，适用温度为 425℃，技术水平达到国内领先水平。该产品可替代进口产品，已取得中石化订货。⑨完成高温（815℃）乙烯用闸阀的研发。闸阀的公称通径为 25mm，压力级为 Class1 500，适用温度为 815℃，技术水平达到国内领先水平。该产品可替代进口产品，已取得中石化订货。公司研制的中广核“华龙一号”主给水止回阀、地坑闸阀和地坑截止阀通过了国家科技成果鉴定，具备工程应用条件；核一级电动波纹管角式截止阀、核二级电动三通截止阀通过国家科技重大专项后立项后补助项目的验收工作；300MW 压水堆核电站主蒸汽隔离阀研制项目获得中国机械工业科学技术奖二等奖。

2. 中核苏阀科技实业股份有限公司

2019 年，中核苏阀科技实业股份有限公司开发的浆态床渣油加氢装置用多通道柱塞阀，设计温度为 343℃，设计压力为 300Lb。该产品达到国内领先水平，部分产品已交付用户。公司研发的 LNG 低温轴流式止回阀，公称通径为 250mm，设计温度为 -196 ～ 150℃，设计压力为 25MPa。该产品达到国内领先水平，已应用于天津用户现场。公司研发的沸腾床渣油加氢装置耐磨球阀，采用金属硬密封浮动球结构，可实现双向密封，适用于高温、高压、加氢等严苛工况，达到国内领先水平。公司研发的大口径高超声速风洞高压进气调压系统阀门组荣获中国机械工业科学技术奖二等奖。

3. 成都乘风流体科技集团有限公司

成都乘风流体科技集团有限公司先后建立了院士专家工作站、协同创新中心等联合研发平台和载体，持续推进技术创新和产品升级。公司与国内外高校、研究院所联合攻关行业技术难题。公司参与的特大型天然气管线球阀关键制造技术及应用项目属于四川省科技厅重大支撑研究专项，产品已应用在中俄管线项目中。在研的 LNG 超低温阀门关键奥氏体不锈钢零部件低温组织稳定性与结构尺寸控制技术项目属于四川省科技厅重大支撑研究专项。2019 年，公司的油气管线四阀座固定球阀项目获得中国机械工业科学技术奖一等奖。

4. 江苏神通阀门股份有限公司

江苏神通阀门股份有限公司研发的核电站主给水调节阀、汽机旁路控制阀气动执行机构用隔膜通过中国机械工业联合会的鉴定；LNG 用带检修舱蝶阀、上装式球阀，NH 核二级气动蝶阀通过中国通用机械工业协会的鉴定。公司新产品开发情况：①均压煤气回收系统，放散煤气回收率为 100%，可满足煤气净化要求。该产品处于国内领先水平，已完成样机鉴定。②耐高温球阀，公称通径为 4 ～ 300mm，压力级为 Class150 ～ Class300，适用温度为 -29 ～ 510℃，适用介质为水、气等。该产品处于国内领先水平，已完成样机鉴定。③球形止回阀，公称通径为 10 ～ 400mm，公称压力为 2.5MPa，适用温度为 -29 ～ 120℃，适用介质为空气、氢气等。该产品处于国内领先水平，已完成样机鉴定。④四偏心蝶阀，公称通径为 200mm，压力级为 Class600，适用温度为 -29 ～ 425℃，适用介质为水、油、气等。该产品处于国内领先水平，已完成样机鉴定。⑤重水堆核级蝶阀，安全等级为核安全二级，公称通径为 100 ～ 900mm，压力级为 Class150、Class300，适用温度≤ 150℃。该产品达到国际先进水平，已完成样机鉴定。⑥天然气液化装置深冷球阀，适用介质为液化天然气，适用温度为 -196 ～ 80℃。该产品达到国际先进水平，已完成样机鉴定。⑦天然气液化装置深冷蝶阀，采用一体式支架结构、三偏心密封副结构，达到国际先进水平，已完成样机鉴定。

5. 上海阀门厂股份有限公司

2019 年，上海阀门厂股份有限公司申报的国家重大科技专项轴流式止回阀成功立项。该轴流式止回阀主要应用于非能动堆芯冷却系统、蒸汽发生器系统和乏燃料池冷却系统中，其功能是允许介质正向流通和阻止介质反向流动。轴流式止回阀与其他传统结构止回阀相比，结构更加紧凑，流体流态更加稳定，流阻小，水锤效应低。该项目开展轴流式止回阀的设计、制造、试验和鉴定技术研究工作，解决我国当前在核电用轴流式止回阀研制中存在的技术薄弱点，使我国核电机组用轴流式止回阀的研发能力达到国际先进水平。另外，通过消化吸收，掌握轴流式止回阀的设计和制造核心技术，拥有独立承担轴流式止回阀的自主研发能力，最终实现轴流式止回阀的国产自主化并实现工程应用，具备三代核电机组用轴流式止回阀设计技术、制造技术和鉴定技术可持续、再创新和发展的能力。

6. 苏州纽威阀门股份有限公司

苏州纽威阀门股份有限公司立足国内外市场，加大了低泄漏阀、蝶阀、核电阀及特殊工况（硬密封、低温、高温、高压）产品的改善和研发。公司新产品开发情况：①核一级轴流式止回阀，公称通径为250mm，公称压力为2 100Lb，适用温度为350℃。该产品已经完成样机的制造，完成了全套的功能验证及鉴定试验。②碳石墨球阀，公称压力为150～300Lb，公称通径≤200mm，设计温度≤280℃，达到国内领先水平。③高压低温球阀，公称压力为1 500Lb，公称通径为15～650mm，设计温度为-196～150℃。该产品技术水平填补了国内空白。④间歇排污阀，公称压力为1 500Lb、2 500Lb，公称通径为25～50mm，适用温度为350℃。该产品达到国内领先水平。⑤上装式超低温蝶阀，公称压力为150～300Lb，公称通径为100～1 500mm，设计温度为-196～300℃。该产品技术达到国际先进水平。⑥超低温闸阀，公称压力为150～600Lb，适用温度为-196～150℃。该产品达到国内领先水平。⑦高性能平板闸阀，公称压力为600Lb，公称通径为450mm。该产品达到国内领先水平。⑧高压大口径全焊接球阀56BWB9B-M，公称通径为1 400mm，压力级为Class900，已通过中石油工业性试验。该产品技术处于国际领先水平。⑨高压大口径全焊接球阀32BWS15B-G，公称通径为800mm，压力级为Class1 500。该产品技术达到国际领先水平。⑩程控球阀，开关时间不大于2s，每天开关次数达180次。2019年5月，在苏州组织召开了由苏州纽威阀门股份有限公司自主研制的56″ Class900高压大口径全焊接球阀产品鉴定会。鉴定委员会专家考察了生产和试验现场，见证了部分工厂试验，听取了研制总结汇报，经质询和讨论认为，研制的56″ Class900高压大口径全焊接球阀产品主要性能指标满足技术条件、试验大纲及有关标准的要求，达到了国内外同类产品先进水平，经工业试验后，可推广使用。

7. 四川飞球（集团）有限责任公司

四川飞球（集团）有限责任公司新产品开发情况：① FW-WE型大口径全焊接原油管线球阀，公称通径为150～1 200mm，公称压力为10.0～15.0MPa。FW-WE型原油管线球阀技术在国内处于领先水平，产品已成功应用于国内各原油管线上，已形成批量生产。② FW新型全焊接锻钢管线球阀，公称通径为150～1 200mm，公称压力为10.0～15.0MPa。该产品是在原引进技术的基础上，结合近年中石油、中石化大口径管道建设新的要求，自主研发的新型全焊接锻钢管线球阀，技术处于国内领先水平。产品研制成功并已形成批量生产。③煤制气管线球阀，公称通径为200～1 000mm，公称压力为1.6～15.0MPa。煤制气管线全焊接锻钢固定球阀解决了国内大口径锻钢球阀易外漏等技术难题，提高了阀门的强度和密封性能，减少了能源浪费和环境污染。该产品填补了国内空白，可替代进口产品，广泛应用于国内外各大型长输管道重点工程上。公司开展了全焊接管线球阀焊后免热处理安全性研究，依据美国石油协会球阀设计标准 API6D、ASME 锅炉压力容器建造规范、全焊接管线球阀使用技术和安全性指标要求，制定了相应的生产制造技术文件，使全焊接管线球阀的生产制造更加规范、质量更稳定，使用安全性得到提高。该项目获得四川省科学技术厅成果鉴定证书，并获得自贡市科技进步奖二等奖。为满足市场和用户的需求，公司对全焊接球阀系列化产品进行结构调整，在原来的产品结构基础上，改变颈部焊接方式，增加观察孔，使产品设计结构更加完善、合理。2019 年，该系列产品研制成功，并应用到中石油、中石化重点管线工程项目上，深受用户好评。

8. 浙江伯特利科技有限公司

2019 年，浙江伯特利科技有限公司共研发新产品 7 个，包括高压井口节流阀、高性能长寿迷宫式调节阀、TPD 通配金属密封高性能蝶阀、多孔套筒迷宫式调节阀、内环式缓闭止回阀、新型自密封固定球阀和高性能防积渣黑水球阀。公司与兰州理工大学签订 LNG 超低温阀门热固耦合分析与结构优化合作项目。公司研发的一种单座双向自压力金属密封球阀，实现了金属密封耐固体颗粒杂质摩擦，具有双向零泄漏密封，操作维护方便。该产品采用独特的碟簧预紧技术，既保证了低压所需的密封力，又可自动调节反向介质压力下的密封力，单个阀座即可实现双向密封。该产品技术含量高，可替代进口产品。

9. 常州电站辅机股份有限公司

常州电站辅机股份有限公司新产品开发情况：①“华龙一号”堆型 1E 级阀门电动执行机构和气动执行机构。技术创新点：研究非金属材料的热老化和耐辐照老化性能，突破了整机耐辐照、耐高温和设计寿命技术指标；创新研发封闭式结构，换向器钢制拱形和壳体内设加强筋技术，突破了抗震、事故工况的技术指标；电动机设计与电动装置性能的匹配；绝缘浸漆工艺创新，保证核级电动执行机构配用电动机的绝缘性能。项目产品采用高绝缘、高辐照、高强度新材料技术和冗余设计的方法，对于核岛部分使用的产品进行了严酷的环境试验，满足了核电站抗辐照、抗地震、LOCA 事故工作环境以及控制的要求，保证核电站的安全性、可靠性。产品的技术达到国际先进水平，可替代进口产品，推动我国第三代核电配套设备技术和其他核设施的发展。产品已完成全部鉴定试验。②普通型阀门电动装置升级。技术创新点：用于对截止阀、闸阀、节流阀和水闸等的控制，适用于冶金、电力、石油和水处理等行业。应用包括 ARM 平台、云技术在内的多种自动控制平台和技术；减速机构采用蜗轮蜗杆结构，自锁性能好；手动、电动切换采用双离合式切换；采用绝对编码器式行程控制器，控制精度高。升级后的电动装置产品技术含量较高，有一定的创新性，产品预期可达到国内领先水平。当前，该产品处于样机试制阶段。③矿用防爆电动执行机构。技术创新点：采用液晶显示、贯通式磁控开关、绝对编码器和 ARM 平台等多种自动控制技术;矿用防爆（煤安）电动执行机构机械结构设计，含密封结构、隔爆结构等；减速机构采用蜗轮蜗杆结构，自锁性能好；手动、电动切换采用双离合式切换；采用绝对编码器式行程控制器，控制精度高，可回转圈数多；采用贯通式磁控开关，不受铸铁材质外壳的影响。该产品具有自动化程度高、应用技术先进、抗冲击能力强、抗电磁干扰能力强、电源波动适应能力强及控制精度高等特点，可广泛应用于煤矿井上、井下非采掘工作面的管道阀门控制系统中，满足高精度控制的需求。该产品已完成样机试制。

10. 武汉锅炉集团阀门有限责任公司

武汉锅炉集团阀门有限责任公司新产品开发情况：①可控式双保护全启式弹簧安全阀及锅炉汽水系统 A066Y-P54120V DN100，用于老旧锅炉安全阀改造，也可用于新锅炉，为锅炉运行提供双重安全保障。该产品处于国内领先水平。

②电磁泄放阀 A069Y-P55150V DN100，解决了大口径电磁泄放阀结构复杂、加工难度大、阀门排量达不到要求的问题，填补了国内无大口径电磁泄放阀的空白。③超静音智能型电站调节阀 T967H-200 DN175，阀门运行噪声控制在 75dB 以下，实现了智能控制。④核电冷快堆及次临界堆芯用阀门 WT961Y-P5030P DN65，解决了液态重金属介质、二氧化碳介质阀门设计、制造技术难题。⑤大口径全锻造闸阀 Z962Y-P55170V DN700，产品处于国内领先水平。公司攻克了大型 38CrMoAl 锻件阀杆产品热处理及阀杆表面耐蚀性离子渗氮难关，提高了阀杆的使用寿命；攻克了超（超）临界大型 F91、F92 大型锻件热处理工艺难关，为新产品研发提供了保障。

11. 浙江永盛科技股份有限公司

浙江永盛科技股份有限公司新产品开发情况：①液化天然气装置用低温高压调节阀 YSIQ10D，规格为 NPS8-CL600、NPS3-CL1500。当前产品样机已通过国产化鉴定。②液化天然气装置用深冷蝶阀 ZSHWED，规格为 NPS24-CL150。当前产品样机已通过国产化鉴定。③ CAP1400 常规岛再热器大压差疏水调节阀 105A，规格为 NPS8-CL600。当前产品样机在组装调试。2019 年 11 月 30 日，经浙江省科技成果委员会鉴定，公司的黏胶化纤专用三偏心蝶阀、LNG 工况用低温顶装式球阀被认定为浙江省科技成果。

12. 远大阀门集团有限公司

远大阀门集团有限公司与河北科技大学建立合作关系，开展阀门密封技术研究。依托公司既有的铸铁、铸钢生产研发能力，进一步开发高强度、高耐蚀、低合金阀体阀瓣材料，为打造高性能、高可靠性、长寿命周期的新型阀门提供强有力的主体基础材料支撑；对阀门密封部位进行识别研究，深入研究阀门密封机理，进一步优化密封结构；设计时侧重于提高产品使用性能，通过加工过程及型式试验，实现低逸散目标。2019 年，远大阀门集团有限公司荣获 4 项河北省科技成果，具体包括：双曲线管力阀系统技术研究，技术处于国内领先水平；一体化限位旋启式止回阀的研制，技术处于国内先进水平；高性能多功能水泵控制阀技术研究，技术处于国际先进水平；升降式缓闭消音止回阀的研制，技术处于国内领先水平。公司新产品开发情况：①抗生素截止阀的开发与研究。公司开发的适用于生物发酵、医药和啤酒发酵的抗生素截止阀，密封垫采用耐高温聚四氟乙烯复合材料，适用温度可达 150℃；阀体密封面采用不锈钢本体密封面，阀瓣采用聚四氟乙烯；排泄孔处增设不锈钢丝扣球阀，利于管道清扫及介质取样。当前该阀门已完成开发。②软密封蝶阀的开发与研究。软密封采用具有一定强度、硬度和耐温性能的非金属材料，硬密封采用金属制作。就密封性而言，软密封相对较好。软密封的优点是密封性能好，缺点是容易老化、磨损，使用寿命短。硬密封使用寿命长，但是密封性相对较差。当前，该产品已完成开发。

13. 哈电集团哈尔滨电站阀门有限公司

2019 年年初，由哈电集团哈尔滨电站阀门有限公司提供支持的国内第一家规模配套国产传储热岛、常规岛关键阀门项目——中控太阳能德令哈 50MW 塔式熔盐储能光热电站一次并网成功，标志着采用浙江中控自主研发并完全拥有知识产权的核心技术、95% 的设备实现国产化的超级工程按期完成。哈电集团哈尔滨电站阀门有限公司生产的公称通径为 10 ～ 350mm、压力级为 Class150 ～ Class2 500 安全阀、调节阀、闸阀、截止阀等六大类关键阀门共计 342 台，用于该项目的传储热岛、常规岛。光热关键阀门作为光热发电站中的关键设备，具有一定的技术难度，再加上此前国内市场始终未能兴起，这一市场一直以来被海外企业垄断。国产光热关键阀门首次大规模成功实现工程化应用，打破了国外企业在光热高端阀门的技术垄断，成功替代进口产品，为光热电站降低建设成本、实现规模化应用创造了条件。

14. 自贡新地佩尔阀门有限公司

2019 年 5 月，在四川自贡召开了自贡新地佩尔阀门有限公司压缩机防喘振阀新产品鉴定会。鉴定会专家考察了生产现场，听取了新产品研制工作报告、技术总结报告和性能检测报告等，审查了相关鉴定资料，并进行了充分讨论。经质询研讨后，鉴定委员会一致同意通过鉴定，鉴定结论为，研制的压缩机防喘振阀填补了国内空白，主要技术参数和性能指标达到了国际同类产品先进水平。产品经工业性试验后，可在天然气管线上推广应用。

三、行业技术交流情况

2019 年，中国通用机械工业协会及阀门分会组织多次行业相关活动，助力企业发展。

中国通用机械工业协会与昆仑能源有限公司联合组织的天然气液化装置专用设备国产化工作一直在有序推进，有多家阀门骨干企业参与该工作，针对深冷球阀、深冷轴流式止回阀、深冷蝶阀及深冷调节阀开展研发攻关。2019 年，通过召开相关会议，让企业面对面交流，解决实际问题。在广泛征求研发企业建议的情况下，邀请中国石化、中国石油、环球工程等单位的专家及部分研发企业的技术人员，对低温阀门技术规范、试验大纲进行修订。在协会和研发企业的共同努力下，浙江永盛科技股份有限公司、江苏神通阀门股份有限公司、无锡亚迪仪表有限公司、自贡新地佩尔阀门有限公司完成了研发产品的鉴定工作。

2019 年 5 月，协会在兰州举办液化天然气用低温阀门技术培训。兰州理工大学教授杜兆年、中石油寰球公司高级工程师贾琦月、兰州理工大学教授张希恒和大连大高阀门股份有限公司副总经理、总工程师肖箭，就液化天然气用低温阀门使用工况及常见问题分析、超低温阀门阀盖温度场分析与结构优化分析、阀门的流体力学、液化天然气用低温阀门制造技术、液化天然气用低温阀门试验检测技术等几个主题，对行业内近百名技术人员进行培训。

2019 年 6 月，由中国通用机械工业协会、中广核研究院有限公司联合主办的核电泵阀及配套设备第三期培训班在中国通用机械工业协会大亚湾培训基地举行。中广核惠州核电有限公司、苏州热工研究院有限公司、中广核研究院有限公司等单位的专家就核电厂泵、阀及电缆的老化与延寿管理，核电“走出去”的知识产权布局与风险防控，泵阀设备设计过程中的可靠性，核级设备鉴定过程要点解析等主题开展培训。学员来自国内泵阀企业，以及包括风机、压缩机企业在内的多家企业。

2019 年，阀门分会完成了《饮用水阀门重金属含量及检测方法》《铁制平板闸阀产品质量分等规范》《智能化阀门检测设备检测标准》3 项团体标准的制定工作。从年初团体标准立项开始，阀门分会多次组织行业专家进行评审讨论，最终完成了团体标准的制定。

2019 年 10 月，由协会组织的中国通用机械行业智能制造企业联盟筹备会在北京召开。会上推举中国通用机械工业协会为中国通用机械行业智能制造企业联盟主席单位，上海工业自动化仪表研究院为联盟副主席单位，联盟秘书处设在上海工业自动化仪表研究院。

2019 年 10 月，第二届国际流体机械产业高峰论坛阀门分论坛暨第七届国际阀门技术论坛在沈阳召开。此次论坛以智能制造国际接轨、突破关键支撑发展为论坛主题，来自中石化南京阀门中心、罗托克、美国福斯集团、伯纳德、上海交通大学核电技术与装备工程研究中心、国家特种泵阀工程技术研究中心、兰州理工大学及骨干企业的专家，就阳光采购与智能化管理、阀门的智能制造、工业阀门智能制造发展和实践之路、Rotork

智能资产管理系统、定位器新诊断技术对阀门及执行器寿命影响、快速隔离阀FSE技术和总线通信、核电关键阀门力学仿真及安全分析、严酷工况阀门技术论述、智慧设计的理论与实践等主题，与参会代表展开了交流讨论。

〔撰稿人：中国通用机械工业协会阀门分会郭瑞　审稿人：中国通用机械工业协会阀门分会宋银立〕

2019 年压缩机行业概况

2019 年，面对国内外经济环境复杂、风险挑战明显上升的复杂局面，压缩机行业企业克服困难，承压前行。全年营业收入小幅增长，产销逐渐回稳，出口基本稳定，盈利能力稳中有升。但总体而言，困扰行业发展的产业结构性矛盾尚未明显缓解，投资低迷的状况仍未扭转，实现压缩机行业平稳运行的压力依然存在。

一、生产发展情况

截至 2019 年 12 月末，中国通用机械工业协会压缩机分会共有会员单位 203 家，其中，压缩机制造企业 103 家（动力用空压机企业 61 家、气体压缩机企业 42 家），相关配套企业 85 家。压缩机分会 203 家会员单位中，有国有及国有控股企业 21 家、混合所有制企业 3 家、外商独资企业 32 家、合资企业 6 家、台资企业 5 家、民营及民营股份制企业 136 家。当前压缩机行业上市企业共 11 家，其中，在中国内地登陆主板市场的企业有 3 家，登陆创业板市场的企业有 2 家，登陆新三板市场的企业有 2 家；在香港企业有 2 家。

2019 年，压缩机分会 69 家会员企业上报的数据显示，共生产各类型压缩机 162.12 万台，同比下降 24.1%。

（1）一般动力用空气压缩机。2019 年，参与统计的会员企业共生产一般动力用容积式空压机 161.79 万台，同比下降 27.75%。

2019 年，参与统计的企业共生产各类螺杆空压机 50.57 万台，同比下降 5.48%。其中，定转速螺杆空压机 15.63 万台、变转速螺杆空压机 34.94 万台。结合统计样本，考虑到主机更换等因素，整机生产量约为 53 万台。生产喷水螺杆空压机 1 320 台、干式螺杆空压机 1 340 台。生产微小型活塞式空压机 109.13 万台，生产涡旋式空压机 16 866 台，生产离心式空压机 1 010 台。

（2）工艺流程及特殊气体用、石油天然气行业用压缩机。2019 年，参与统计的会员企业共生产各类工艺流程及特殊气体用压缩机 3 262 台，同比下降 7.93%。其中：生产往复式活塞压缩机 2 222 台，同比下降 13.44%；生产隔膜式压缩机 568 台，同比增长 5.97%；生产迷宫式压缩机 54 台，同比增长 58.82%；生产回转式工艺压缩机 418 台，同比增长 38.52%。

按压缩气体介质统计：2019 年，生产炼油及石油化工用压缩机（新氢、循环氢等）416 台，同比增长 33.33%；生产氢能用氢气压缩机（制氢、储氢、加氢压缩机）321 台，同比增长 11.46%；生产氮氢气压缩机 85 台，同比增长 63.46%；生产石油天然气行业用压缩机 1 542 台，同比增长 40.44%；生产氧气压缩机 160 台，同比下降 46.13%；生产煤化工用压缩机 155 台，同比增长 496.15%；生产食品、医药行业用工艺压缩机 110 台；生产其他气体压缩机 473 台，同比下降 35.97%。

二、2019 年压缩机行业经济运行情况

1. 工业总产值略有下降

2019 年，压缩机分会 67 家会员企业上报的数据显示，完成工业总产值 160.69 亿元，同比下降 2.88%。67 家企业中，工业总产值同比增长的企业有 41 家，同比下降的企业有 26 家。

2019 年，一般动力用空气压缩机板块的 32 家企业完成工业总产值 94.75 亿元，同比下降 7.6%。32 家企业中，工业总产值同比增长的企业有 16 家，工业总产值同比下降的企业有 16 家。工艺流程及特殊气体用、石油天然气行业用压缩机板块的 35 家企业完成工业总产值 65.94 亿元，同比增长 4.86%。35 家企业中，工业总产值同比增长的企业有 25 家，工业总产值同比下降的企业有 10 家。

2. 主营业务收入增长减弱

2019 年，压缩机分会 67 家会员企业实现主营业务收入 167.45 亿元，同比增长 0.86%，增速回落 8.69 个百分点。67 家会员企业中，主营业务收入同比增长的企业有 41 家，主营业务收入同比下降的企业有 26 家。2019 年压缩机行业主营业务收入前 10 名企业见表 1。

表 1　2019 年压缩机行业主营业务收入前 10 名企业

序号	企业名称
1	开山压缩机股份有限公司
2	上海汉钟精机股份有限公司
3	沈阳远大压缩机有限公司
4	宁波鲍斯能源装备股份有限公司
5	中国石油集团济柴动力有限公司成都压缩机分公司
6	浙江志高机械股份有限公司
7	红五环集团股份有限公司
8	无锡压缩机股份有限公司
9	厦门东亚机械工业股份有限公司
10	鑫磊压缩机股份有限公司

2019 年，一般动力用空气压缩机板块的 32 家企业实现主营业务收入 103.35 亿元，同比增长 1.5%。32 家企业中，主营业务收入同比增长的企业有 18 家，主营业务收入同比下降的企业有 14 家。工艺用及特殊气体用、石油天然气行业用压缩机板块的 35 家企业实现主营业务收入 64.1 亿元，同比下降 0.64%。35 家企业中，主营业务收入同比增长的企业有 23 家，主营业务收入同比下降的企业有 12 家。

3. 利润总额稳中有升

2019 年，压缩机分会 67 家会员企业实现利润总额 11.3 亿元，同比增长 4.69%。67 家企业中，亏损企业有 11 家，亏损面为 16.42%，亏损额为 4 533 万元。

2019 年，一般动力用空气压缩机板块的 32 家企业实现利润总额 6.84 亿元，同比下降 11.28%。32 家企业中，利润总额同比增长的企业有 18 家，利润总额同比下降的企业有 14 家。工艺流程及特殊气体用、石油天然气行业用压缩机板块的 35 家企业实现利润总额 4.46 亿元，同比增长 44.63%。35 家企业中，利润总额同比增长的企业有 21 家，利润总额同比下降的企业有 14 家。

4. 出口交货值稳步攀升

2019 年，压缩机行业企业主动顺应全球化趋势，紧抓经济全球化带来的机遇，积极开拓“一带一路”沿线国家市场，取得了一定成效。企业加快产品转型升级，不仅产品可靠性有了较大的提高，而且越来越多的企业将工业美学运用到压缩机产品外观设计上，重视用户体验，得到了中东、东南亚地区用户的认可，行业出口交货值稳步攀升。2019 年，压缩机分会 67 家会员企业完成出口交货值 20.42 亿元，同比增长 11.21%。其中，一般动力用空气压缩机板块的 32 家企业完成出口交货值 16.35 亿元，同比增长 16.83%；工艺流程及特殊气体用、石油天然气行业用压缩机板块的 35 家企业完成出口交货值 4.07 亿元，同比增

长 15.65%。

2019 年，四川金星清洁能源装备股份有限公司成功签订坦桑尼亚 CNG 压缩机加气站项目合同；开山压缩机股份有限公司多个海外地热项目投运；安瑞科（蚌埠）压缩机有限公司加大海外市场的布局，收效显著；上海大隆机器厂有限公司海外市场保持稳定增长。2019 年压缩机行业出口交货值前 10 名企业见表 2。

表 2　2019 年压缩机行业出口交货值前 10 名企业

序号	企业名称
1	开山压缩机股份有限公司
2	鑫磊压缩机股份有限公司
4	苏州鸿本机械制造有限公司
5	德耐尔节能科技（上海）股份有限公司
6	四川金星清洁能源装备股份有限公司
7	上海汉钟精机股份有限公司
8	上海斯可络压缩机有限公司
9	安瑞科（蚌埠）压缩机有限公司
10	厦门东亚机械工业股份有限公司

5. 行业经营情况

2019 年，压缩机分会 67 家会员企业的总资产贡献率为 6.31%，成本费用利润率为 7.07%，主营业务收入利润率为 6.75%，资本保值增值率为 125.07%，净资产收益率为 8.64%，全员劳动生产率为 27.19 万元 / 人。截至 2019 年 12 月末，应收账款合计 60.45 亿元，同比增长 11.59%。存货合计 61.14 亿元，同比增长 0.88%，其中产成品同比增长 8.76%。

三、部分企业科研成果及新产品开发情况

1. 上海大隆机器厂有限公司研制的 816 大型苯乙烯尾气压缩机产品通过鉴定

2019 年 3 月 29 日，上海大隆机器厂有限公司自主研制的 816 大型苯乙烯尾气压缩机产品通过了中国通用机械工业协会组织的产品鉴定会。816 大型苯乙烯尾气压缩机解决了多项关键技术：一是改进螺杆型线。为适应尾气压缩机的高负压和大压比，提高螺杆气密性，对阳转子齿顶曲线进行了修正，改进了螺杆齿型的密封性能，提高了机组的效率。二是发明了分体式错位铣刀，攻克了816 大型螺杆转子加工工艺和加工设备的难点，解决了大型转子因切削力过大而导致精度难以保证的问题，为压缩机高效稳定运行提供了工艺保障。三是优化了可倾瓦止推轴承结构，提高了轴承的自调节功能和承载能力，解决了变工况下的轴承偏磨问题，延长了轴承的使用寿命。四是设计采用可靠的轴封。设计了具有压力调节装置的以氮气和蒸汽作为两级密封缓冲气的碳环密封，保证外界的空气不能泄漏到压缩机中、压缩机中的尾气也不能泄漏出来。五是采取多种防止苯乙烯聚合的措施。在压缩机进口喷雾化水，在壳体设置水夹层，减少喷水量，控制压缩机的出口温度，确保苯乙烯尾气中的苯乙烯不会在压缩机中聚合，提高苯乙烯尾气螺杆压缩机组的进口真空度，降低压缩机组的噪声。该产品已在用户 26 万 t/a 苯乙烯装置上连续运行一年以上，性能指标满足工艺生产要求，运行稳定可靠。专家一致认为，该产品填补了国内空白，性能指标达到国际先进水平。816 大型苯乙烯尾气压缩机研制成功，改写了大型苯乙烯装置尾气压缩机长期依靠进口的历史，也为我国石油和化工行业提供更好的技术支撑。

2. 好米动力设备有限公司与九江石化合作开发的高压比单螺杆单级工艺气压缩机组及工业应用项目通过中石化集团公司科技部鉴定

2019 年 3 月 19 日，高压比单螺杆单级工艺气压缩机组开发及工业应用项目通过中石化集团公司科技部的技术鉴定。该项目是由九江石化和好米动力设备有限公司联合开发的石油和化工行业首台高压比单螺杆单级工艺气压缩机，也是好米集团重点科技开发项目。专家一致认为，该项目根据丙烯气压缩特性，攻克了多项工艺气单螺杆压缩机关键技术难题，开发了创新的新型啮合型线技术和润滑冷却技术，形成了成套的高压比单螺杆单级工艺气压缩技术及装备，达到设计要求，整体技术达到国际先进水平。工艺气单螺杆压缩机组整体运行平稳可靠，排气压力和排气量稳定，具有高效节能、单级压比高、结构紧凑及维护方便等优点。

3. 北京京城压缩机有限公司大型先进压水堆高温气冷堆核电站氦气辅助系统压缩机成功应用

2019 年 3 月，由北京京城压缩机有限公司研发的国家科技重大专项——大型先进压水堆高温气冷堆核电站氦气辅助系统压缩机，成功应用于山东石岛湾高温气冷堆核电站。该研发项目的应用，不仅大幅度提升了核电站的安全稳定性，更进一步表明我国高温气冷堆核电站隔膜压缩机已完全取得自主知识产权，实现了国产化。

2012 年，科技部将国家科技重大专项——大型先进压水堆高温气冷堆核电站氦气辅助系统压缩机研发项目委托给北京京城压缩机有限公司，并提供研发资金支持。为了顺利完成项目研发，北京京城压缩机有限公司与中国科学院、西安交通大学和北京科技大学等科研院校合作，最终形成了 5 项国内专利和 3 个压缩机专用设计软件，提升了公司的软实力；样机的试制成功，进一步巩固了公司在核电压缩机行业的龙头位置。

4. 阿特拉斯气体与工艺部提供无油压缩机技术，为 LNG 运输船提供燃料

2019 年 7 月，阿特拉斯·科普柯气体与工艺部向韩国三星重工船厂提供 8 台 HD 离心式气体压缩机、8 台无油螺杆 BOG 压缩机以及配套的加热器、蒸发器。HD 压缩机也被称为蒸汽回流鼓风机，是单级、大流量、低压比的离心压缩机，适用于 LNG 运输船。HD 压缩机的主要功能是管理在船舶装载期间产生的蒸发气体。BOG 压缩机是小流量、低压无油螺杆压缩机，可满足现代船舶需求。与喷油压缩机相比，无油设计能延长维护间隔，并且可以与再液化系统一起使用，不会污染换热器或 LNG 货物。

5. 上海优耐特斯压缩机有限公司推出无油螺杆压缩机、高速直驱空气悬浮离心风机

2019 年 3 月，上海优耐特斯压缩机有限公司推出无油螺杆压缩机、高速直驱空气悬浮离心风机等多款产品。无油螺杆压缩机包含 55～240kW 规格，排气压力为 0.75～0.86MPa，主要用于医药、食品、化工、空分及精密喷涂等领域。空气悬浮离心风机排气量为 50～120m^3/min，广泛用于电厂、纺织、发酵、造纸、水泥及钢铁等领域。

6. 宁波鲍斯能源装备股份有限公司第三代型线双级喷油螺杆主机试制成功

2019 年 7 月，宁波鲍斯能源装备股份有限公司第三代型线双级喷油螺杆主机小批量试制成功。公司针对 60～80m^3/min 的市场需求，开发了 BHE337L 双级喷油螺杆压缩机。该产品具有以下特点：结构简洁，振动小，噪声低；可根据不同的压力及排量制造最优的齿速比；润滑油油道、空气流道得到优化；全谱系节能效果显著。

7. 红五环集团股份有限公司推出 HGT 高压移动空压机

2019 年 7 月 19 日，红五环集团股份有限公司新品发布会在山东蒙阴举办。1250 型空压机是公司推出的一款高压移动空压机，产品具有以下特点：①更加强劲、更加节能的全新空压机主机。两级压缩螺杆转子，效率高；能效水平比同类产品高 10%，更加节能；重型高强度设计，采用优质轴承，直联驱动，品质保证，稳定可靠。②高效的冷却系统。高效可靠的系统配置，确保整机处于最佳的运行状态；采用独立的油、气、液冷却器，大直径高效风扇，流畅的气流通道；适应严寒、酷暑和高原各类极端环境气候。③平稳可靠的行走装置。重载型移动式底盘和驻车机构，通过严苛的国际道路型式试验；行走转向和驻车

轻便易行，工地间转场便利快捷，特别适合崎岖不平的道路、环境复杂的矿区及野外作业场所。④高品质的重载柴油机。高效电喷高压共轨燃油系统；配套康明斯、潍柴等重载柴油机；智能控制系统精准控制喷油量，实现全运转范围内最佳的动力输出；更强的动力性，更高的可靠性，更优的燃油经济性。⑤高收益和简便易行的维护保养。多种创新设计能够有效降低客户的使用成本，大幅提升工作效率，提高投资回报率；静音罩壳和全封闭底盘减震消声设计，运行平稳，噪声更低；宽敞的全开式门板，结构布局合理，使保养空气过滤器、油过滤器等变得非常简单。

8. 鑫磊压缩机股份有限公司推出空气悬浮离心鼓风机

2019 年 6 月 18 日，鑫磊压缩机股份有限公司推出空气悬浮离心鼓风机新产品。该空气悬浮离心鼓风机采取五大核心技术：一是空气悬浮轴承。利用高速旋转产生空气压力，依靠离心力而悬浮的非接触式轴承无需润滑，运行无摩擦，可持续高效运转，无振动，噪声低。二是三元流叶轮。采用空气力学技术进行设计，与航空工学的技术相同，以精密的制造来保障其最高性能。三是永磁 PM 高速电动机。电动机采用高速旋转的优化设计，效率可达 97%。电动机轴与叶轮一体连接，动力传输效率达 100%，采用耐高温（350℃）永磁体，长久使用也可维持高效运行，通过变频器改变频率，可进行精准的速度控制。四是超级变频系统。实现设备最佳性能的高效超级变频器，通过变频器调节风机风量，可调节范围为 45% ～ 100%。五是智能控制系统。通过 PLC 控制系统，保持一定的压力、转速及流量，控制便捷；通过触摸屏人机界面进行实时控制，支持多种通信协议，可实现远程控制。

9. 广东葆德科技有限公司推出天琴系列螺杆式空压机

2019 年 7 月，广东葆德科技有限公司推出全新系列产品 —— 天琴系列螺杆式空压机。该产品拥有多项自主专利技术，其中，葆德云物联系统支持 24h 全天候在线监测，自动提醒保养时间以及故障报警。一体式立式油冷永磁变频的主机噪声低，振动小。冷却系统采用超静音的离心风机，大大提高了效率，且风力没有盲区，压力曲线平稳。采用彩色触摸屏，实现智能控制、变速控制气量自动调节、负载启动和软启动。采用具有较高容尘能力的空气过滤器和大容量的油气分离器，保证压缩空气的高质量。

10. 北京爱索能源科技股份有限公司项目入选国家发展改革委第二批中国“最佳节能技术和最佳节能实践”项目

北京爱索能源科技股份有限公司开展了从耗能设备到用能空压机群整个系统的节能测算和诊断等方面的创新工作，并发明研制了相应的装置。通过高效化、智能化、规范化、标准化的配置设计，优化站房布局，置换低效设备，稳定输出压力，改善净化质量，推进绿色低碳，降低运营成本，实现能源智慧利用的新型空压站。空压站的建设采用 BOO 运行模式，空压站的投资、建设、运营、维护均由公司承担。

四、获奖情况

由西安交通大学、宝鸡博磊化工机械有限公司、中国石油大学（华东）、中国人民解放军第四八一二工厂、西安佰能达动力科技有限公司共同完成的多列高压往复压缩机及其管系统关键技术研究与应用项目荣获 2019 年中国机械工业科学技术奖二等奖。由浙江强盛压缩机制造有限公司、西安交通大学、中石化洛阳工程有限公司、中国石油化工股份有限公司天然气分公司共同完成的卧式对置平衡式 BOG 压缩机机组国产化研制项目荣获 2019 年中国机械工业科学技术奖二等奖。由上海大隆机器厂有限公司完成的 816 大型苯乙烯尾气压缩机的研制项目荣获 2019 年中国机械工业科学技术奖三等奖。

压缩机行业 9 家企业的 10 个型号产品机组输入比功率优于能效一级，入选 2019 年《“能效之星”产品目录》。具体包括：厦门东亚机械工业股份有限公司的 ZLS150-2iC/8 和 ZLS200-2iC/8，宁波德曼压缩机有限公司的 GGV76-7，上海优耐特斯压缩机有限公司的 UDT110A-8，德耐尔节能科技（上海）股份有限公司的 DAV-90+/7，苏州强时压缩机有限公司的 S55-VV-D，郑州永邦机器有限公司的 WBS-55A Ⅱ，广东艾高装备科技有限公司的 DGT90-8，上海斯可络压缩机有限公司的 SCR100EPM2-8，泉州市华德机电设备有限公司的 SCC-160A 型产品。

压缩机行业 13 家企业的 71 种型号产品入选 2019 年《国家工业节能技术装备推荐目录》，具体包括：萨震压缩机（上海）有限公司的一般用喷油螺杆空压机，型号为 SVC-110A- Ⅱ、SVC-90A- Ⅱ、SVC-160A- Ⅱ；厦门东亚机械工业股份有限公司的一般用喷油螺杆空压机，型号为 ZLS30-2iC/8、ZLS40-2iC/8、ZLS50-2iC/8、ZLS60-2iC/8、ZLS75-2iC/8、ZLS100-2iC/8 等；上海优耐特斯压缩机有限公司的两级压缩螺杆式空压机，型号为 UDT110A-8；德耐尔节能科技（上海）股份有限公司的一般用喷油螺杆空压机，型号为 DAV-90+/7；广东艾高装备科技有限公司的两级压缩螺杆式空压机，型号为 DGT90-8、BPM75-8、BPM90-8、BPM110-8；广州奥风压缩机有限公司的一般用喷油螺杆空压机，型号为 V22PM；宁波德曼压缩机有限公司的德曼新能源空气压缩机，型号为 GGV76-7；广东艾林克能源装备有限公司的一般用喷油螺杆空气压缩机，型号为 AG-30A、AG-50A；上海斯可络压缩机有限公司的一般用喷油螺杆空气压缩机，型号为 SCR30EPM28、SCR40EPM28、SCR50EPM28、SCR60EPM28、SCR100EPM28 和 SCR125EPM28 等；泉州市华德机电设备有限公司的一般用喷油螺杆空气压缩机，型号为 SCC-22A、SCC-37、LGGPM-100、SCC-75A、LGGPM-125、LGGPM-150 等；苏州通润驱动设备股份有限公司的无齿轮双永磁电机一体式两级压缩机，型号为 TRSLP-90；苏州强时压缩机有限公司的一般用喷油螺杆空压机，型号为 S15-V-8、S22-VV-8、S37-VV-8、S55-VV-D、S110-VV-D；郑州永邦机器有限公司的一般用喷油螺杆空压机，型号为 WBS-22、WBS-37A、WBS-55A Ⅱ。

《压缩空气站能效分级指南》是压缩机行业第一个系统能效团体标准，自发布后，为扩大团体标准的社会影响力，压缩机分会积极推动标准的采标应用。该标准入选工业和信息化部 2019 年度百项团体标准示范应用项目。

五、标准工作

2019 年，由全国压缩机标准化技术委员会归口制修订的国家标准和行业标准共发布 8 项，其中国家标准 3 项、行业标准 5 项。

2019 年发布的 3 项压缩机国家标准分别是 GB/T 13277.5—2019《压缩空气　第 5 部分：油蒸气及有机溶剂测量方法》、GB/T 38182—2019《压缩空气　能效　评估》、GB 19153—2019《容积式空气压缩机能效限定值及能效等级》。

2019 年发布的 5 项压缩机行业标准分别是 JB/T 6905—2019《隔膜压缩机》、JB/T 13630—2019《全无油润滑往复活塞氦气压缩机》、JB/T 13631—2019《往复活塞压缩机用铝镁合金轴瓦》、JB/T 13632—2019《无油往复活塞压缩机用填充聚四氟乙烯活塞环》和 JB/T 13633—2019《压缩机用空冷器》。

六、行业中存在的问题与发展建议

“十三五”期间，压缩机行业技术和制造水平有了长足进步和显著提高，产品的性能指标基本接近或达到国际先进水平，但在产品稳定性和增材制造方面与国际先进水平还有一定的差距。主要有三个原因：一是产业集中度偏低，中小企业陷入严重的产品同质化竞争，企业间打价格战，导致企业研发、试验能力、质量控制和生产工艺投入不足。二是研发投入低，试验平台建设不足，特别是压缩机关键零部件生产企业，大多从事复制模仿、经验积累的粗放式、小作坊式的生产，缺乏基础研究。国内企业虽然可以制造一些高端产品，但还达不到国外同类产品的水平，其中一个主要原因是基础研发试验平台建设与国外有较大的差距。三是产业关键共性技术创新平台缺失，科技投入作用不明显。虽然有些企业做了一些产学研用联盟的尝试，但对于关键零部件生产企业而言，由于缺乏有效的组织合作机制，对于需要跨行业、跨领域科技人员合作完成的创新项目，还很难结成创新战略联盟。四是人才匮乏导致行业创新能力薄弱。当前国内设有压缩机专业模块的院校仅有西安交通大学，压缩机专业毕业生大多从事制冷行业工作，很多压缩机企业招不到专业人才，人才缺乏成为压缩机行业的普遍问题；行业内相互挖人的现象更是屡见不鲜，造成业内技术、产品的雷同。这些问题导致行业创新能力薄弱，无法满足市场对新技术、新产品的要求。

要解决行业中普遍存在的人才匮乏现象，应尊重市场规律条件下的人员流动规则。在做好知识产权保护的前提下，企业对高级人才要有“不求我有，但为我用”的理念，以此应对新技术、新产品的需求。“十四五”期间，行业转型升级的一个关键因素就是人才。企业既要加快高端、复合型人才的培养和引进，也要与研究机构加强合作。

在多变的市场环境下，企业要找到自己的生存与发展空间、产业和市场的发展空间，找到自己独特的生存模式、商业模式和竞争策略。在原材料涨价、产品价格下跌、产业链位置低、打价格战的情况下，企业应坚持尝试做高端产品，坚持产品的迭代和高端化，部分产品保持附加值，跳出价格战，力争在高端领域获得好收益。此外，应优化供应链，降低成本，将产业链延伸至下游或上游领域。

压缩机行业存在着大而不强的问题。在低成本优势逐步减弱的背景下，行业企业必须着力提高产品品质和生产管理效率，重塑竞争优势。数字化转型正是提升制造业竞争力的重要途径。企业需要顺应数字经济发展趋势，解决好企业数字化转型进程中的难点问题，切实推动企业高质量发展。

〔撰稿人：中国通用机械工业协会压缩机分会刘海芬〕

2019 年干燥设备行业概况

一、生产发展情况

2019 年，我国干燥设备行业整体呈平稳发展态势。据中国通用机械工业协会干燥设备分会统计，干燥设备行业 26 家重点企业 2019 年共完成工业总产值 558 831 万元，同比增长 14%；实现主营业务收入 485 535 万元，同比增长 16%。2019 年干燥设备行业 26 家重点企业工业总产值见表 1。2019 年干燥设备行业 26 家重点企业主营业务收入见表 2。

表1　2019年干燥设备行业26家重点企业工业总产值

序号	企业名称	工业总产值（万元）	序号	企业名称	工业总产值（万元）
1	天华化工机械及自动化研究设计院有限公司	175 098	14	浙江尔乐干燥设备有限公司	9 287
2	江苏苏净集团有限公司	171 243	15	江苏宇通干燥工程有限公司	7 800
3	常州市范群干燥设备有限公司	26 731	16	无锡市林洲干燥设备有限公司	7 500
4	山东天力能源股份有限公司	26 300	17	辽宁金谷干燥设备有限公司	5 746
5	常州一步干燥设备有限公司	17 895	18	邹平双飞成套设备有限公司	7 300
6	广东弘科农业机械研究开发有限公司	13 438	19	青海三四一九干燥设备有限公司	2 408
7	石家庄工大化工设备有限公司	13 351	20	成都望昌干燥设备有限公司	2 200
8	东莞市正旭新能源科技有限公司	12 000	21	哈尔滨东宇农业工程机械有限公司	1 890
9	江苏省范群干燥设备厂有限公司	11 880	22	临沂金铭机械有限公司	1 500
10	石家庄鼎威化工设备工程有限公司	11 300	23	常州市丰日粉体设备有限公司	1 500
11	江苏先锋干燥工程有限公司	10 000	24	三门峡天昊干燥设备有限公司	1 290
12	锦西化工机械集团有限公司	10 000	25	成都倍力干燥设备有限公司	1 128
13	东台市食品机械厂有限公司	9 522	26	常州玛特利尔干燥工程有限公司	524

表2　2019年干燥设备行业26家重点企业主营业务收入

序号	企业名称	主营业务收入（万元）	序号	企业名称	主营业务收入（万元）
1	天华化工机械及自动化研究设计院有限公司	121 288	14	浙江尔乐干燥设备有限公司	9 299
2	江苏苏净集团有限公司	157 043	15	东台市食品机械厂有限公司	9 163
3	常州市范群干燥设备有限公司	30 034	16	江苏宇通干燥工程有限公司	7 769
4	山东天力能源股份有限公司	23 200	17	辽宁金谷干燥设备有限公司	5 735
5	常州一步干燥设备有限公司	16 260	18	邹平双飞成套设备有限公司	7 300
6	广东弘科农业机械研究开发有限公司	12 438	19	成都望昌干燥设备有限公司	2 200
7	石家庄工大化工设备有限公司	12 430	20	哈尔滨东宇农业工程机械有限公司	1 852
8	东莞市正旭新能源科技有限公司	11 800	21	青海三四一九干燥设备有限公司	2 440
9	江苏省范群干燥设备厂有限公司	11 586	22	临沂金铭机械有限公司	1 700
10	石家庄鼎威化工设备工程有限公司	11 300	23	常州市丰日粉体设备有限公司	1 500
11	锦西化工机械集团有限公司	10 000	24	成都倍力干燥设备有限公司	1 056
12	江苏先锋干燥工程有限公司	9 350	25	三门峡天昊干燥设备有限公司	968
13	无锡市林洲干燥设备有限公司	7 300	26	常州玛特利尔干燥工程有限公司	524

2019年，山东天力能源股份有限公司实验室经过改造提升，已拥有精密仪器室、分析化验室、数据采集室、机理实验区、中试实验区、模型展示区等多个功能区，成为集分析、实验、测试、研究为一体的干燥过程及节能研究实验室。公司完成了小型喷雾和焙烧实验台改造，已申请专利；对二水钙回转造粒实验台进行升级。公司对卧式圆盘干燥机技术进行升级；旋风布袋在国外设备的基础上升级，完成总图设计，已申请专利；锂电池原料及废弃物处理开发项目完成立项。

2019年，常州一步干燥设备有限公司共生产设备450台（套），喷雾干燥机、制粒机、热风循环烘箱、闪蒸干燥机、带式干燥机等热销产品仍保持良好的增长势头。公司完成新产品产值4 780万元，实现利润总额1 750万元。公司推行生产现场6S管理制度，记录数据形成生产周报，完善一线员工绩效考核细则，把考核落实到实处，从源头把控产品质量。公司实行新员工“传、帮、带”制度，让新员工能尽快适应工作岗位，形成你追我赶的良好工作氛围，大幅提高了工作效率。公司开展安全文明生产月、质量月、技能比拼等多种形式的活动，进一步提升员工的质量意识。为了更好地发展自动化规模生产，引进了自动氩弧焊机，扩大自动化生产规模，既提高了工作效率，又节约了人工成本。2019年，公司围绕“管理创新、技术创新、服务创新”的目标，在信息化建设方面进行了大规模投入。通过大力推行三维制图软件，让客户直观地了解设备结构和性能，为公司销售和工程项目管理提供了更便利的手段。2019年，公司新厂区一期工程全部完工，主要生产车间全面投入生产。

天华化工机械及自动化研究设计院有限公司紧密结合市场发展需求，着眼于新型先进干燥装备，并优化传统工艺设备，推进干燥技术向自动化、大型化、成套化、节能化方向发展，产品实现专业化、专有化以及产品类型的多元化。公司坚持工艺与装备结合、消化吸收与自主创新结合的原则，以节能降耗、环保、安全、重大技术装备开发和国产攻关研制为主题，研发大型化、机电一体化、成套化的节能环保技术装备，推进新技术、新成果的产业化。公司用高质量的国产化产品替代进口产品，用节能装置替代高能耗装置，进而实现技术成果的工业应用和推广，实现技术成果的辐射和扩散。

常州市范群干燥设备有限公司建立广泛的协作网络，鼓励并吸纳国内相关科研机构、科研院所、大专院校以科技成果参股，合作开发，效益共享。公司充分发挥工程中心各方面的综合优势，使创新工程化研究向协作层企业扩散，带动同行科技进步。公司一贯重视与国内大专院校、研究机构开展产学研活动，在干燥技术领域共同进行一些前沿性探索研究、新产品开发应用以及现有产品工程技术改造方案的制定与试验。公司建立了以人为本的人力资源管理体系。根据公司战略发展要求，对各岗位进行不同层次的培训教育，营造积极向上的氛围，以发挥和调动员工的潜能，并创造卓越的阶梯式人才培养、多通道的职业发展空间，有效促进企业与员工的共同发展。公司为营造全员参与管理的组织文化氛围，调动员工的积极性，从各部门抽取相应人员组成不同职能的工作小组，如QC小组、卓越绩效工作组等。公司组织各种评优评先进活动，如开展劳动竞赛、创建先进个人和班组、年度优秀员工评选等活动，涌现出一批劳动能手和优秀员工。2019年，公司获得纳税贡献奖、社会贡献奖，国家知识产权优势企业、常州市工业设计中心以及中国通用机械工业协会干燥设备分会评定的优秀企业、特色优势企业等奖项。

江苏宇通干燥工程有限公司一直致力于干燥、粉碎、混合、制粒、提取浓缩等设备的开发和生产，先后和国内多家知名院所合作开发新产品。公司除了不断引入各类优秀技术人才，增强开发能力外，还不断引进国外新技术和新装备，提升公司的制造工艺水平和产品档次。2019年，公司在稳定和做大现有市场的基础上，开拓新市场，加强公司内部管理，提高产品质量，向管理要效益。公司产品产量1 000多台（套），完成新产品产值5 527万元，实现利润总额348万元，净增资产2 000多万元。公司承建制药、化工及环保等项目50多个。产品覆盖全国各地，出口到东南亚地区。

2019年，东台市食品机械厂有限公司生产辊筒干燥机34台（套），完成工业总产值7 684万元，实现利润 246 万元；生产薯类全粉生产线 2 套，完成工业总产值 1 838 万元，实现利润 183 万元。

2019 年，辽宁金谷干燥设备有限公司完成了吉林新天龙实业股份有限公司两套日产 800t 粮食烘干系统设备的制造安装，以及国家粮食产后服务体系建设项目烘干机专项设备的制造安装工程。公司生产大型烘干机 46 台，完成工业总产值 5 746 万元、新产品产值 2 300 万元，实现利润总额 630 万元。

2019 年，青海三四一九干燥设备有限公司生产干燥机 4 台（套）、其他非标设备 286 台（套）。公司实现销售收入 2 440 万元，同比增长 9%；实现利润总额 69 万元，同比增长 64.3%。公司取得 14 项实用新型专利，被评为高新技术企业、“专精特新”企业。

2019 年，哈尔滨东宇农业工程机械有限公司完成谷物干燥机、装配式金属筒仓、提升机、输送机、清选机等产品 115 台（套）。公司完成工业总产值 1 890 万元、新产品产值 135 万元，实现主营业务收入 1 852 万元。各项经济指标比 2018 年有所下降。

浙江布莱蒙农业科技股份有限公司始终坚持以市场为导向，以科研为龙头，以创新为手段。公司建立了研发基地，购置大量研发设备，不断加强研发实力。公司的集装箱式过滤分离一体设备改造完成，已交付用户使用，污水处理效率提高 20%；RFY20 生物质能源换热式供热设备改造完成，已交付用户使用，热效率提高 15%；带式干燥机制作完成，等待验收。2019 年，公司完成农业废弃物低温炭化与炭基缓释肥试制系统、高温灭菌装置、垃圾处理装置等设备的研发工作，完成工业总产值 178 万元、新产品产值 34 万元，实现销售收入 148 万元。

二、市场及销售情况

2019 年，山东天力能源股份有限公司共完成合同额 25 000 万元，其中设计及技术服务类合同额为 5 000 万元，销售合同额同比增长 57%。

2019 年，天华化工机械及自动化研究设计院有限公司销售产品以蒸汽管回转干燥技术产品、转鼓式压力过滤技术产品、聚丙烯成套技术产品等为主。公司紧抓国家节能环保产品市场需求旺盛的发展机遇，大力开发用于石油化工、冶炼、环保、新材料等领域的废水、废渣、污泥及 VOC 废气处理技术及装备。

东台市食品机械厂有限公司重点围绕对内做活销售、对外做大外贸的目标，全方位拓展国内外市场。淀粉、全粉生产设备销售采用以销售网络为核心发力点的营销模式，实现了以单纯的产品销售向市场营销、市场策划、用户服务等全面的营销整合的战略转变。公司把深化网络建设作为提高销售地位的基础工程，使产品能快速进入市场。同时，积极参加科技研讨会、行业协会等学术性会议，延伸了销售触角，开拓了目标市场。2019 年销售全粉生产线 2 套、辊筒干燥机 34 台（套）。公司实施以产品出口为支撑的发展战略，重点做大外贸。产品销往韩国、美国等国家和中国台湾地区，实现销售额 360 万美元。

2019 年，江苏宇通干燥工程有限公司实现主营业务收入 7 769 万元，实现利润总额 348 万元。产品畅销全国 28 个省、市、区，并出口到美国、土耳其、希腊和英国等国家。

辽宁金谷干燥设备有限公司主导产品大型粮食烘干设备主要应用于粮库、农业合作社、饲料行业、粮贸公司，以及酒精厂、淀粉厂、味精厂等大型粮食深加工企业。2019 年，公司销售大型粮食烘干设备 46 台，实现主营业务收入 5 735 万元。

2019 年，青海三四一九干燥设备有限公司主要销售原有干燥机及除尘器，干燥机销售额 400 余万元，污水处理设备及其他非标设备销售额 2 000 余万元。

2019 年，哈尔滨东宇农业工程机械有限公司承建粮食干燥、种子加工及粮食仓储项目 20 余项，集中在内蒙古、安徽、新疆、湖北、黑龙江等地，实现销售收入 1 852 万元。

三、科研成果及新产品开发情况

1. 山东天力能源股份有限公司

2019 年，山东天力能源股份有限公司针对现有污泥干化设备单机处理能力低、能耗高等难题，研制了大型污泥打散回转干化机装备，解决了高湿高黏污泥的低成本干化难题。大型污泥打散回转干化装备是采用公司具有自主知识产权的破碎打散结构的干燥机，尤其适用于具有高黏性、高湿分、松散性较差、膏糊状物料的干燥。干燥机内部设置扬料板，随着干燥机的转动，不断将物料扬起并撒落，在克服物料粘壁的同时，大大增加了干燥介质与物料的接触面积，提高了系统干燥效率。干燥装置两端密封装置为组合式机械密封结构，系统漏风系数小，系统的内含氧量更易控制，保证了系统的安全性。打散装置的转速为变频调速，可实现对干燥产品的污泥颗粒度的调整。SD3600 产品是在 SD2800 基础上开发的产品，产能从 100t/d 提升到≥ 200t/d，技术集成度更高，单位处理量设备投入降低，运行成本降低。

山东天力能源股份有限公司针对矿渣因比重大、含有腐蚀成分而在干燥过程中对加热管及筒体磨损性大且设备部件具有严重的腐蚀性的问题，在对物料产品进行各项物性分析和实验的基础上，研制出核心换热管组件和蒸汽分配装置，并研制形成系列产品。公司研制的矿渣环管蒸汽回转干燥成套装备，干燥主机采用环管分体式蒸汽回转干燥机，其主要的换热管为环形，每一部分的加热管由两根贯穿筒体长度的相互平行的直管和若干环管组成；开发出核心换热管组件和蒸汽分配装置，并在此基础上研制形成系列产品，解决了矿渣干燥过程中能源利用率低、设备处理量低和耐磨性差等技术难题。公司研制的矿渣环管蒸汽回转干燥成套装备直径大于 3.6m，长度超过 15.5m，处理能力≥ 70t/h，攻克了蒸汽回转干燥装备大型化技术和加工的问题，可取代国外同类产品。

山东天力能源股份有限公司开展的科研项目：①山东天力能源股份有限公司联合中国科学院大连化学物理研究所、山东齐鲁华信高科有限公司攻关研发的山东省重点研发计划项目——催化湿式氧化处理高浓度难降解有机废水设备大型化关键技术研究及示范项目通过验收，获得了主管部门和评审专家的一致好评。该项目主要解决了难降解高浓度有机工业废水高效处理技术与装备的开发，并建设了示范工程。该项目节能减排效果显著，有利于促进循环经济的发展，环境效益、社会效益和经济效益明显。②由山东天力能源股份有限公司联合清华大学、中国矿业大学（北京）和北京化工大学攻关完成的山东省重点研发计划项目——燃煤污染物形成机理、溯源治理技术研究及工程示范项目通过验收，获得了主管部门和评审专家的一致好评。该项目主要完成了燃煤锅炉实现炉内超低排放关键技术研究，研究成果对于降低我国燃煤污染物排放成本、减少污染物排放、降低治理难度，提升国产技术装备的综合国际竞争力，具有重要的社会意义。③由山东天力能源股份有限公司联合山东省科学院生物研究所、好当家集团有限公司合作完成的山东省重点研发计划项目——海参加工废弃液高值化回收利用关键技术研究项目通过验收，获得了主管部门和评审专家的一致好评。该项目主要完成了不仅可以解决海产品加工业，特别是海参加工过程中产生的大量加工液的资源浪费问题，而且可以解决加工液大量排放对环境造成的污染问题，有利于促进循环经济的发展，环境效益、社会效益和经济效益明显。④山东天力能源股份有限公司参与新立项的山东省重点研发计划项目——大宗工业固废协同互补生产宽温度窗口 SCR 脱硝催化剂的关键技术与装备研究项目，主要负责项目技术的研发、中试实验及项目设备改进的工作。该项目对解决我国固体废弃物的问题具有重要作用，促进社会绿色、循环发展。

2. 天华化工机械及自动化研究设计院有限公司

2019 年，天华化工机械及自动化研究设计院有限公司干燥所承担省部级科研开发项目 17 项；申请中国专利 25 项、国外专利 24 项；获得科技奖励 7 项；4 项科技成果通过验收和评审，全部实现工业转化；创新开发聚烯烃 VOC 脱除技术、国产化聚丙烯 / 聚乙烯专用设备等，共有 46 项科技成果推广到石化、钢铁、煤化工、电力、环保等行业。

（1）PTA（对苯二甲酸）溶剂交换技术。2000 年以来，PTA 工艺技术实现了重大技术创新，工艺流程缩短，能耗降低，PTA 装置由原来的耗电装置变为电力净输出装置。最核心的技术进步就是氧化溶剂交换技术、精制压力过滤技术和压力精馏技术的协同使用，其中氧化溶剂交换技术是将氧化单元 CTA 醋酸浆料过滤分离、干燥、风送、仓储、再风送、加水去打浆等众多单元设备集成在一台旋转压力过滤机内完成，行业内称为氧化溶剂交换机组，旋转压力过滤机组用在精制过滤单元可将离心—打浆洗涤—再离心变为一台机组，称为精制压力过滤技术，精制单元流程同样得到大幅度简化流程，PTA 工艺实现了短流程，设备数量减少，投资、能耗大幅降低。而该工艺技术与原流程相比，不但工艺流程简单、动设备少、占地面积小，而且装置建设成本低、维修方便、系统能耗低、废水排放量小。一套规模为 220 万 t/a 的 PTA 生产装置，每吨 PTA 可节约折合 18.73kg 标准煤，并且减少废水排放 1.09t。

（2）5A 分子筛真空立式焙烧炉大型化。公司在分子筛吸附剂真空立式焙烧炉中试研究的基础上，创新设计了独特的密封系统，开发了高温密封技术及进出料自控技术，实现了焙烧系统的良好密封，确保了稳定的高真空度。公司开发的连续真空焙烧炉工业应用密闭效果好，干燥焙烧处理过程中可维持稳定的高真空度，焙烧后分子筛吸附剂的吸附容量损失小于 5%，产品性能优于国际同类吸附剂。

（3）烯烃产品气味深度脱除技术。聚烯烃产品广泛地应用于工农业生产及医药、食品、家居、汽车等领域。随着下游用户对安全卫生要求的日益提高，汽车级、食品级专用料的气味问题已经影响到专用料的生产和市场占有率，因此急需开发脱除气味技术。鉴于此，天华化工机械及自动化研究设计院有限公司联合国内石化研究院等，进行以下内容开发：通过收集国内外相关资料，根据现有技术和工业生产要求，确定聚烯烃产品深度脱除气味工艺流程，进行氮气密闭循环系统和热量循环利用技术研究；针对聚烯烃物料特性，开发精确控温技术，避免因温度过高会出现物料变黄、融化等现象；专用脱除装备开发。聚烯烃 VOC 深度脱除技术将脱除汽车级和食品级专用料中己烷溶剂，使产品增值增质，不增加三废排放，可大大提升我国专用料的品质和国际竞争力，已推广应用于我国茂名石化、兰州石化和庆阳石化等。

此外，天华化工机械及自动化研究设计院有限公司研发的聚丙烯催化剂加入系统（催化剂预接触罐及搅拌器）是创新研制的新型磁力传动机构及其防爆监控系统。该系统传动和密封效果良好，消除了危险介质泄漏风险，并实现在线实时监测和精确控制转子转速。

3. 常州一步干燥设备有限公司

2019 年，常州一步干燥设备有限公司脉冲真空干燥机的研制、湿法制粒机提升加料装置的研制、无尘投料站的研制及上进风上出风喷雾装置的研制等项目取得一定的研究效果，小型试验结果符合技术设计及要求。公司的一种旋转闪蒸干燥机的破碎装置、干燥机的清洗系统、桨叶干燥机的自动出料装置等 11 项实用新型专利全部获得授权。

常州一步干燥设备有限公司研发出新款闭路循环沸腾干燥机，适用于药品及原料药的干燥。闭路循环沸腾干燥机与传统干燥设备相比，具有以下优势：①能有效回收有机溶剂，降低生产成本，避免对环境的污染。②在介质（一般为氮气）温度不是很高的情况下，能将物料干燥到较低的含湿率（可达 0.5% 以下）。③在闭路循环喷雾干燥机干燥过程中，含有溶媒的热湿气进入冷凝器，将气体中的溶媒冷凝成液体状态，既可以回收溶媒，又可以冷凝除湿干燥气体。回收的溶媒可以再次循环使用，节约成本，不会造成尾气排放带来的环境污染。湿热气体经过冷凝除湿，气体内的绝对湿度低，干燥能力变强，更适应对易吸潮物料的干燥。④闭路循环干燥机为全密闭结构，设备内部一般为氮气循环，在干燥厌氧物料或含易燃易爆有机溶剂的物料时，由于循环气体中含氧量低，无法燃烧或氧化，有效避免了在生产过程中发生起火或爆炸事故，安全性更高。⑤闭路循环干燥机工作时内部所需风压低，只需要微正压，设备所配的风机功率相对较低。同时，能耗比传统干燥设备降低 10%。闭路循环干燥机采用特制脉冲反吹除尘系统，除尘效果好，滤芯采用特殊材料制作，过滤面积大，过滤精度高，阻力小，容易拆装和清洗。

4. 东台市食品机械厂有限公司

东台市食品机械厂有限公司参与了国家重点研发计划“现代食品加工及粮食收储运技术与装备”专项“食品绿色节能制造关键技术及装备研发”项目，完成了大型化辊筒干燥机整机的组装与测试。该装置长度为 7 000mm，直径为 1 980mm，耗气量为 8t/h。公司对辊筒材质进行了改进，辊筒材质由 HT300 改为 HT350，既提高了辊筒的力学性能，增强其对酸性材料的耐腐蚀性，又解决了辊筒大型化的热稳定性问题。布料机构由进料箱、旋转主轴、轴承座、左旋螺旋、右旋螺旋、支承辐条和减速传动装置组成，减速传动装置驱动的旋转主轴水平设置在进料箱内，两端分别支撑在进料箱两侧挡料板外的轴承座中；无缝对接的左旋螺旋和右旋螺旋依靠均布的多件支承辐条与旋转主轴固定连接，且分布在旋转主轴布料工作长度的中心两侧，能连续不断地将含水量低、流动性差的泥状物料均匀地布敷在辊筒干燥机进料箱的整个长度上，并不会对物料的细胞壁产生机械破损，解决了传统布料装置不均匀、物料粘结、堆积严重的问题。该产品的大型化能提高单机生产效率和产品品质，产量可达 800 ～ 1 000kg/h，且全程节约能耗达 20%，具有良好的产业化前景。

5. 江苏宇通干燥工程有限公司

2019 年，江苏宇通干燥工程有限公司针对干燥设备的智能化设计和互联网运维服务开展研发工作。公司以喷雾制粒干燥装置作为样机，开展了网络技术的应用试验项目，并取得了一些成果。该项目中的具体设备是喷雾制粒装置，与现有的制粒设备相比，该设备具有很多优点：粒度均匀，自动化水平高，节能减排，符合环保要求。与国内外同类技术与产品相比，该项目的理论研究、关键技术重点攻关和实际产业化应用取得显著进步和重大突破，使智能化喷雾制粒干燥装置与网络化服务的相关技术达到国内领先水平。该项目研究过程中取得发明专利 1 项、实用新型专利 2 项，核心技术填补了该领域多项国内空白。

6. 石家庄工大化工设备有限公司

2019 年，石家庄工大化工设备有限公司完成的项目包括：上海合丽亚公司连续结晶项目，采用真空 + 冷却耦合结晶工艺，在保证最终结晶颗粒尺寸的同时确保系统流畅，减轻了设备的热能消耗；中国纺织科学研究院高真空 150m^2 浆叶干燥机项目，干燥机真空度达到 -0.095MPa，升级改造项目，改造后强度增加了，提高了抗扭和抗疲劳性能；内蒙古辛德玛公司大型盘干机项目，干燥机单盘直径达到 4.5m，单台物料处理量大大提高，并且经工艺改造后，便于操作和拆卸。

7. 常州市范群干燥设备有限公司

常州市范群干燥设备有限公司针对车载催化器的制备而设计开发的智能成套装备获得省市立项和资金支持。通过该装备在特定载体上精密涂覆催化剂浆液，相比传统工艺，可节省贵金属（铂、铑、钯）15% 以上，生产能耗降低 75% 以上。该项目产品被认定为江苏省首台（套）重大装备产品。

8. 辽宁金谷干燥设备有限公司

辽宁金谷干燥设备有限公司自主研发的一种新型蒸汽换热烘干设备，应用于玉米深加工企业，可取代提供烘干热源的燃煤热风炉，达到了国家环保的排放标准，节能效果十分显著，具有广阔的市场前景。该产品获得中国干燥设备行业创新产品奖。

9. 哈尔滨东宇农业工程机械有限公司

2019 年，哈尔滨东宇农业工程机械有限公司研发了大型 1 800t 小麦钢锥底金属仓、新型刮板机、清理塔除尘系统及变频滚筒筛等产品。产品性能稳定，部分产品已投入市场。公司申请了两项实用新型专利，其中“滚筛式油莎豆收获机清杂机构”已获得专利授权。2018 年公司申请的“滚筛式油莎豆收获机”等 3 项实用新型专利均于 2019 年获得授权。

四、企业人才培养情况

2019 年，山东天力能源股份有限公司始终遵循“精益制造、品质卓越、创新引领”的原则，尽力谋求与国内外有关企业、科研院所进一步合作，促进产学研深度融合，保持企业技术创新能力，促进企业发展。一是放手培养技术骨干。公司总经理、总工程师亲自参与技术研发，公司设备设计、工艺设计的核心技术人员在不断加强自身技术水平的同时，发挥传、帮、带的作用，助力年轻的技术人员快速成长。二是抓研发队伍的壮大。在普遍提高研发团队成员素质的基础上，公司还加大了人才引进力度，先后从高校及社会招聘录用了 13 名技术人员，试用合格后，直接安排到技术部门，参与产品设计与开发。三是抓人力资源的优化整合。将部分专业素质好、业务能力强的在安装调试、营销一线的人员充实到研发队伍中来。组织生产一线的焊工、铆工、车工等有关人员参加技术比武大赛，培养和锻炼了一批生产技能过硬的生产骨干力量。

常州一步干燥设备有限公司为一线员工提供岗位技能培训，提高了员工的技术水平。公司邀请专业老师，围绕气保焊、氩弧焊、电工、金工等工种对一线员工进行授课培训。培训结束后，举行职业技能考试，共有 80 人获得等级证书、17 人获得焊工特种作业工作证。

东台市食品机械厂有限公司始终遵循“以技术为基础，以质量为根本，以人才为核心”的原则，尽力谋求与国内外有关企业、院校进一步合作，促进资产、技术、人才等的融合。一是放手培养技术骨干。公司总经理、生产副总亲自参与研发工程，公司研究设计人员、工艺设计人员倾力合作，相互提高，不断加强自身建设，个人综合能力明显提高。二是抓研发队伍的壮大。在普遍提高研发团队成员素质的基础上，公司加大了人才引进力度，从高校毕业生中招聘录用了 8 名人员，在车间实习后，参与产品研发。三是抓人力资源的优化整合。将部分专业素质好、业务能力强的人员充实到研发队伍中来。每年在一线员工中开展生产操作技术演练，组织车、铣、磨、钻等工种的有关人员参加公司组织的技能竞赛，培养和锻炼了一批一专多能的生产骨干力量。

江苏宇通干燥工程有限公司注重人才培养和人才引进工作，注重对年轻技术人员的培养。公司采用拜师的方式，为新招聘的大学生安排有经验的高级工程师做师傅。新员工在工作过程中，第一年跟着师傅学，第二年开始独立承担一些简单的工作，第三年即独立工作，这为年轻人提供了一个很好的发展空间。

哈尔滨东宇农业工程机械有限公司重视人才

队伍建设及人才的培养。2019 年，公司组织工程技术人员、技术工人参加各类技术培训、技术考察等 10 次，累计培训 110 人次。

浙江布莱蒙农业科技股份有限公司与高校持续合作，邀请专家现场考察讲解，提高员工的专业知识水平与操作技能。当前，公司已有 70% 的职工获得专业技能证书。

五、企业信息化建设情况

2019 年，山东天力能源股份有限公司针对销售、设计、制造（包括核算）三方面业务开展了信息化、数字化的进一步转型升级工作。在销售方面，采用 CRM 客户关系管理系统，销售人员可以更好地管理自己的销售工作，提高工作效率；管理人员可以全面了解每个销售人员的客户情况、项目进度等；高管可以了解公司的销售运营情况。在设计方面，采用 PLM 产品生命周期管理系统，在对设计、生产、经营等过程中的产品动态数据以及技术手册、标准信息、设备数据等静态数据有序管理的基础上，建立企业的产品数据和零部件库，提高产品开发的效率，有利于企业产品开发流程的规范化管理。在制造方面，采用 ERP 企业管理系统，提高工作效率，减少员工的工作量，降低企业运营人工成本；提升管理效能，解决企业运营过程中出现的信息流问题，减少信息孤岛行为。

天华化工机械及自动化研究设计院有限公司从提高石油化工单元生产装置中核心设备的系列化、大型化出发，注重已定型核心技术设备的单元配套、工业过程自动化、信息化控制等方面的技术开发，加大技术创新力度，从而实现由单一设备开发向单元生产装置成套技术、过程装备成套技术、过程装备与过程控制成套技术、设备扩能改造成套技术开发转化，并取得较好的成效。

常州一步干燥设备有限公司采用 ERP 企业管理系统，促进了企业内部联通和大数据的统计。公司引进的绿盾加密软件，继续用于公司资料的安全性保护，产品的兼容性有待提高。航天云网项目实施情况良好。各部门利用网络平台、服务平台，更快捷地处理客户反映的问题。公司当前准备三星上云项目，为企业信息化发展助力。

常州市范群干燥设备有限公司建立信息系统关键用户制度，在信息系统的推广应用中，指定关键用户参与系统实施、参加系统培训，并在业务中进行应用推广。公司制定有关的管理制度与管理方法，从技术、制度、措施等方面保证信息系统的安全、可靠和稳定。

东台市食品机械厂有限公司利用信息化管理系统，推进集约化管理，提高了工作效率，优化了业务流程。通过信息的快速传递和处理，实现企业内部资源共享，强化了过程管控，优化了资源配置。同时，借助信息技术和自动化技术，强化企业生产经营活动的管控，提高了企业运营效率和决策水平。

2019 年，江苏宇通干燥工程有限公司升级用友畅捷通 T+，覆盖采购、销售、仓库、财务和生产模块；上线天锐绿盾文件加密系统，提高企业信息的安全性。

哈尔滨东宇农业工程机械有限公司生产基地继续完善生产管理平台，促进生产管理的规范和生产水平的提高。公司充分利用微信、腾讯会议、钉钉等手机软件，使得办公管理更加方便、高效，信息传递更加迅速，沟通更加便捷。

浙江布莱蒙农业科技股份有限公司通过信息化管理，把企业的设计、采购、生产、制造、财务、营销、经营及管理等各个环节集成起来，共享信息和资源，利用现代的技术手段来寻找潜在客户，有效地支撑企业的决策系统，达到了降低库存、提高生产效能和质量、快速应变的目的，增强了企业的市场竞争力。

〔撰稿人：中国通用机械工业协会干燥设备分会高书燕〕

2019 年减变速机行业概况

一、生产发展情况

2019 年，减变速机行业企业面对错综复杂的发展环境，加快行业转型升级、结构调整的步伐，牢固树立创新发展和高质量发展的理念，着力转变发展方式，行业发展保持了稳中求进、稳中有升的良好态势。

据国家统计局统计，2019 年，齿轮及齿轮减变速机行业规模以上企业 800 家，拥有资产总额 1 598.92 亿元，同比增长 4.62%；实现营业收入 1 393.41 亿元，同比增长 1.97%，增速较上年回落 3.73 个百分点；利润总额为 99.81 亿元，同比下降 4.09%，增速较上年回落 5 个百分点；完成出口交货值 138.15 亿元，同比增长 28.24%，增速较上年提升 3.38 个百分点。行业亏损额大幅增加，累计亏损 15.37 亿元，同比增长 129.04%；行业亏损面为 13.4%。

2019 年，齿轮及齿轮减变速机行业生产减速机 852 万台，同比增长 3.78%，增速较上年提升 2.39 个百分点；生产齿轮 237.17 万 t，同比增长 11.14%，增速较上年提升 20.8 个百分点。

据海关统计，2019 年，行星齿轮减速器进口额为 2.82 亿美元，同比下降 16.95%，增速较上年回落 16.95 个百分点；出口额为 2.46 亿美元，同比下降 9.61%，增速较上年回落 7.66 个百分点。齿轮传动及其他变速装置进口额为 13.42 亿美元，同比下降 5.74%，增速较上年回落 7.69 个百分点；出口额为 22.54 亿美元，同比增长 1.58%，增速较上年回落 16.69 个百分点。齿轮进口额为 17.1 亿美元，同比下降 19.19%；出口额为 22.26 亿美元，同比下降 7.5%。

2019 年，据中国通用机械工业协会减变速机分会对 40 家重点会员企业统计：营业收入同比增长 7.38%，营业成本同比增长 5.08%，研发费用同比增长 4.88%，利润总额同比增长 1%。行业重点企业主要指标都呈现出稳中有升的态势，稳中向好的态势进一步巩固，为企业培育发展新动能奠定了良好的基础。

二、企业发展情况

近几年，减变速机行业发展步入低速、提高质量、提升基础、淘汰落后产能的发展阶段。传统市场需求量稳定，但需求品质要求提高；新兴领域市场发展快速，市场反应也非常快速，行业供给能力很强；行业企业在技术创新、企业信息化建设、人才培养、高质量发展等方面做了大量的工作，并不断提高、升级、迭代。

江苏泰隆减速机股份有限公司构建了以直销为主、经销为辅，不断扩大电子商务进行交易的三位一体立体营销网络。产品应用于冶金、有色、煤炭、建材、船舶、水利、电力、工程机械及石化等领域，产品配套销往多个国家和地区。公司在全国各地设立了 328 个办事处；开通 400 电话，全天候为顾客提供查询、报价、信息反馈等服务；成立了电子商务中心，对国内销售力量薄弱的地区进行深度开发。公司坚持高质量、高效益的发展理念，不断开拓创新，瞄准行业前沿，开发高科技含量、高附加值的产品，产品成功应用于中华世纪坛、三峡工程、杭州湾跨海大桥、北京奥体馆及上海世博会等国家重点工程。在新形势下，公司坚持“以人为本”的战略思想，构建“善学有为”的机制，创建学习型组织。公司针对不同岗位，分层次对员工进行知识更新培训。聘请国内外专家来公司举办技术、工艺、质量、管理等方面的最新知识成果讲座，对关键岗位实行对口培训；定向选拔员工到高等院校有关专业进行深造，并积极参与国内各类专家学术交流会议；出台了学历、技术职称补助制度。

2019 年，山东华成中德传动设备有限公司不断整合资源，调整产品结构，突出优势，做大做强主导产品水环真空泵及压缩机、精密减速机，较大幅度降低传统的发动机连杆、渣浆泵、脱硫泵等产品的占比。公司研制的高压水环压缩机、煤矿用行星减速器、矿山用高端减速器通过鉴定，技术指标达到国际先进水平。公司的水环真空泵、减速机产品订单均有较大幅度增长，且订单产品技术含量更高、加工难度加大，水环真空泵成套机组比重增加；减速机产品特型、异形的非标产品增多，并且承接了潍柴、陕柴、广柴等企业的上千种规格齿轮传动部件生产任务。

山东长征机械设备制造有限公司建成面积为 2 518m^2 的科研实验室，拥有研发及检测试验设备 52 台。公司积极开展产学研合作，与重庆大学机械传动国家重点实验室签订战略合作协议，借助高校及科研院所实力，提升企业创新水平，推动企业技术攻关。依托现有的人才和设备进行高性能大速比电动汽车动力系统行星齿轮装置研制，开发出高可靠、长寿命、低振动噪声的高性能大速比电动汽车动力系统行星齿轮装置；对高性能大速比电动汽车动力系统行星齿轮装置的关键技术问题进行深入研究，提出有效的解决对策与方案，开发出高性能大速比电动汽车动力系统行星齿轮装置，并进行工业中试，实现理论与工程相结合。公司积极进行环保设备的升级改造，引进更加先进的除尘设备，对车间进行无尘化处理，真正实现绿色生产。

2019 年，浙江通力重型齿轮股份有限公司加大了市场开拓力度，在销售员覆盖薄弱的地区加大经销商的开拓力度，市场开拓稳步推进。公司每周召开部门会议，分析解决质量问题并加以改进。公司加大了产品首检和过程检测力度，并对质量事故给予从重处罚。公司继续推进财务成本核算信息化管理建设和生产流程管控信息化建设。

2019 年，中车戚墅堰机车车辆工艺研究所有限公司以高质量发展、创一流企业为目标，利用改革机遇，依托中国中车“国有资本投资运营公司”“创建世界一流示范企业”试点，寻求适合企业改革发展的路径。公司作为国家发改委第四批混合所有制改革试点企业，积极稳妥推进各项改革任务的实施。初步完成内部尽职调查工作，编制投资者沟通材料，形成了投资者引入方案，并对混改后股权结构、通过资本市场进行混改、打造上市平台的路径、差异化体制机制创新、中长期激励机制等关键事项进行了专项设计。

江苏国茂减速机股份有限公司成功在上海证券交易所主板上市。2019 年 6 月 14 日，国茂股份成功登陆上海证券交易所主板，开启资本市场发展的新征程。公司首次公开发行股票 8 438 万股，募集资金总额 8.73 亿元。本次募集资金将用于年产 35 万台减速机项目、年产 160 万件齿轮项目及研发中心建设项目。随着募投项目的陆续投产，将进一步增强公司核心竞争力，提升盈利能力。同时，公司将进一步完善治理结构，提升国茂品牌影响力。

台州椒星传动设备有限公司不断提升产品质量，根据客户和行业需求不断开发新产品，开发了能源、医疗、环保等领域的行星齿轮箱。2019 年，公司引进各类管理和技术人才 12 人，培养后备人才 5 人。

宁波东力股份有限公司坚守主业，通过创新驱动，加速数字化进程，拓展“智能 +”，进一步增强企业的创新能力与核心竞争力。公司及时调整产品结构，积极开拓新兴市场。2019 年，公司提升专业化能力，优化各工序产能，改善生产组织模式，改建标准产品高效生产流水线，降低成本，提高效率。2019 年，公司累计完成销售订单 10.5 亿元，实现净利润同比增长 397%。

2019 年，南京高精传动设备制造集团有限公司销售收入达 14.87 亿元，同比增长 14.5%。公司 7 800kW 减速机研制成功并顺利投产运行，为我国加速推进固体废弃物综合利用提供了强劲助力。该产品齿轮箱可配置公司 Gear-Sight3000 智慧互联监控技术，为客户提供产品全生命周期预警维护服务。借助 M 系列齿轮箱平台产品的模块化、智能化及零件标准化理念，使得齿轮箱后续故障预警、早期故障诊断得以实现，设备维护以及易损件的替换更有预见性和针对性，也更加快捷，从而进一步提升了后市场服务效率和品质，让客户无后顾之忧，提高了客户满意度。公司年产 2 000 台风电主齿轮箱生产基地建设项目于 2019 年 11 月在印度斯里城工业区开工奠基。公司荣获“2019 年中国风电产业 50 强十佳优秀企业”称号。

山西省平遥减速器有限责任公司通过对制造环境的严格把控，产品质量持续提升。2019 年，公司从源头抓起，对进厂原材料进行抽检，对原材料的检验把好质量第一关。公司及时改进制造过程中发现的问题，对产品不断改进，提高产品质量和运行的可靠性、稳定性。针对抽油机产品质量反馈，增加了 10 项专项检查，从产品外观到组合紧固、结合面检验等方面进行了多次整改，增加了整机加油试验，改进产品设计，优化了设备应用，产品质量有了明显提高。针对配套件存在的问题，加强了对轴承等标准件进货质量的控制，增加了检查验收项目，提高了验收标准，确保了配套件供货质量。公司坚持每天召开班前会，强化员工质量意识。对 3 种零件进行了工艺改进，减少了毛坯重量，降低了加工难度，本年度未出现因密封件造成的漏油反馈。公司出台了优秀员工月度契约奖励制度，开展积分管理活动，充分调动员工的积极性、主动性，营造正能量的氛围，促进各项工作的顺利开展。

杭州诠世传动有限公司坚持用产品解决客户痛点，致力于成为细分市场的隐形冠军。公司关注产业政策，通过信息化改造，大大提高了生产效率与服务效率。在员工没有增加的情况下，公司连续 4 年实现年产量增长约 20%。

北方减速机有限公司狠抓质量关，严格按照 ISO9001 国际质量管理体系进行质量把控。公司各部门经常召开相关会议，就可能出现或已经出现的一些质量隐患进行分析和处理，将质量隐患消灭在萌芽状态。对于需要外协或外购的一些零部件，制定了严格的质量方案，入厂必须严格检验，保证所用的零部件全部符合要求。公司重视职工的岗位技能培训和人才培养。除岗位培训之外，公司鼓励职工进行技术交流讨论，充分发挥每位员工的聪明才智，带动了技术的改革和质量的提升。除了严格的管理外，公司举行一系列集体活动，如劳动竞赛、征文等，以此增强员工的归属感和企业的凝聚力。

弗兰德正在将数字化减速机变成现实。弗兰德很早就致力于状态监测解决方案，并且在风力发电和立磨减速机上实施应用。系统可同时监测齿轮箱的振动、温度、转速、扭矩等信息，全方位获取齿轮箱的运行状态，在早期实现目标性预防，避免未知的失效和停机，帮助客户降低维修费用。弗兰德针对状态监测和载荷监测推出的 DX（DIAGNOSTEX）系列产品，在众多行业已有成熟的应用经验。弗兰德传动系统有限公司与中国机械工业建设集团有限公司所属的中国轴承进出口有限公签署战略合作伙伴协议，在技术研发、装备制造以及中国和全球工程项目总承包（EPC）等领域展开充分合作，加快拓展“一带一路”等海外业务。

邦飞利作为一站式供应商，为市场提供了很宽的产品线，产品从动力传动直到控制层，包括变频器及伺服电动机等一应俱全，并在将传统传动解决方案向数字化方向发展，聚焦在研发连接设备、智能解决方案、高效率产品、用于 OPC UA 网关的运动控制器，下一代产品将是可连接的、易于调试和远程控制的。全新 Bonfiglioli BSR 同步磁阻电动机系列与 4 极标准感应电动机系列的定子长度相同。邦飞利相应地提供两套电动机和变频器，以满足广泛应用需求，符合 IE4 标准的高效套组和具有充足动力、高精度调速的大功率密度套组。所有套组均以无传感器模式运行。BSR 电动机提供 IEC71 ～ IEC132 6 种机架尺寸，功率为 0.37 ～ 18.5kW，4 极标准感应电动机系列效率等级达到 IE4。这种技术的改进为产品应用带来巨大优势。

住友重机械减速机（中国）有限公司与海尔好品海智签署战略合作协议，通过电商渠道获取更多订单需求，还可以随时洞察下游需求的变化，按需采购、生产，降低生产成本。

伦茨集团迁入上海临港新城重装备区，将在中国坚定推行“三年倍增”计划。伦茨在中国成立了智能与自动化应用中心，同时在佛山投资建立了机器人学院。

三、科研成果及新产品开发情况

技术创新是企业适应新环境、满足新需求、开拓新市场的必然要求，也是企业发展的核心和内生动力。2019 年，减变速机行业整体创新能力大幅提高，充分满足了行业市场需求，在重载齿轮箱、高精密减速机等方面取得了可喜的成就。深圳市兆威机电股份有限公司的“面向智能设备的微型传动成套技术及产业化”项目获得中国机械工业科学技术奖特等奖，浙江双环传动机械股份有限公司的“机器人高精密减速器关键技术研究及应用”项目、郑州机械研究所有限公司的“地铁齿轮传动系统关键技术及工程应用”项目获得中国机械工业科学技术奖二等奖，杭州嘉诚机械有限公司的“系列化新型减速机及其检测技术开发”项目、中信重工机械股份有限公司的“大型矿山提升设备齿轮传动装置轻量化及降噪技术研究”项目获得中国机械工业科学技术奖三等奖。南京高精传动设备制造集团有限公司研制的 MP 系列辊压机齿轮箱荣获 2019 年度建材机械行业科技进步奖三奖。

山东华成中德传动设备有限公司研制的大型煤矿智能化刮板输送机用行星减速器、大型矿山智能化带式输送机用高端减速器通过了由中国通用机械工业协会组织的产品鉴定。大型煤矿智能化刮板输送机用行星减速器填补了国内空白，产品技术性能达到国际同类产品先进水平。大型矿山智能化带式输送机用高端减速器产品技术性能达到国际同类产品先进水平。

山东柳杭减速机有限公司与北京航空航天大学联合研制的 LH-Gz 系列高接触比重载减速机通过了由中国通用机械工业协会组织的产品鉴定。该产品主要技术指标达到国际先进水平，填补了国内空白，其高接触比、多齿啮合齿形为国际首创。

2019 年，浙江通力重型齿轮股份有限公司申报发明专利 2 项、实用新型专利 2 项，获得授权发明专利 1 项、实用新型专利 1 项。公司搭建两大校企合作平台 —— 重庆大学和北京航空航天大学，签订校企合作协议，从而提高公司的研发能力，加强产品成果的管理。

江苏泰隆减速机股份有限公司的机器人关节用精密减速器为工业机器人核心传动部件，拥有十多项核心专利，打破了国际巨头近 20 年的垄断和技术封锁，可替代同类进口产品，在全国处于领先地位。公司研制的 RPG 辊压磨机齿轮箱为江苏省首台（套）产品，配套出口国际市场；拥有发明专利的水力发电变速装置被列入国家火炬计划产业化项目。2019 年，公司获得实用新型专利 42 项。

2019 年，兰州西腾润工装备制造有限公司对摆线针轮减速机的摆线轮齿形进行了理论探索。公司以摆线针轮减速机（XW-5-43）为原型，设计了 XWD-5-43-G 型新摆线针轮减速机，提高了减速机的整体效率；在减速机体积和速比相同的情况下，提高承载扭矩 25% 左右；轴承使用寿命大大提高。该产品样机试制成功，当前正在进行型式试验。此外，公司利用现有的计算机软件对少齿差理论进行了研究和仿真，重新建立了理论模型并推导出新的齿圈方程，发明了一种大扭矩径齿轮滚针减速机，已取得实用新型专利（专利号 ZL 201920801049.5）。公司对采盐用的管道破碎机设备进行了研究，在原来获得专利的管道破碎机产品基础上重新设计了管道细碎机；不断改进设计适用于煤粉锅炉使用的新型煤粉给料机。

四、信息化建设情况

现代信息技术对制造技术的发展起着越来越重要的作用，智能化、数字化是先进制造发展的方向，将改变企业生产、经营管理、产品研发等各个环节，决定着产业的升级、基础的提升和企业竞争力的提高。但这个过程需要很长一段时间，行业企业正在全面推进、分步实施中。

江苏泰隆减速机股份有限公司实施 PLM、ERP 项目，开展 MES 系统建设，将精益生产管理与智能化生产线有机结合，实现了生产过程透明化、物料管控精准化、质量监测清晰化、设备管理标准化、手机操作便捷化。公司是泰州市唯一的江苏省两化融合首批示范企业，通过了国家两化融合管理体系评定。近几年，公司投入 1 000 多万元，建设了一个符合减速机生产的信息化平台，提升了公司的综合管理水平，打通了 ERP、PLM、WMS 等系统。利用自动化立体仓库等智能物流设备，为企业产品设计、排产提供了快捷手段。系统上线运行后，生产装配、排产时间由原来的 15 天减少到现在的 2h，库存准确率超过 95%。

浙江通力重型齿轮股份有限公司加强企业信息化建设，推进财务成本核算信息化管理建设和生产流程管控信息化建设。

台州椒星传动设备有限公司投资信息化建设，应用 ERP 系统，使得生产排序更加顺畅；采用图档系统，使得技术、工艺等文件更改、下达、保存和调取更加快捷；引进 WMS 系统，使得库存管理更加方便、快捷，仓库进出管理更加有序，提高了工作效率，提高了管理水平。在外贸方面，主要依靠阿里巴巴、谷歌等平台。

河南蒲瑞精密机械有限公司为了提升公司智能制造水平，推动公司数字化、智能化、网络化发展。通过企业 ERP 系统 - 生产管理系统和车间的 MES 系统建设规划、设计、实施上线工作，实现公司销售、研发、制造、物料、质量和人员的全面管理与控制，搭建高效的生产管理信息化平台，促使公司在生产管理能力、产品质量、及时交付能力、产品检验设备能力、安全生产能力、生产设备能力、车间信息化建设、车间物流能力等方面的提高，提升企业核心竞争力。

中车戚墅堰机车车辆工艺研究所有限公司深入推进产品三维设计、工艺、制造一体化平台优化和应用推广，完成了设计管理优化，解决了“一图多号”问题；完成工艺管理流程优化和铸造、锻压三维工艺的开发应用；完成了设计工艺数据传递的在线传递与分发、旧版本自动回收功能优化。当前平台实现了京张高铁和北京地铁项目的全三维应用，实现了基于可视化的无纸化应用、数据外发和内发的实时传递，打通了设计、工艺到下游生产的数据流，为后续数字化工艺奠定了基础。公司的高速动车组齿轮传动系统智能装配车间完成生产线 MES 系统全面融合应用，加强生产线柔性拓展；仓库升级 WMS 系统，实现系统集中控制的仓库管理模式；实现现场 AGV 物流无人配送模式的全面应用。

山东华成集团在精密减速机生产车间设备、设施信息化的基础上，调整生产布局，优化工艺路线，建设以 PLM 系统为中枢的精密减速机信息化综合集成系统，升级改造 ERP 等信息管理系统，并实现互联互通；新增数控铣齿机、加工中心等智能设备；同步改造原有试验台、机床等设备的数控信息控制系统，实现车间智能化升级。该项目列入淄博市新旧动能转换信息化建设专项项目。

当前，杭州杰牌传动科技有限公司智能传动项目正式投产。该项目应用智能产品，建设智能工厂，为用户提供智能产品、智能服务、智能体验，实现一台减速机的智能制造和智能监测运维。其中，FMS 柔性生产线由 3 台机床、32 个工位、540 把刀具组成，可年产 5 万台减速机，整体交付周期从 30 天缩短至 1 周，生产效率提升 30% 左右。通过面向未来的“全流程生态系统、多系统数据中台、一体化工业大脑”的项目实施，持续提升客户满意度。

江苏国茂减速机股份有限公司投资年产 35 万台减速机、年产 160 万件齿轮及研发中心等项目建设，总厂房面积近 10 万 m^2，仓储物流将全面实现智能化。项目建成后，将大幅提升生产能力和工厂智能化水平，也可实现集中制造、分散组装，将全面提升制造水平和产品质量。

弗兰德针对状态监测和载荷监测推出的 DX 系列产品，包括 DX500、DX2000、DX4000 及 DX500GL 系统，在众多行业已有成熟的应用经验。弗兰德专业的解决方案为驱动系统可靠运行保驾护航，助力工业设备实现数字化和智能化。

五、标准化工作

中国通用机械工业协会减变速机分会加强行业与团体标准制修订工作，加大行业与团体标准化投入，加强行业与团体标准的贯彻标准工作，满足行业发展的需求；加强对国外标准的引进与吸收工作，尤其是对其基础数据进行实验验证；建立完备的减变速机标准生产制造体系，为满足一致性标准技术的高质量减速机制造提供保障。2019 年发布的减变速机行业相关标准见表 1。

表 1　2019 年发布的减变速机行业相关标准

标准号	标准名称	归口单位
GB/T 37718—2019	机器人用精密行星摆线减速器	全国减速机标准化技术委员会
GB/T 3480.1—2019	直齿轮和斜齿轮承载能力计算　第 1 部分：基本原理、概述及通用影响系数	全国齿轮标准化技术委员会
GB/T 11365—2019	锥齿轮　精度制	全国齿轮标准化技术委员会
GB/T 37683—2019	大型齿轮、齿圈锻件　技术条件	全国大型铸锻件标准化技术委员会
GB/T 37682—2019	大型开式齿轮铸钢件　技术条件	全国大型铸锻件标准化技术委员会
T/CGMA 081001-2018	整体式高速齿轮传动装置通用技术规范	中国通用机械工业协会

六、减变速机主要应用领域发展情况

减变速机广泛应用于环保、建筑、电力、化工、食品、物流、塑料、橡胶、矿山、冶金、石油、水泥、船舶、水利、纺织、印染、饲料及制药等领域。随着国民经济的持续发展，作为重要基础部件，减速机产品将随着主机产品的发展而逐步提升，其市场需求将稳步增长。减变速机行业在环保、化工、物流仓储及冶金行业等有很好的发展空间。

（1）环保行业。减变速机作为降速和提高转矩的传动机械，在环保装备中使用比较普遍，应用于污水处理设备、大气污染控制设备、废弃物管理和循环利用设备等领域。当前减速机在环保设备中的成本占比为 5% ～ 15%。

（2）化工行业。“十三五”期间，在稳步推进新型城镇化和消费升级等因素的拉动下，化工产品市场需求保持了较快增长。化工行业的持续发展需要大量的化工机械（包括研磨设备、涂

料成套设备、捏合设备、搅拌分散设备等），而减速机是这些化工机械的重要基础部件之一。2019 年，炼油、化工生产专用设备实现营业收入 709.74 亿元、利润总额 37.08 亿元，完成出口交货值 28.02 亿元。

（3）物流仓储行业。伴随着消费升级、电商与新零售快速发展，物流仓储行业步入了发展快车道。随着机械工业领域工厂投资扩建、信息化车间改造，物流仓储系统及设备需求快速增长。预计未来智能物流仓储将成为诸多企业和资本的布局重点。

（4）冶金行业。近年来，在国家宏观调控下，钢铁产业严格控制产能总量，加快淘汰落后产能，严格控制新增产能，我国冶金行业保持着稳定健康的发展态势。随着去产能任务的完成，冶金企业的生产经营规模再次扩张，行业集中度不断提升。作为冶金设备的重要配套产品，减速机在冶金行业的需求将会增加。依据国家统计局数据，2019 年金属冶炼设备实现营业收入 1 201.17 亿元、利润总额 44.91 亿元，完成出口交货值 44.16 亿元。未来我国冶金行业将不断优化产业布局、调整产品结构，保持稳定发展态势。

（5）工程机械行业。2019 年，我国工程机械行业集中度进一步提高，龙头企业优势明显，市场逐渐向规模大、实力强的企业靠拢；各企业产品开始相互渗透，竞争程度有加强的趋势。据中国工程机械工业协会对纳入统计的主机制造企业统计，2019 年，各类挖掘机械产品销量超过 23 万台（含出口），同比增长 15.9%，这一销量也创下了历史新高；各类装载机销量超过 12 万台（含出口），同比增长 4%；桩工机械行业整体处于平稳发展状态。未来在国家基建投资力度加大、“一带一路”倡议持续推进以及存量设备更新需求、环保升级等多重利好因素推进下，工程机械市场整体保持稳中上升态势。

七、行业发展中存在的问题及发展建议

近年来，我国减变速机行业有了长足的发展。但是，产能过剩造成的恶性竞争影响了行业的健康可持续发展。随着全球制造业不断向自动化、数字化、智能化方向转型，减变速机作为重要的配套装置，也必须跟上先进制造的步伐。当前，减变速机行业整体自动化控制水平不高，自动化、智能化是减变速机行业未来发展的目标。因此，行业企业需要做好以下工作：

（1）加速产业升级，促进质量效益发展。我国减变速机行业企业经过几十年的发展，产能规模及完整的产业链已经形成，还应在产业升级上下功夫，提高管理水平，提升质量效益，加大研发投入。

（2）提升创新能力，解决卡脖子问题，提升制造技术能力。

（3）强化制造过程和产品的数字化转型。企业生产、运营、管理、营销和服务全面的数字化，产品全生命周期、全产业链的数据采集、传输、共享和利用，对内支撑敏捷生产、动态维护、精益管理、实时监控和智能决策；对外改善用户体验，支撑远程维护及构建产业生态链等。

随着国民经济的持续向好平稳发展，环保、化工、物流仓储、冶金、新型基础设施建设、光伏、新能源、智能制造等领域对智能化发展的需求，为减变速机行业提供了较大的发展空间。2020 年，虽然面临国内外复杂的行业形势，但制造业发展的内外部动力依然很强，减变速机行业仍将保持平稳发展态势。预计 2020 年减速机产量增速为 3% ～ 5%，营业收入、利润增速为 5% ～ 7%。

〔撰稿人：中国通用机械工业协会减变速机分会王栋蕾　审稿人：中国通用机械工业协会减变速机分会李多英〕

2019 年分离机械行业概况

一、生产发展情况

分离机械是装备制造业的重要组成部分，具体包括气体和液体的提纯、分离、液化、过滤、净化等设备。根据拟分离对象的不同，可分为固液分离、液液分离、气液分离和气固分离等机械，其中固液分离机械是最为常见和应用最广泛的分离机械。随着我国国民经济和社会的高速发展，我国分离机械行业也得到了快速发展，产业规模迅速壮大，当前有过滤及分离机械专业企业超过 700 家（有一些规模较小的企业没有统计），绝大多数是民营企业。

分离机械产品主要分为四大类，即离心机、分离机、过滤机和过滤分离器。此外，还有少量的离心萃取机。离心机产品主要有螺旋卸料离心机、活塞推料离心机、刮刀卸料离心机、平板式离心机（正逐步取代三足式离心机）、上悬式离心机、离心卸料离心机、振动卸料离心机、翻袋卸料离心机和进动卸料离心机等；分离机产品主要有碟式分离机、管式分离机和室式分离机等；过滤机产品主要有厢式压滤机、板框压滤机、转鼓过滤机、圆盘过滤机、转台过滤机、翻盘过滤机、叶滤机、筒式过滤机、带式过滤机、密闭加压过滤机、动态过滤机、锥盘过滤机、浓缩机和滤油机等；过滤分离器产品主要有各种滤芯式过滤器、自动滤水器、膜过滤设备和旋流器等。

当前，从事过滤机和过滤分离器类产品生产的主要企业有景津环保股份有限公司、河南大张过滤设备有限公司、杭州兴源环保设备有限公司、上海复洁环保科技股份有限公司、核工业烟台同兴实业集团有限公司、江苏新宏大集团有限公司、浙江复洁环保设备有限公司、衡水海江压滤机集团有限公司、杭州化工机械有限公司、浙江金鸟压滤机有限公司、浙江建华集团过滤机有限公司、湖州核华环保科技有限公司、飞潮（无锡）过滤技术有限公司、无锡市通用机械厂有限公司和吉林华工机械制造有限公司等，从事过滤分离研究的主要科研院所有合肥通用机械研究院有限公司、上海化工研究院等，从事过滤分离研究的主要大专院校有天津大学、四川大学、浙江大学、华东理工大学、中国石油大学、南京工业大学、重庆工商大学、浙江工业大学、青岛理工大学、四川理工学院、浙江理工大学和郑州大学等。

2019 年，中国通用机械工业协会分离机械分会参与统计的 43 家企业完成工业总产值 118.3 亿元。其中，工业总产值超过 5 亿元的企业有 7 家，工业总产值为 3 亿～ 5 亿元的企业有 6 家，工业总产值为 1 亿～ 3 亿元（不包括 3 亿元）的企业有 6 家。实现销售收入 113.6 亿元，其中，销售收入超过 5 亿元的企业有 6 家，销售收入为 3 亿～ 5 亿元的企业有 5 家，销售收入为 1 亿～ 3 亿元（不包括 3 亿元）的企业有 7 家。

随着国家经济结构不断优化调整和转型升级，石油化工、制药、污水处理等领域进一步加大了对先进工艺和节能环保装备的投入，为大型离心机生产企业发展带来了良好的契机。同时，离心机应用领域“三去一补”去产能，给离心机行业带来了较大的压力。当前国内注册的离心机制造企业数量众多，但规模以上的企业数量较少。按销售收入排名，分离机械行业前 10 名企业销售收入合计占国内离心机行业整体销售收入的近

60%。一些具有完善研发手段、制造能力较强的企业市场占有率相对较高。为应对日益激烈的市场竞争，行业企业间的合作越来越多。重庆江北机械有限责任公司与江苏赛德力制药机械制造有限公司共同推进混合所有制改革，通过整合资源，联合建设技术研发和服务平台，继续致力于分离机械新产品和新型分离工艺的研究开发，实现了企业间的强强联合、优势互补。江苏华大离心机制造有限公司主动与中建环能科技股份有限公司联姻，实现了产业、产品优势互补。离心机行业整体集中度较高。海申机电总厂、苏州优耐特机械制造有限公司专注于卧式螺旋卸料离心机，对卧式螺旋卸料离心机应用技术开展深入研究，在细分市场抢得先机。安徽普源分离机械制造有限公司在卧式螺旋卸料离心机设计制造上也下足了功夫，取得了不错的业绩。江苏牡丹离心机制造有限公司、湖南湘潭离心机有限公司等经营情况也较为稳定。

当前，离心机行业的毛利率水平普遍在 15% 左右，利润率有所下降。近年来，国内离心机制造企业数量基本保持稳定，产品质量和产品价格双重竞争不断加剧。整体来看，国内离心机行业供求基本平衡，但高端离心机领域供不应求，且当前国内离心机制造企业不能满足部分领域的产品需求。当前我国离心机行业能满足国内各下游应用领域 70% ～ 80% 的需求，20% ～ 30% 的需求通过进口离心机产品来满足。

2019 年，随着国内经济的回暖，压滤机行业取得了稳定的发展。2019 年国内压滤机产量约 22 000 台、销量约 21 000 台，产销量较上年均取得了明显的增长。2019 年过滤机（含过滤器）市场规模约 80 亿元。在产量增长的情况下，过滤机生产企业根据成本和市场情况，相应调低了产品售价。在过滤机生产企业中，景津环保股份有限公司产品种类多样、规格齐全，产销规模大，在全球有着较高的知名度和市场占有率；上海复洁环保科技股份有限公司在市政污水治理方面取得了较好的业绩；河南大张过滤设备有限公司在洗砂和打桩废水处理方面技术处于先进水平；杭州兴源环保设备有限公司多项产品获得省部级科技奖项；核工业烟台同兴实业集团有限公司生产的带式真空过滤机国内外占市场率较高；浙江金鸟压滤机有限公司是制造压滤机的老牌企业，企业经营一直稳中有进；江苏新宏大集团有限公司、杭州化工机械有限公司、河南大张过滤设备有限公司、衡水宏运压滤机有限公司、浙江隆源环境科技股份有限公司和衡水海江压滤机集团有限公司等的翻盘过滤机、厢式和板框压滤机都有着较好的经营业绩。河南大张过滤设备有限公司专注于隔膜滤板的研发，柔性隔膜滤板技术研发处于先进水平。整体来看，过滤机供过于求，价格竞争不断加剧，进口压滤机对国内市场也有较大的冲击。在产业和产品结构不断优化调整的过程中，一些技术落后的企业将会遭遇经营瓶颈。

二、行业技术创新和新产品开发情况

近两年，分离机械行业企业面对产业创新驱动的新常态，结合企业转型升级和技术创新，进一步优化产品结构，提高核心竞争力，并积极拓展新的服务领域。根据国内外分离机械发展方向，不断深化和完善创新体系建设。

据分离机械分会对 19 家企业不完全统计，2018—2019 年完成科技成果和新产品 148 项，较“十三五”初期有较大幅度增长。

重庆江北机械有限责任公司承担并完成了国家战略性新兴产业节能环保项目 —— 餐厨垃圾资源化处理用关键设备技术及一体化设备项目。针对城市餐厨垃圾处理厂“厌氧消化、热电联产”及好氧发酵制生物肥料等资源化处理先进工艺技术的需求，完成了 CCJ-1200 餐厨垃圾除杂制浆一体机、CCJ-1200S 果蔬垃圾除杂制浆一体机、CX-1200 餐厨垃圾分选机和 LWS 新型三相卧式螺旋卸料沉降离心机等核心装备的研发及产业化生产。其中，CCJ-1200餐厨垃圾除杂制浆一体机属国内首创，打破了国外技术垄断，产品技术达到国际先进水平，可完全替代进口产品。该项目产品的研发和应用实现了节能、减污和节约资源，同时大幅提高了我国节能环保技术装备技术水平，实现了相关资源的综合利用。公司先后完成重庆市科技计划项目“高速卧式螺旋卸料离心机（LW-NB型）系列化关键技术攻关及产业化”；完成多项国家、省部级新产品的试制项目，如LWS650×2405-N、LW650×2405-NB、CCJ-1200S、LWM520×540-N、LW520×1924-NB等产品；完成多项新产品鉴定项目，如LWS650×2405-NB、LW650×2405-NB、LW520×2184-NB、LW450×1890-NB、CCJ-1200等产品。

景津环保股份有限公司建有院士工作站和博士后科研工作站，先后承担国家重点新产品计划、国家火炬计划、国家水体污染控制与治理科技重大专项等科研项目，取得多项国内国际有效专利，在市政污泥处理、工业污泥循环再利用等领域取得了技术突破。超高压隔膜压滤机新产品投放市场，实现了污泥的减量化、无害化和资源化利用。

江苏赛德力制药机械制造有限公司研制的模块式卧式刮刀卸料离心机、连续式全自动滚筒混合机被评为江苏省高新技术产品。新型壁式出液卧式螺旋卸料沉降离心机项目获得靖江市科学技术进步奖三等奖。

浙江轻机离心机制造有限公司完成P-25、P-40B推料离心机，LW550卧式螺旋卸料离心机和DHC730碟式分离机新产品的研制；完成离心机运行参数远程监控项目，并在用户现场进行了运行应用；完成2个省级新产品的鉴定工作。2019年，公司获得授权专利5项，其中，发明专利2项、实用新型专利3项。

广州广重分离机械有限公司先后完成新型1.6m上悬式刮刀卸料离心机和新型1.6m卧式虹吸刮刀离心机研制项目。公司基本完成NG300洗涤分离机、NS211离心机的研发，以及离心机远程诊断、监控系统的研发；完成了5项实用新型专利的申请，获得授权发明专利1项、实用新型专利3项。

杭州化工机械有限公司针对国家对磷酸化工制造企业的环保要求，开发出PFS双翻盘真空过滤机及工艺，磷石膏湿排干堆用双卸料翻盘式真空过滤机项目已成功应用；海水溴化物提取用单盘真空过滤系统是公司与以色列化工集团共同研发的新领域的一种过滤系统，取得了较好的使用效果；酸浸溶法处理高铝粉煤灰提取冶金级氧化铝专用翻盘真空过滤机是公司结合粉煤灰特性研发的一种机型。通过研发项目，解决了磷酸行业尾渣干排、海水溴化物提取、电厂煤灰再利用中过滤环节的问题。

河南大张过滤设备有限公司承担河南省创新示范专项项目1项，环保行业专用压滤机的滤板关键技术研发及产业化项目获得授权发明专利2项、实用新型专利3项。在产品材料、产品结构、滤板进料方式及产品加工工艺方面取得突破。

威海市海王旋流器有限公司的微细矿物颗粒封闭循环利用高效节能分离技术与装备项目取得多项新技术、新装备、新工艺的创新成果，建立了一套技术体系和标准，可以在市政污水处理、电厂脱硫脱硝环节等环保领域实现微细矿物颗粒的资源回收利用和近零排放。该项目荣获国家技术发明奖二等奖。公司针对煤炭行业选煤厂传统粗煤泥分离设备存在的分级效率低、高灰细泥污染等难题，成功开展了粗煤泥精细分级降灰叠层细筛开发与应用项目，荣获中国煤炭工业协会科学技术奖二等奖。

由上海复洁环保科技股份有限公司牵头，联合同济大学、浙江复洁环保设备有限公司、上海城市污染控制工程研究中心有限公司共同完成的污泥减量的高效驱水关键技术研究及其成套技术的应用项目荣获 2019 年度上海市科技进步奖二等奖。该项目以污泥处理处置领域面临的严峻形势和紧迫需求为导向，针对污泥减量的高效驱水关键技术难题，通过 9 年的技术攻关，取得一系列创新成果：一是首次实现了污泥中各类形态水分的原位可视化观测与区分，开发了高效驱水剂；二是首次集成机械压滤与真空干化工艺，将含水率 90% ～ 99% 的污泥一次性脱水干化至 30% 以下，实现了污泥的减量化，填补了国内外空白；三是首次开发了集过滤、压滤、抽真空、加热和干化等功能于一体的多功能滤板，并形成了标准化、规模化生产能力。该项目申请专利 51 项（包括授权专利 47 项、发明专利 3 项），主编、参编各类标准 4 项，发表论文 10 篇，项目成果应用于上海、广州、南京、武汉等大型城市以及石化、电子、汽车等行业近 30 个污泥处理的重大标杆工程，处理污泥总规模超过 73 万 t/a，累计实现污泥减量 58 万 t 以上。

分离机械分会参与统计的 22 家企业在“十三五”期间共申请或获得批准专利 473 项，其中发明专利 146 项。各企业加大知识产权保护力度，维护了企业的合法权益。

江苏华大离心机制造有限公司一直注重技术及新产品研发，注重知识产权管理和保护工作。截至 2019 年年底，围绕立式拉袋卸料自动离心机、卧式预浓缩过滤离心机、智能远程控制系统技术等产品，累计拥有专利 60 项，其中发明专利 26 项。

三、基本建设及技术改造情况

据分离机械分会不完全统计，近几年，行业重点企业完成基本建设和技术改造 72 项，总投资达 97 709 万元，企业制造实力得到进一步提高。

重庆江北机械有限责任公司的分离机械产业化基地建设暨环保搬迁（一期）项目是重庆市第六批环保搬迁项目，是重庆机电控股（集团）公司重点技术改造项目。该项目位于重庆两江新区鱼复工业园 Q10-1/01 地块，建设用地 11 万 m^2（165 亩）。一期建设总投资 2.56 亿元，建筑面积 38 645m^2，于 2014 年 8 月开工建设，至 2016 年 4 月完成。该项目完成后，公司创新能力、制造能力、服务能力得到进一步提升，年新增大型分离机械设备及其系统生产能力达 800 台（套）。

江苏赛德力制药机械制造有限公司的中一黄桥工业园建设项目于 2018 年 6 月完成一期工程建设，并进行整体搬迁。

浙江轻机离心机制造有限公司自主完成了大直径碟片旋压机的设备改造工作，为顺利完成 DHP730 新产品的研发奠定了基础。公司采购了多台数控机床，提高了生产加工能力。

2020 年 6 月 9 日，中建环能科技股份有限公司全资子公司江苏华大离心机制造有限公司的高性能自动化离心机生产项目开工奠基仪式在江苏张家港顺利举行。该项目的启动标志着江苏华大离心机制造有限公司向高精尖智能制造迈出了新的步伐。该工程项目建筑面积超过 4 万 m^2，总投资近 3 亿元。项目主要采用高端装备制造及智能制造工艺手段，将形成年产 800 台（套）高端离心机产品的制造能力。

四、标准化体系建设情况

从事分离机械行业标准化工作的全国性组织机构有全国分离机械标准化技术委员会（简称标委会）和中国通用机械工业协会分离机械分会标准化工作委员会（简称标工委）。标委会（SAC/TC92）是分离机械行业对口的全国性标准化组织，成立于 1987 年 9 月，负责全国范围内的过滤与分离机械的国家标准、行业标准制修订以及相关标准化工作，标委会秘书处挂靠在合肥通用机械研究院。标工委成立于 2017 年 9 月，主要负责分离机械行业领域内的团体标准制修订以及相关标准化工作。中国通用机械工业协会分离机械分会秘书处负责标工委的日常事务工作。标工委依据团体标准制修订的先进性原则，制定了高于行业标准要求的团体标准《螺旋卸料沉降离心机》《厢式和板框式压滤机》和《厢式和板框式压滤机　滤板》，其中，《螺旋卸料沉降离心机》已发布，《厢式和板框式压滤机》与《厢式和板框式压滤机　滤板》已通过标工委的审查。依据团体标准制修订的先行性原则，开展了团体标准《离心机设计制造安全评价规范》的制定工作。该标准尚无相应的国家标准或行业标准，该标准的制定和发布实施，将为离心机的安全认证提供技术依据和支撑。

当前分离机械标准体系共有国家标准 17 项、行业标准 69 项，主要产品的标准覆盖率超过 90%，基本形成了包括基础标准、试验方法及检验方法标准、安全标准以及安全认证类标准、产品标准（含零部件和配套件标准）的标准体系。分离机械分会参与统计的 16 家企业独立完成或参与了多项国家标准、行业标准和团体标准的制修订工作，为分离机械行业标准化建设做出了积极的贡献。

五、企业培训情况

据分离机械分会对 21 家企业不完全统计，近两年，企业举办的技术、管理、操作等各种培训班 257 个，参加培训的企业领导干部、工程技术人员及生产一线职工共 14 479 人次。通过培训，企业职工整体技术管理和技能水平得到了普遍提高。

河南大张过滤设备有限公司特别重视职工素质的提高，公司在职工队伍中倡导“共创、共享、共荣”的企业理念，树立大禹工匠精神。公司开展了多种形式的职工培训教育活动，如岗位技能培训、安全技术培训、特殊工种和特殊岗位培训等，还充分利用职工书屋、职工学习活动室、科学技术阅览室等提高职工的学习能力，提升了职工的文化素养。公司被许昌市总工会授予“工人先锋号”，被许昌市委授予“全市示范性青年之家”。

〔撰稿人：中国通用机械工业协会分离机械分会赵洪亮、刘雅生〕

2019 年气体分离设备行业概况

一、生产发展情况

2019 年，气体分离设备行业产值增速放缓，生产经营仍取得良好成绩，利润实现了较快增长，并创下历史新高，行业景气度处于历史高点。

2019 年，中国通用机械工业协会气体分离设备分会参与统计的会员企业共 12 家，分别是杭州制氧机集团股份有限公司（简称杭氧）、四川空分设备（集团）有限责任公司（简称川空）、开封空分集团有限公司（简称开封空分）、开封黄河空分集团有限公司（简称黄河空分）、河南开元空分集团有限公司（简称开元空分）、开封东京空分集团有限公司（简称东京空分）、苏州制氧机股份有限公司（简称苏氧）、杭州福斯达深冷装备股份有限公司（简称福斯达）、上海启元空分技术发展股份有限公司（简称上海启元）、成都深冷液化设备股份有限公司（简称成都深冷）、液化空气（杭州）有限公司（简称法液空）、林德工程（杭州）有限公司（简称林德）。12 家企业完成工业总产值 216.22 亿元，同比增长 9.05%；实现营业收入 235.64 亿元，同比增长 10.43%；实现利润总额20.12亿元，同比增长6.94%。

2019年，气体分离设备行业工业总产值经历连续两年两位数的高速增长后，增速回归到一位数；产值、利润等多项指标再创历史最高纪录。这表明国内外市场对气体分离设备的需求持续增加，我国基础工业和制造业仍处在较快的增长发展期，也为行业今后几年的发展打下了坚实基础。

2019年，行业企业工业总产值完成情况出现较明显的分化。其中，上海启元、成都深冷工业总产值增长幅度均超过30%，增速较快；杭氧、川空、福斯达、苏氧工业总产值增幅均超过10%，高于行业平均增速；开封空分工业总产值实现了较快增长，但增速低于行业整体水平；林德、法液空、黄河空分、东京空分的工业总产值同比出现了下降。

杭氧的大中型空分设备市场占有率一直较高，产出稳定。尤其是近几年，杭氧特大型空分设备市场的业绩迅速增加，而且气体运营业务在持续扩张，产值已超制造板块。近两年，广西杭氧气体公司2套40 000m^3/h空分项目、河南杭氧气体公司30 000m^3/h空分项目、山西杭氧气体公司65 000m^3/h空分项目和萍钢杭氧气体公司20 000m^3/h空分项目陆续投运，设备制造和气体投资推动杭氧的产值规模逐年扩大。

川空除生产各类空分设备外，经营着近10家气体公司及1家天然气液化工厂，天然气液化工厂效益尤其显著。福斯达在大型、特大型空分设备制造方面稳步发展。苏氧原以生产中小型空分设备为主，以出口见长，近年来进军大型空分设备市场，2019年出口了多套大型空分设备。林德、法液空均以生产大型、特大型空分设备为主，其中法液空产品类型相对丰富，近年生产了较多的纯氮设备，为国内外的电子等行业配套。上海启元主要产品为用于玻璃行业的高纯氮设备，成都深冷主要产品为中小型天然气液化装置。

2019年，气体分离设备分会参与统计的企业实现利润总额首次突破20亿元，创历史最高纪录，且参与统计的企业均实现了盈利。行业企业盈利情况也存在较明显的分化。其中，利润增速较快的有开元空分、上海启元、成都深冷，利润总额同比增长均超过100%。开元空分主要是由于上年盈利基数较小，上海启元和成都深冷在2018年亏损，2019年扭亏为盈。开封空分利润总额同比增长64.66%，得益于年内大幅削减了管理费用。杭氧、林德、黄河空分、福斯达利润均有小幅增长，增幅低于行业平均增速。其中，利润总额最大的是杭氧，利润总额达到14.71亿元，同比增长3.49%。川空、东京空分、苏氧的利润总额同比下降。

2019年，行业内激烈的竞争格局导致产品价格被持续压低，人力成本大幅增长，远超产值增速。管理费用、销售费用、税费、财务费用等增速相对较缓，产品毛利率为19.46%，比2018年略有下降。行业资产负债率保持在55%左右，与2018年大致持平。

2019年，川空杭锦旗亨东60万m^3/d液化天然气项目顺利开车出液，志丹二期20万t/a（100万m^3/d）LNG液化冷箱一次性投产成功。成都深冷承担的山东某集团焦化工程焦炉煤气制LNG工程液化装置按合同顺利投产；新疆某公司撬装LNG装置顺利投产。

2019年11月，川空设计、供货、安装和调试的重庆万盛LCO-6000一氧化碳提纯装置一次性开车成功。该工程是川空首套从CO/H_2混合气体中提取高纯度CO的装置项目。

二、产品产量及产品应用情况

（一）产品产量

2019年，气体分离设备分会参与统计的企业共生产各类空分设备238套，比上年增长23.3%；折合制氧总容量353.4万m^3/h，比上年下降19.2%。与2018年相比，2019年生产的空分设备数量有较大幅度增长，但折合的制氧总容量却在减少，说明生产的大型空分设备相对减少，而中小型空分设备、制氮设备数量相对增加。

2019 年生产的各类空分设备中，大型（6 000m^3/h 及以上）空分设备有 98 套，中型（1 000 ～ 6 000m^3/h）空分设备有 21 套，小型（1 000m^3/h 以下）空分设备有 23 套，制氮设备有 96 套。其中，1 万 m^3/h 等级及以上空分设备 78 套，3 万 m^3/h 等级及以上空分设备 51 套，6 万 m^3/h 等级及以上空分设备 18 套，8 万 m^3/h 等级及以上空分设备 8 套。

2019 年生产的天然气液化装置较少，且仍多为中小型装置。行业内生产企业以川空、成都深冷、福斯达等企业为主。

（二）产品应用情况

按制氧容量计算，2019 年应用于化工和冶金行业的空分设备占比较大，分别占 55% 和 35%。应用于电子工业的空分设备约占 4%，应用于工业气体批发零售行业的空分设备约占 5%，应用于食品加工、航空航天、医疗、环保等行业的空分设备约占 1%。

1. 化工行业

化工行业是空分设备最大的市场。2019 年，气体分离设备行业共生产各类应用于化工行业的空分设备 120 套，折合制氧容量 190.5 万 m^3/h，占 2019 年新生产设备制氧总容量的 53.9%。

在化工行业内，按制氧容量计算，现代煤化工和石油化工项目配套的空分设备占比最大，配套的大型、特大型空分设备数量较多。

（1）石油化工领域。2019 年，应用于石油化工领域的空分设备有 22 套，折合制氧容量为 47.75 万 m^3/h，占制氧总容量的 13.5%。2019 年为石化、炼化一体化项目配套的 7 万 m^3/h 及以上等级空分设备有 5 套，并有多套在建或投产。

2019 年为石油化工领域配套的大型、特大型空分设备情况如下：

2017 年，杭氧与浙江石化签订了 2 000 万 t/a 炼化一体化项目一期 4 套 83 000m^3/h 空分设备的订货合同。这 4 套设备已于 2019 年陆续试车成功。2019 年 1 月，杭氧与浙江石化又签订了二期 4 套 105 000m^3/h 空分设备的合同，4 套设备正在建设中。2019 年，杭氧与广东石化签订了炼化一体化项目的 3 套 70 000m^3/h 空分设备合同，设备正在建设中。

2018 年，林德与镇海炼化签订了 2 300 万 t/a 炼油炼化一体化项目二期 2 套 92 000m^3/h 空分设备的合同。2019 年 6 月，林德与盛虹石化签订了 1 600 万 t/a 炼油项目 4 套 95 000m^3/h 空分设备的合同。当前项目均在建设中。

法液空为中石化在建的最大炼化项目中科合资广东炼化一体化项目配套的 70 000m^3/h 空分设备于 2019 年开车。

除了满足国内石化行业的需求外，2019 年，福斯达、法液空等企业出口了多台大型、特大型空分设备，用于国外的石化项目建设。

（2）现代煤化工领域。2019 年，应用于现代煤化工领域的空分设备有 17 套，折合制氧容量为 78.1 万 m^3/h，占制氧总容量的 22.1%。现代煤化工行业是空分设备尤其是大型、特大型空分设备的重要应用领域。2019 年，气体分离设备行业共生产为煤化工项目配套的空分设备 17 套，其中 6 万 m^3/h 等级空分设备 3 套、7 万 m^3/h 等级空分设备 1 套、8 万 m^3/h 等级空分设备 1 套、10 万 m^3/h 等级空分设备 2 套，另有多套在建或投产。

2019 年为煤化工项目配套的大型、特大型空分设备情况如下：

杭氧为中煤图克 100 万 t/a 甲醇项目配套 1 套 75 000m^3/h 空分设备，为宁夏宝丰 60 万 t/a 煤制烯烃项目配套 2 套 105 000m^3/h 空分设备，为新疆天业 60 万 t/a 乙二醇项目配套 2 套 90 000m^3/h 空分设备，为安徽昊源 30 万 t/a 乙二醇项目配套 1 套 90 600m^3/h 空分设备，为神华榆林煤制烯烃项目配套 3 套 100 000m^3/h 空分设备。

林德为内蒙古汇能 15 亿 m^3/a 天然气项目配

套 2 套 10 万 m^3/h 空分设备，为陕煤榆林 180 万 t/a 乙二醇项目配套 3 套 100 000m^3/h 空分设备，为山东晋煤化工 40 万 t/a 合成氨、60 万 t/a 尿素项目配套 1 套 72 000m^3/h 空分设备，为中安联合煤制 170 万 t/a 甲醇及 35 万 t/a 聚乙烯项目配套 3 套 75 000m^3/h 空分设备，设备均于 2019 年开车。

普莱克斯为广西华谊 75 万 t/a 丙烯项目配套 3 套 78 000m^3/h 空分设备，设备处于建设中。

法液空为湖北三宁 60 万 t/a 乙二醇项目配套 1 套 80 000m^3/h 空分设备，为宝气渭化 30 万 t/a 乙二醇项目配套 1 套 60 000m^3/h 空分设备，为内蒙古荣信化工 40 万 t/a 乙二醇的配套 2 套 92 000m^3/h 空分设备，为兖州煤业榆林能化甲醇项目配套 1 套 92 000m^3/h 空分设备，均于 2019 年开车。

（3）化肥及合成氨领域。2019 年，应用于化肥及合成氨领域的空分设备有 9 套，折合制氧容量 57.8 万 m^3/h，占制氧总容量的 16.4%。应用于化肥及合成氨领域的空分设备数量虽少，但都是大型、特大型空分设备，其中，8 万 m^3/h 等级的空分设备 4 套、7 万 m^3/h 等级的空分设备 1 套。单套设备平均制氧规模达 64 000m^3/h。

应用于化肥及合成氨领域的空分设备中，杭氧生产了 6 套（4 套超过 7 万 m^3/h 等级），川空生产了 1 套，法液空生产了 2 套。

2019 年为化肥及合成氨行业配套的大型、特大型空分设备情况如下：

杭氧为河南心连心项目配套 1 套 80 000m^3/h 空分设备，为江西心连心项目配套 2 套 80 000m^3/h 空分设备，为福建天辰煤气化合成氨项目配套 1 套 75 000m^3/h 空分设备。

法液空为山东润银项目配套 1 套 86 000m^3/h 空分设备，为江苏灵谷项目配套 1 套 53 000m^3/h 空分设备。

（4）多晶硅、玻璃、钛白粉等材料领域。2019 年，应用于多晶硅、玻璃、钛白粉等材料领域的空分设备有 72 套，折合制氧容量 6.8 万 m^3/h，占制氧总容量的 1.9%。

用于玻璃、钛白粉等化工材料领域的空分设备数量较多，但单套制气规模均较小。2019 年，气体分离设备行业为玻璃行业供应制氮机 20 余套，单套制氮规模多在 3 000m^3/h 以下。

2. 冶金行业

钢铁及有色金属冶炼是空分设备重点应用行业。2019 年，气体分离设备行业为钢铁、有色冶炼行业提供空分设备 54 套，制氧容量为 130.2 万 m^3/h，占制氧总容量的 36.8%。其中，为钢铁行业配套空分设备 49 套，折合制氧容量 117.74 万 m^3/h，占制氧总容量的 33.3%。配套设备中最大的为 8 万 m^3/h 等级空分设备（出口），还有 2 套 6 万 m^3/h 等级空分设备，多数设备为 2 万～ 4 万 m^3/h 等级。为有色冶炼行业配套空分设备 5 套，折合制氧容量约占制氧总容量的 3%。

气体分离设备行业中绝大多数企业把为冶金行业配套作为重点。2019 年，杭氧生产冶金型空分设备 11 套，规模最大的为 65 000m^3/h 空分设备；川空生产冶金型空分设备 9 套，规模最大的为 60 000m^3/h 空分设备；开封空分生产冶金型空分设备 3 套，规模最大的为 42 000m^3/h 空分设备；黄河空分生产冶金型空分设备 3 套，规模最大的为 35 000m^3/h 空分设备；开元空分生产冶金型空分设备 12 套，规模最大的为 30 000m^3/h 空分设备；东京空分生产冶金型空分设备 5 套，规模最大的为 25 000m^3/h 空分设备；福斯达生产冶金型空分设备 8 套，规模最大的为 42 000m^3/h 空分设备；苏氧生产冶金型空分设备 2 套，规模最大的为 25 600m^3/h 空分设备。法液空出口 1 套 8 万 m^3/h 等级冶金型空分设备，林德、上海启元、成都深冷没有生产该类产品。

3. 电子行业

电子行业是空分设备较新兴的市场。2019 年，气体分离设备行业共生产各类应用于电子行业的空分设备 32 套，折合制氧容量 15.59 万 m^3/h，占制氧总容量的 4.4%。该类设备中制氮设备约占一半。

4. 气体批发零售行业

2019 年，气体分离设备行业共生产应用于气体批发零售行业的空分设备 30 套，折合制氧容量 16.97 万 m^3/h，占制氧总容量的 4.8%。该类设备多为中型设备。

三、订货情况

2019 年，气体分离设备行业新签空分设备合同 173 套，折合制氧总容量 358.86 万 m^3/h。其中，钢铁行业订货 32 套，折合制氧容量 76.85 万 m^3/h；有色冶炼行业订货 4 套，折合制氧容量 3.55 万 m^3/h；石化行业订货 36 套，折合制氧容量 149.45 万 m^3/h；煤化工行业订货 12 套，折合制氧容量 55.32 万 m^3/h；多晶硅、玻璃、钛白粉等领域订货 21 套，折合制氧容量 11.73 万 m^3/h；化肥行业订货 3 套，折合制氧容量 16.3 万 m^3/h；电子行业订货 45 套，折合制氧容量 17.79 万 m^3/h；零售及其他行业订货 20 套，折合制氧容量 28.29 万 m^3/h。

2019 年，成都深冷新签宜川县 40 万 t/a LNG 天然气处理项目、山西综合尾气制 30 万 t/a 乙二醇联产 LNG 项目深冷分离装置；福斯达签订了首套海外 50 万 m^3 LNG 项目。

2019 年，杭氧累计订货额 121.26 亿元，同比下降 2.15%；新签空分设备 30 套，折合制氧容量 143.86 万 m^3/h，新签设备包括浙江石化二期 4 套 10 万 m^3/h 等级、河南心连心 1 套 8 万 m^3/h 等级、广东石化 3 套 7 万 m^3/h 等级空分设备。

2019 年，川空累计订货额 84.15 亿元，新签空分设备合同 16 套，折合制氧容量 19.08 万 m^3/h。

2019 年，开封空分累计订货额 17.11 亿元，新签空分设备合同 14 套（包括 1 套 8 万 m^3/h 等级空分设备），折合制氧容量 31.66 万 m^3/h。

2019 年，法液空新签空分设备合同 31 套，折合制氧容量 21.1 万 m^3/h，其中较大的设备为宝钢湛江 1 套 7 万 m^3/h 等级空分设备。

2019 年，林德新签空分设备合同 9 套，折合制氧容量 84.9 万 m^3/h。所签设备全部为特大型空分设备，包括陕煤榆林乙二醇项目 3 套 10 万 m^3/h 等级、盛虹石化 4 套 9 万 m^3/h 等级、宁波镇海炼化 2 套 9 万 m^3/h 等级空分设备。

2019 年，黄河空分累计订货额 2.6 亿元，新签空分设备合同 5 套，折合制氧容量 2.7 万 m^3/h。

2019 年，开元空分累计订货额 7.77 亿元，新签空分设备合同 9 套，折合制氧容量 17.09 万 m^3/h。

2019 年，东京空分累计订货额 2.94 亿元，新签空分设备合同 8 套，折合制氧容量 7.1 万 m^3/h。

2019 年，福斯达累计订货额 12.28 亿元，新签空分设备合同 26 套，折合制氧容量 23.1 万 m^3/h。新签设备包括 2 套 7 万 m^3/h 等级空分设备。

2019 年，苏氧累计订货额 3.19 亿元，新签空分设备合同 10 套，折合制氧容量 5.18 万 m^3/h。

2019 年，上海启元累计订货额 1.02 亿元，新签空分设备合同 10 套，折合制氧容量 0.54 万 m^3/h。

2019 年，成都深冷累计订货额 5.16 亿元，新签空分设备合同 5 套，折合制氧容量 2.55 万 m^3/h。

四、产品出口情况

2019 年，气体分离设备出口形势较好，各类产品共完成出口交货值 10.48 亿元。共计出口空分设备 42 套，折合制氧容量 41.07 万 m^3/h。其中，大型空分设备 8 套、中型空分设备 6 套、小型空分设备 3 套、制氮设备 25 套。另外，出口还有变压吸附设备 2 套、水电解制氢设备 1 套。

2019 年，气体分离设备行业出口额最大的企业是法液空，完成出口交货值 2.96 亿元。出口产品包括 10 余套较大型纯氮设备以及为钢铁项目配套的 1 套 8 万 m^3/h 等级空分设备。川空完成出口交货值 2.87 亿元，出口的一套 6 万 m^3/h 等级空分设备已安排发货。福斯达完成出口交货值超过 2 亿元，出口产品包括出口到中东地区的 2 套 7 万 m^3/h 等级空分设备。杭氧完成出口交货值 1.26 亿元，出口产品包括制氮机、乙烯冷箱以及其他低温石化设备。苏氧完成出口交货值 4 798 万元，出口多套空分设备及纯氮设备。

五、基本建设及技术改造情况

2019 年，杭氧在生产制造工艺设备、办公设备等方面投入大量资金，完成了新 1 号真空炉的改造任务，有效提高了板翅式换热器的生产能力。

川空实施 2019 年度重大技改项目，新建 3 号真空钎接炉。该真空钎接炉建成投产后，川空将拥有 3 套真空钎接炉的生产能力，为提升板翅式换热器产能和产品质量奠定了基础。另外，川空实施了动态吸附试验台位建设、LNG 装备国产化重型容器生产技改扩能项目及大型低温液体贮槽及压力容器生产线技改扩能等项目。

2019 年，开元空分投入超 600 万元，实施年产 500t 高效板翅式换热器项目；新建 1 台真空钎接炉；新购置 1 台卷板机。

2019 年，东京空分继续实施天然气透平压缩机五轴联动数控机床加工技改项目，计划于 2020 年完成；购置绕管机床，于 2019 年 4 月投入使用。

2019 年，开封空分投入 13 万元，用于信息化项目改造。福斯达投资 150 余万元，用于建设空分产品研发制造管理平台。成都深冷投入近 9 000 万元，实施成都深冷天然气液化装置生产基地建设项目，扩大产能规模。

六、标准化工作

截至 2019 年年底，全国气体分离与液化设备标准化技术委员会（SAC/TC504）归口管理国家标准 3 项、行业标准 38 项，在研行业标准计划 11 项。

2019 年，《空气分离设备能效限额　第 1 部分：外压缩流程设备》《空气分离设备能效限额　第 2 部分：内压缩流程设备》《空气分离设备能效限额　第 3 部分：液化设备》《空气分离设备能效限额　第 4 部分：液体设备》4 项行业标准报批。

2019 年，SAC/TC504 接受国家标准技术审评中心考核评估，考核合格。

2019 年 12 月 17 日，SAC/TC504 在浙江杭州召开二届四次会议。会议听取了 2019 年标准制修订、标准化研究项目、重要标准化管理工作、秘书处组织管理和功能建设等工作汇报，审查了标准化经费、2020 年拟申报的国家标准和行业标准计划项目等。会议讨论了气体分离与液化设备领域“十四五”标准化规划，确立了“十四五”期间的标准化工作方向与重点。

〔撰稿人：中国通用机械工业协会气体分离设备分会徐建平、王世超〕

2019 年冷却设备行业概况

2019 年，冷却设备行业企业面对国内外复杂的经济形势，在国家“调结构、去产能”和“一带一路”倡议的大背景下，积极进行适应性、战略性调整，努力发展适销对路的产品，深入挖潜，提质增效，提升品牌影响力，全年实现了经营效益改善、经济运行稳中向好的良好局面。

2019 年，冷却设备行业总体呈现趋缓趋稳的发展态势。工业领域的需求仍可概括为两方面：一是石化、冶金、电力等领域扩大产能、产业整合、产业升级等新增固定资产投资产生的新增设备需求；二是受国家节能减排等政策因素的推动，上述行业进行环保、节水、节能改造而产生的更新设备需求。民用领域方面，伴随云计算、大数据、物联网等技术的发展，其中心服务器的散热问题对冷却设备提出了更高的要求，需求量也日益增长。此外，5G网络技术正在推动对数据中心容量的更大需求，加之网络边缘计算的兴起，迫切需要更加高效节能的数据中心冷却技术。而地铁、高铁等轨道交通项目的加快推进，给冷却设备行业带来了又一经济增长点。

一、生产发展情况

据中国通用机械工业协会冷却设备分会统计，2019年行业主营业务收入约为143亿元，同比增长4.4%。平均利润率与上年持平，行业总体盈利能力趋于平稳。按应用领域分，民用塔主营业务收入约为62.9亿元，占比为44%；工业塔主营业务收入约为80.1亿元，占比为56%。按开、闭式类型分，开式冷却塔主营业务收入约为97.2亿元，占比为68%；闭式冷却塔主营业务收入约为45.8亿元，占比为32%。闭式冷却塔增长较快，增速超过两位数。这主要得益于我国机械加工行业的发展形势良好及国家在节水环保方面的政策支持。

2019年，尽管行业总体主营业务收入和利润均有所增长，但外资企业的主营业务收入却出现了不同程度的下降。其中，有的企业主营业务收入和利润同比下降达35.7%、38.7%。究其原因，一方面，上游机电设备、钢铁材料、化工材料等价格的上涨及工人工资水平的提高进一步拉升了项目投资成本，加之中美双边关系的紧张化，外资企业的市场受到了一定冲击。另一方面，伴随我国本土企业的快速崛起，外资企业在我国的市场受到不小影响。

二、市场及应用情况

2019年，江苏海鸥冷却塔股份有限公司（简称海鸥股份）在继续稳固和发展国内市场的同时，积极推进外延式的国际化扩张战略，大力拓展境外市场。2019年3月，旗下子公司海鸥冷却技术（亚太）有限公司（简称海鸥亚太）完成了在韩国的注册登记，营业范围涉及冷却塔及其部件的施工、设计、销售、安装、维修和保养等多项业务。2019年6月，海鸥亚太累计获得母公司4 000余万元的资金支持，用来拓展马来西亚市场。2019年9月，海鸥股份为印度尼西亚子公司海鸥冷却塔有限公司做履约担保，帮助其进一步巩固和发展印度尼西亚市场。

广州览讯科技开发有限公司积极顺应市场需求，近两年在轨道交通和通信领域收获颇丰，在全国地铁多条线路的冷却塔招标中获项目方青睐，为用户提供产品和技术服务。与中国移动、中国联通、广州电信、阿里巴巴、贵州茅台、长安汽车、北方重工等单位均有合作。

新菱空调（佛冈）有限公司基于先进的研发能力和非标产品的制造能力，与世界空调行业中许多著名的企业保持着紧密的战略合作关系，并参与了不少知名项目的冷却塔业务，如北京水立方、国家大剧院、上海港汇广场、广州大学城、广州新白云机场及深圳会展中心等。

威海克莱特菲尔风机股份有限公司作为冷却设备配件供应商，积极对标高端装备产业智能化制造，持续为客户提供长期稳定、安全可靠的产品和服务。公司先后获得国家第一批专精特新“小巨人”企业称号、山东省企业上云标杆企业称号，入选山东省高端装备制造业领军（培育）企业库，获威海市高效、低噪通风机工程实验室荣誉。公司在核电、军工领域不断探索的同时，不断开拓国际市场，与中国中车、通用电气、烟台冰轮、庞巴迪、阿尔斯通、斯必克、BAC、西门子、中国船舶及东方电气等知名企业开展密切合作。

三、科研开发情况

2019年，江苏海鸥冷却塔股份有限公司在新产品、新技术的研发方面主要围绕部件的标准化和研发绿色环保JXY型冷却塔进行。其中，部件的标准化是指对风筒、填料、收水器、喷头做统一规格型号和生产组装型式的处理，以期具备批量化生产能力。此外，风筒也由传统的手糊工艺优化为 SMC 模压成型工艺，在提升生产效率的同时，也解决了绿色环保的问题。当前，SMC 模压风筒已在具体项目上进行了小批量应用，优化后对于市场竞争力的提升效果显著。而绿色环保 JXY 型冷却塔的主要特点为消雾节水，该系列塔型已成功应用于国内外诸多项目中。

广州览讯科技开发有限公司加大自身能力建设，不断加快发展步伐，先后建立了节能节水降噪冷却系统工程实验室、冷却塔热力性能实验室、填料性能测试场等研发中心。

上海金日冷却设备有限公司投入资金建立冷却塔综合性能测试系统、冷却塔风机性能测试装置、冷却塔填料性能测试装置、冷却塔散水系统性能测试平台、冷却塔材料物理性能实验室，为冷却塔整体及核心零件性能测试、优化、验证提供了一系列实验验证平台，为不断推出新零件、新部件、新产品提供保障。公司每年将营业额的 4% 以上用于研发测试和新产品创新投入，与上海理工大学、扬州大学等高校建立联合研发中心，聘请上海交通大学教授以及冷却塔行业专家为指导顾问。通过理论指导、大量的实验与验证，公司新产品、新零件不断涌现，如 KFT 系列逆流低噪声冷却塔、HKD 系列横流开式冷却塔、高效逆流冷却塔填料、FRP 型节能低噪声风机、多种型式和规格的布水喷头、低阻力高效率 KD 收水器、横流吊挂型填料等，持续提升公司产品的科技含量。公司发明专利和实用新型专利快速增加，核心产品的保护力度不断增强。2019 年，公司获得发明专利 4 项、实用新型专利 5 项。

新菱空调（佛冈）有限公司坚持科技创新，研发的变流量冷却塔技术及冷却塔平衡系统可以实现冷却塔内部均匀布水的效果，即使冷却塔多台运行，依然可以改善近端水多、远端水少的不平衡现象。当前该技术已广泛应用在宾馆酒店、轨道交通等项目中。此外，公司研发的新型鼓风式逆流冷却塔既具备常规逆流冷却塔的高效换热特点，又兼具保护风机、减少空气热回流的优点。该产品涉及 4 项国家专利，相比于常规冷却塔，在技术和结构上均进行了突破性改革。该鼓风式逆流冷却塔可以根据系统的需要和场地要求，灵活选用单台结构形式、多台模块组合形式或多风机拼装组合形式，是冷却塔安装设计方面的一个突破。此外，公司还与清华大学强强合作，成立了研究生实践基地，实现了产学研的紧密结合。

2019 年，隆华科技集团（洛阳）股份有限公司持续进行关键性技术研究，针对冷却塔高效节能节水难题，自主研发了大型智能化复合型闭式循环水冷却系统。该系统创新点在于，可通过智能控制对传统空气冷却和蒸发冷却两种方式进行优势组合，形成 1+1 ＞ 2 的突破性效果，并且可根据实时工况自动切换最佳运行模式。在现场考察的测试数据中，产品的节水量突出，节能效果显著，各项运行指标均达到预期。该项目技术获得河南省科技厅的专项资助，当前已在河南、山西、甘肃、新疆、陕西等地的煤化工、能源企业开展示范应用。

大连斯频德环境设备有限公司研发的 KG 系列冷却塔是其重点推入市场、广受考验的节能节水产品。该冷却塔采用意大利 IVI 风机、自主研发填料、IOT 智能监测系统，保证性能的同时，噪声更低，耗电更少，飘水也减少到 0.005%。产品已成功应用于中国移动数据中心项目及中海油研发产业基地项目，节能、节水效果显著。

山东格瑞德集团有限公司（简称格瑞德集团）经过不断的发展，先后成为山东省高新技术企业、山东省企业技术中心、山东省地源热泵工程研究中心、山东省工业设计中心，并与中国机械科学研究总院、浙江大学、西安交通大学、清华大学、中央财经大学、哈尔滨工业大学、山东大学等高校和科研院所建立了长期稳定的产学研协作关系。基于强大的企业实力和科研能力，格瑞德集团近年来多次承担国家、省市级科技攻关项目，拥有专利技术成果250多项。在构建数字化客户协同平台、数字化供应协同平台、数字化内部运营平台、数字化设计开发平台和数字化决策支持平台的同时，逐渐形成了格瑞德集团特色的信息化系统。

南方泵业股份有限公司推出CHM煤改电专用泵以及CDL升级版CDM产品，根据产品应用领域的需求以及产品性能的提升，对新产品进行了改良。

四、标准化情况

近年来，冷却设备分会不断加强行业标准化的工作力度，积极参与制定国家标准，积极组织制定团体标准，发挥了重要的规范、引领和保障作用。

截至2019年年底，冷却设备分会组织会员单位完成了团体标准《蒸发式冷凝器》的制定工作和团体标准《消雾节水机械通风冷却塔》的初稿编写工作，并对GB/T 7190系列标准进行了宣传贯彻。

1. 标准制修订

（1）完成了团体标准《蒸发式冷凝器》的制定工作，并通过了中国通用机械工业协会标准化管理委员会的审查。该标准于2019年11月1日发布实施，为今后蒸发式冷凝器的产品设计、生产、检验、管理等提供了参考依据。

（2）完成了团体标准《消雾节水机械通风冷却塔》初稿编写工作。2019年5月8日，在苏州召开了第一次工作会，讨论制定标准的可行性及方向，形成了标准编写大纲并对后续工作进行了分工，确定了编写进度。截至2019年年底，该标准初稿编写完成，并已发放至各参编单位审阅。

2. 标准宣传贯彻

2019年9月19日，在重庆举办了GB/T 7190系列国家标准的宣传贯彻会议，邀请标准的主要起草人，对新版标准进行详细的解读，就涉及的相关技术、应用进行交流研讨。

五、冷却塔性能评价情况

性能评价工作的初衷在于规范行业秩序、推动行业健康有序发展。从2016年第一批企业参与性能评价，到2019年，性能评价工作进展比较顺利。2019年新增两家申请冷却塔性能评价（CCTI）的企业。当前共有13家企业的18个系列产品通过了CCTI认证。

2019年，共有6家会员企业申请开展性能评价工作，其中，5家会员企业的6个系列产品通过了测试，获得了性能评价确认函；1家单位未测试。通过测试的企业和产品系列分别是：上海金日冷却设备有限公司的KFT逆流钣金系列冷却塔和HKD方型横流系列冷却塔，浙江海冷冷却科技有限公司的SF方型横流系列冷却塔，浙江金菱制冷工程有限公司的JNT方型横流系列冷却塔，广东飞扬实业集团有限公司的RT-L方型横流系列冷却塔，东莞市菱活实业投资有限公司的LHR方型横流系列冷却塔。已通过测试的企业及产品在分会官网和会刊上公布。已申请性能评价但未开展测试的企业为重庆秀臣暖通设备有限公司和四川中乙制冷设备有限公司。

六、行业人才培养和职称评定情况

1. 专业技术培训

为推动冷却设备行业从业人员专业基础和技术水平的提升，冷却设备分会于2019年7月20—27日在上海理工大学举办了第四期全国冷却设备专业技术培训班。来自全国冷却设备企业的工程技术人员、管理人员和销售人员共计50人参加了本次培训。

本期培训在课程设置上有所创新，将基础理论与实际应用结合，开设了“冷却设备概论”“冷却设备的传热传质学基础”“冷却设备的工程热力学基础”“工程流体力学”“泵与风机类流体机械”“冷却设备的热工测试技术”“数值模拟在冷却设备中的应用”“空冷式换热器”“闭式塔 / 蒸发式冷凝器”“消雾冷却塔、间接蒸发空冷及干湿复合塔”“循环冷却水系统的水处理”和“空气源水环热泵换热塔”12 个专题，邀请了上海理工大学的教授、讲师，中国水利水电科学研究院、华中科技大学、上海醒世节能科技有限公司和烟台蓝德空调工业有限责任公司的业内专家给学员授课。

2. 行业人才职称评定

根据国务院《关于深化职称制度改革的意见》，人力资源和社会保障部、工业和信息化部《关于深化工程技术人才职称制度改革的指导意见》等文件的有关精神，冷却设备分会制定了《冷却设备行业工程技术人才专业技术职务任职资格评价办法（试行）》（简称《办法》），旨在弥补冷却设备行业现有工程技术人才职称评价服务的不足，客观、公正、科学地评价工程技术人员专业基础研究和解决实际问题的能力，激发工程技术人员创新、创造、创效的活力，培养造就高素质、创新型的工程技术人才队伍。

当前，该《办法》经冷却设备分会二届四次理事会讨论后通过，后续工作须待中国通用机械工业协会完成相关备案后方可进一步实施。

七、行业发展形势和任务

1. 行业发展形势

总体来看，冷却设备行业的发展形势正稳步从资源资本要素投入向技术创新型转变，传统生产方式也加速向先进制造模式和循环经济的制造模式过渡。行业总体盈利能力不断提高，经济增速逐渐放缓，呈现稳步、创新、提质、增效的发展态势。行业企业紧紧依托国家政策及协会规划的发展战略，不断拓展国际市场，积极推进技术发展和科技进步，加大产品研发投入，在新产品开发、高端制造、标准专利等方面都取得了重大进步。随着供给侧改革的不断推进和我国工业总体技术水平的不断提升，以及国内研究机构和冷却塔生产企业研发力量的不断增强，我国冷却设备与国际先进水平的差距会越来越小，但行业发展同样面临着一些问题。

（1）行业创新能力仍偏弱，缺乏研发平台和共性技术研究。主要体现在：很多中小企业在进行产品研发时，基本上是采用边接订单、边设计、边生产的模式，满足于应付用户某一方面的需求，缺乏对产品技术发展的全面审视，在某种程度上造成了研发设计的被动性、局限性和工艺的不成熟。同时，相关冷却设备研究平台和试验台的建设是企业的短板。大多数企业没有能力、没有资金投资建设产品的各种性能试验台，如填料热力阻力性能试验台、风机性能试验台和各种主要零部件的试验台等。

（2）产品技术与国际先进水平存在差距。当前，行业中虽然形成了一批骨干企业，但放眼国际，与先进水平还存在一定的差距。在众多的生产企业中，无论产品的技术水平、制造能力，还是企业规模，同国际知名品牌相比仍有一定的差距。例如：在塔体结构优化方面，与国际相比，不少企业设计的塔身存在空气流场分布不均的问题，产生的无用风阻较大，性能不佳；在淋水填料方面，许多企业是通过价格优势来争抢国外产品的市场份额，没有形成自己的品牌，产品性能也大打折扣；在喷头方面，企业自身的研发技术落后，多仿照国外类似型号的产品进行加工复制。整个行业更是缺少一些能够打入欧美市场的具有国际知名度的大品牌。

（3）重点领域技术产业链尚不成熟。随着国家对资源节约型、环境友好型社会建设的大力推进，消雾、降噪、节能、节水等领域逐渐成为行业内企业的重点研究内容。但国内对于相应的技术研究尚处于初级阶段，相应的产品研发设计以模仿为主，多数企业仍处在自我研发、自我优化的试验阶段，行业内未形成大规模较为成熟、稳定的技术产业链。未来仍需对该领域投入研发力量和技术支持。

（4）恶性竞争仍普遍存在。行业内产品同质化竞争激烈，许多企业为了抢夺市场，不顾成本和质量，微利甚至无利也承接订单，“让利不让市”造成产品价格低，产品质量良莠不齐，真正的品牌优势无法形成。另外，拖欠货款情况严重，原本微利的买卖，货款被拖欠后，企业的资金被占用，盈利更无从谈起。这种矛盾时刻制约着行业发展。

（5）人才匮乏。高等院校中没有设置专门的冷却设备课程，且该行业涉及交叉学科多，造成了人才培养困难，制造企业不能招聘到受过专业教育培训的技术人员，只能招聘相关专业的人员。大多数企业是从仿制国外产品起步，缺乏相关技术资料和设计经验，难以培养出业务熟练、技术精湛的人才，进一步导致了行业创新能力薄弱，无法满足市场对新技术、新产品的需求。

2.行业发展任务

冷却设备行业要以国家产业政策为导向，瞄准国际国内两个市场，围绕国家节能、绿色、智能、环保政策，加大技术创新力度，加快创新平台建设，实施设备、产品“走出去”战略，促进行业企业更具国际竞争力与品牌影响力。重点体现在以下几个方面：

（1）普及行业共性技术研究，加强创新能力建设。鼓励现有高校、院所、企业的科研平台积极开展共性研究，帮助企业进行产品诊断，为企业产品提供技术服务；鼓励企业加快产品试验、检测等基础技术和研发平台建设，为产品开发、性能测试等提供基础保障。建议政府相关部门在政策和资金上给予支持。

（2）完善产业链水平，帮助市场延伸拓展。鼓励冷却设备生产加工企业相对集中的浙江、江苏、上海、山东等地区筹建产业技术联盟或产学研联盟，争取依托当地政府的支持形成技术研发中心、人才培育中心、产品试验与检测中心，逐步形成区域市场竞争优势。并积极探索国际市场动态和新型技术发展，形成具有国际竞争力和品牌影响力的冷却设备产业“舰队”。

（3）加快产业结构调整，提高行业整体竞争力。鼓励有条件的企业通过改制、改组，分离从事零部件、配件和中间材料的生产单位，使之成为既为母体企业服务也面向国内外市场、独立核算的专业化企业。从而形成一批专、精、优的专业化企业和“小巨人”企业，激发中小企业的发展活力。

（4）促进绿色制造、智能制造、服务型制造更好更快地发展。帮助企业更好地推进大数据、互联网、人工智能与生产制造的深度融合，助推其贯穿产品设计、研发、制造、服务等全生命周期的各个环节及相应系统的优化集成。从而实现绿色、优质、高效、稳定的生产模式和产品品质。

（5）加强人才培养。与高校、科研院所等联合举办针对从事冷却设备设计、制造、测试、选型、技术支持等工作的工程技术人才和从事节水、节能方面的工程技术人才的培训班；开展行业工程技术人才专业技术职务任职资格的评价工作，为行业内工程技术人才提供学习交流的平台、渠道，并给予认可。

〔撰稿人：中国通用机械工业协会冷却设备分会张文玲、马麟　审稿人：中国通用机械工业协会冷却设备分会尹证〕

物

2019年度中国通用机械行业科技进步贡献奖获奖人员介绍

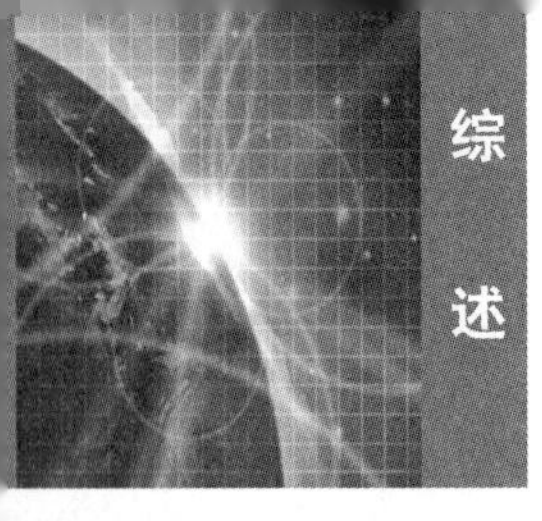

人物

2019年度“中国通用机械行业科技进步贡献奖”获奖名单

“科技创新突出贡献奖”名单

序号	姓名	性别	职务／职称	所属单位
1	谭佳健	男	高级工程师	沈阳鼓风机集团股份有限公司
2	钱吉庆	男	高级工程师	杭州杭氧股份有限公司
3	刘　平	男	研究员级高级工程师	中核苏阀科技实业股份有限公司
4	陈　林	男	高级工程师	江苏神通阀门股份有限公司
5	芦洪钟	男	高级工程师	上海凯泉泵业（集团）有限公司
6	缪小军	男	工程师	南通大通宝富风机有限公司
7	赵伟达	男	高级工程师	四川空分设备（集团）有限责任公司
8	吴宝贞	男	工程师	德州科瑞特风机有限公司
9	王咏梅	女	正高级工程师	陕西鼓风机（集团）有限公司
10	胡松柏	男	高级工程师	哈电集团哈尔滨电站阀门有限公司
11	乐精华	男	高级工程师	兰州高压阀门有限公司
12	肖　强	男	高级工程师	中国石油集团济柴动力有限公司成都压缩机分公司
13	李子亮	男	协理	上海汉钟精机股份有限公司
14	翟淑东	男	工程师	山东华成中德传动设备有限公司
15	张　靖	男	正高级工程师	浙江双环传动机械股份有限公司
16	邵继荣	女	工程师	淄博水环真空泵厂有限公司
17	祝海生	男	工程师	湘潭宏大真空技术股份有限公司
18	胡九如	男	工程师	江苏海鸥冷却塔股份有限公司
19	易亚军	男	高级工程师	广东肯富来泵业股份有限公司
20	查文龙	男	高级工程师	常州一步干燥设备有限公司

“能工巧匠突出贡献奖”名单

序号	姓名	性别	职务／职称	所属单位
1	孙文浩	男	高级技师	沈阳鼓风机集团股份有限公司
2	虞杭永	男	高级技师	杭州杭氧股份有限公司
3	荆　鹏	男	技师	大连大高阀门股份有限公司
4	周　胡	男	技师	重庆水泵厂有限责任公司
5	张　俊	男	高级技师	上海良工阀门厂有限公司
6	刘　军	男	高级技师	陕西鼓风机（集团）有限公司
7	邓志刚	男	高级技工	中国石油集团济柴动力有限公司成都压缩机分公司
8	徐红伟	男	高级技工	山东华成集团有限公司
9	陈智勇	男	高级技师	北京中科科仪股份有限公司
10	李新洲	男	高级技师	大禹电气科技股份有限公司

人 物 介 绍

“科技创新突出贡献奖”人物介绍

谭佳健

谭佳健，1983 年出生，2012 年 6 月毕业于西安交通大学，获动力工程及工程热物理博士学位。毕业后加入沈阳鼓风机集团股份有限公司，一直从事透平机械气动领域的研究开发工作，主要负责离心压缩机模型级开发及固定元件优化、风洞用轴流压缩机、轴流透平及向心透平气动设计等方面的工作。

谭佳健参与并主持了多项重大透平机械装备及新产品开发项目，为我国透平机械行业技术的提升以及产品应用的发展做出了贡献。曾获得沈阳市讲比科技标兵、沈阳市高层次人才拔尖人才称号，入选辽宁省“兴辽英才计划”项目高水平创新创业团队，获得辽宁省自然科学学术成果二等奖以及沈阳市自然科学学术成果一等奖；入选辽宁省“百千万人才工程”千人层次人选；获得首届中国创新方法大赛全国总决赛一等奖。自参加工作以来，承担或参与了国家和省市重大科技计划 10 项，主持企业科技攻关项目 20 余项。近年来，公开发表论文 19 篇，其中 SCI 收录 2 篇，取得授权发明专利 1 项、实用新型专利 3 项，申报发明专利 7 项，编制、校审企业设计规范 22 项。

谭佳健作为课题骨干，参与国家重点研发计划项目“面向 E 级计算机的大型流体机械并行计算软件系统及示范”中的子课题“大型流体机械并行软件的应用示范”，负责 10 级压缩机高精度数值模拟与软件性能的验证工作；参与工业和信息化部海洋工程装备项目“天然气液化用大型混合冷剂压缩机研制”，负责混合冷剂压缩机短跨距、高效率、高强度、高可靠性专用模型级开发以及压缩机定子通流部件气动优化；参与辽宁省工业重大专项“140 万 t/a 乙烯装置用压缩机组研制”，负责压缩机专有模型级开发、定子结构流场优化等；主持沈阳市“中青年科技创新人才支持计划”项目“高雷诺数风洞用轴流压缩机缩尺模型样机研制”，为企业成功开发大型连续式跨声速高雷诺数风洞用压缩机奠定了基础，也为国家航空基础实验能力建设做出了贡献。

谭佳健主持的企业科技攻关项目有 20 余项，其中单轴 CO_2 压缩机大轮毂比超小流量模型级开发、高压比组装式 CO_2 压缩机模型级开发、离心压缩机径向吸气室设计方法研究与设计规范等科研成果应用于煤化工、空分等领域，为企业累计创造经济效益几千万元；NZ 系列模型级扩稳研究成果广泛应用到大型乙烯装置压缩机组中，技术指标达到国际先进水平，使企业牢牢占领了乙烯市场，为企业带来销售收入数亿元；MCO 压缩机模型级开发项目成功应用于企业新一代空分压缩机组中，技术指标达到国际领先水平。

钱吉庆

钱吉庆于2003年毕业于浙江大学热能与动力工程专业，2005年进入杭州杭氧股份有限公司设计研究院，从事空分装置的工艺和设备设计研发工作。曾获中国机械工业科学技术奖特等奖等奖项；参与编写空分设备国家标准多项，主持编写中石化检修维护规程的空分设备卷册；获得企业技术专家称号。

钱吉庆作为项目工程师，带领研发团队在特大型空气分离设备关键技术开发及产业化课题中有重大突破。特大型空气分离设备是为大型化工、冶金项目提供工业气体的前端关键重大装备，国内广大用户对特大型空分设备需求旺盛，但在世界上仅有少数几套特大型空分设备在运行，且被国际巨头垄断。杭州杭氧股份有限公司在国家重点项目的支持下，经过10年的科技攻关，成功研制开发了特大型空气分离设备。其中，“101 500m^3/h（氧）空气分离设备应用”项目经中国机械工业联合会鉴定，总体技术达到国际领先水平。作为该项目的工艺和装置布置主设计师，钱吉庆主要负责确认、审定项目的工艺流程和总图布置；负责对各机组及各系统性参数的确定、总体集成，提出各部机和系统之间的工艺联系和控制要求，解决各设备、各机组耦合带来的流路阻力高、运行能耗高等问题；负责冷箱总体布置，解决受限空间下的冷箱构造技术难题，使冷箱内部结构更趋科学、合理，解决深低温高压差的极端工况下管道、管口应力过大等问题；负责空分装置总布置，编制空分装置区排放物分布评价，解决单套空分装置、多套空分装置之间总图布置中的安全问题。该项目的成功应用，实现了我国空分设备水平的大飞跃，极大地推动了我国特大型空分设备的国产化进程。

刘平

刘平，1977年出生，研究员级高级工程师，毕业于昆明理工大学机械工程及自动化专业，现任中核苏阀科技实业股份有限公司技术研发二部经理。任职期间，承担了一批重点科研攻关项目和技术进步项目。通过刻苦钻研，带头解决了一个个技术难题，所研发的产品各项技术、性能指标均达到国外同类产品先进水平，填补了国内空白，多次获省部级科技奖励，拥有多项专利。

刘平近年来主持或参与的重大科研项目包括国防科工局的核电站关键阀门设计及制造技术研究开发项目，江苏省成果转化项目，苏州市百万千瓦级核电关键阀门研发项目，中国原子能院的行波堆钠阀研制、钠阀标准库（大口径钠阀）项目，中核集团的龙腾2020项目，上海核工程研究设计院的CAP1400 ADS阀门研制、CAP1400低压差止回阀研制，以及国家能源局的高温气冷堆氦气隔离阀研制、轴流式止回阀研制、燃料通道闸阀研制等重大专项项目。

刘平参与了40余个核电机组的建设，具体包括：秦山二期扩建、方家山、福清、海南昌江、红沿河、宁德、阳江、田湾及巴基斯坦C2/C3/C4等项目的二代加核电机组；福清、田湾、巴基斯坦卡拉奇K1/K2项目、三门、海阳、漳州、太平岭等项目的三代核电机组；霞浦快堆、中科院熔盐堆等项目的四代核电机组。

陈林

陈林，高级工程师，博士研究生，2013 年自东南大学毕业后进入江苏神通阀门股份有限公司，现任江苏神通阀门股份有限公司副总裁兼技术中心副主任、江苏省核电阀门重点实验室主任、江苏东源阀门检测技术有限公司总经理。

自 2013 年进入公司以来，陈林积极推动公司技术创新工作，紧紧围绕公司的市场定位，克服了重重困难，带领研发团队分工协作，完成了一系列产品的研发工作。

由陈林主导研发的“苛刻工况耐冲蚀偏心旋转阀”于 2014 年通过江苏省经信委和南通科技局组织的新产品、科技成果鉴定。该产品于 2015 年被认定为“江苏省高新技术产品”，并获得启东市科技进步奖二等奖，2017 年获得南通市科技进步奖二等奖。

2016 年，陈林带领团队主导实施的江苏省赶超工程项目“非能动型核电站用气动蝶阀”成功通过了江苏省经信委组织的新产品、新技术鉴定和江苏省工信厅组织的项目验收。该产品的成功研制打破了该类产品均由国外引进的现状，对我国阀门行业结构调整和产品更新换代都有着十分重要的现实意义。此外，紧急切断阀、微扭矩球阀等产品均通过江苏省工信厅组织的新产品鉴定。该类产品的综合技术指标达到国际同类产品先进水平，对打破国外技术封锁、替代进口，推动国家在煤炭能源清洁利用上的发展，具有重要的社会意义。

作为公司技术带头人，陈林不断提高自身专业技术水平，取得了丰硕的成果。近年来，陈林先后在国内外权威期刊上发表论文 12 篇（SCI 收录 1 篇、EI 收录 4 篇），获得授权专利 24 项（发明专利 10 项）、软件著作权 4 件，曾获得江苏省科技进步奖三等奖 1 项、南通市科技进步奖二等奖 1 项、启东市科技进步奖一等奖 1 项、启东市科技进步奖二等奖 1 项。

陈林于 2014 年入选江苏省“双创人才”，2017 年入选南通市第五期“226 工程”培养对象、启东市“312 计划”培养对象，2018 年入选江苏省第五期“333 工程”培养对象。

芦洪钟

芦洪钟，2003 年毕业于中国农业大学热能与动力工程专业，高级工程师。毕业后加入上海凯泉泵业（集团）有限公司，始终从事泵及泵系统研发与水力研究技术工作。2003—2008 年，主要从事长轴泵、AY 油泵、电厂脱硫泵、煤制油高分物料泵、煤浆循环泵、耐蚀化工泵、高压化工泵等新产品的研发。2008 年开始，主要从事核电泵等重大产品研发、水力研发和重大产品技术营销等工作。2015 年担任核电事业部副总工程师，2019 年担任集团技术中心主任、技术总监，负责集团技术研发及技术管理。当前，完成 28 种泵新品研发、120 余项水力设计攻关，获得国家专利 12 项，其中发明专利 3 项。在各类期刊上发表论文 6 篇。

芦洪钟主要承担及参与的项目有：常规岛循环泵水力模型攻关及净凝结水泵、强制循环泵、热网循环泵的设计研制；国家重大专项子课题三代核电 AP1000/CAP1400 机组 CVS 补水泵研制，通过国家能源局鉴定及工程应用；中核“华龙一号”核二级中压安注泵研制，通过国家能源局鉴定及工程应用；中广核“华龙一号”核二级中压安注泵研制，通过中国机械工业联合会鉴定及工程应用；常规岛给水泵的水力性能攻关和总体结构设计；田湾与徐大堡核电站核二级泵相关技术及技术管理。

缪小军

缪小军，2008 年毕业于河海大学热能与动力工程专业，本科学历，工程师。2008—2016 年，任职于金通灵科技集团。2017 年至今，任职于南通大通宝富风机有限公司，是公司高级合伙人。现任技术中心压缩机研究所所长，全面负责压缩机研究所的日常管理工作。

缪小军主要承担或参与的项目情况：2010 年，研发金通灵科技集团首台（套）H280 中心距单斜齿高速齿轮箱，全面拉开公司高速齿轮箱的设计、生产、制造序幕。2012 年，作为公司承担的国家“十二五”水专项“污水处理曝气系统低碳运行关键设备开发与产业化”课题组成员，负责产品结构设计与现场调试工作。该课题于 2018 年顺利通过国家专家组验收。2013 年，主持宝钢焦炉煤气鼓风机国产化重大项目设计，主持该项目鼓风机的现场调试工作，顺利通过宝钢项目专家组验收。2014 年，主持调试亚洲最大零排放项目双吸双支撑 MVR 蒸汽压缩机。该产品已在项目现场稳定运行 6 年。2015 年，主持设计 147t/h 单吸双支撑 MVR 蒸汽压缩机。2017 年，主持研发高效节能双导叶调节单级离心高速鼓风机，广泛应用于城市污水曝气系统。该产品获得南通市首台（套）认定。2017 年，主持国内首套电厂脱硫废水零排放低温升蒸汽压缩机研发工作。该产品已顺利运行至今。2018 年，主持研发的 DM 型 MVR 蒸汽压缩机获得中国机械工业科学技术奖二等奖。该产品获得南通市首台（套）认定。2018 年，主持新产品磁悬浮蒸汽压缩机的研发工作。该产品是国内首台（套）产品。2019 年，DM1000 蒸汽压缩机获得江苏省首台（套）认定。2008 年至今，获得授权发明专利、实用新型专利共 11 项。

赵伟达

赵伟达，1979 年出生，高级工程师。2003 年从西安交通大学毕业后，进入四川空分设备（集团）有限责任公司工作，主要从事空分装置工艺流程设计。现担任空分工艺技术副总监、空分工艺流程室主任。

赵伟达先后负责了公司多套重要特大型空分产品的工艺流程研发设计。他合理组织工艺流程和配置设备，为用户节约投资，降低能耗。其主持设计的新疆庆华空分装置提取率和能耗均达到国际先进水平，荣获四川空分设备（集团）科技大会一等奖。

赵伟达在工艺流程设计中，将深冷分离技术应用于多组分煤化工合成气深冷分离工艺中，为煤化工合成气综合利用研究开发了甲烷深冷分离工艺技术。利用该技术提取的合成气中的甲烷可作为清洁能源；降低了后续合成气压缩功耗和驰放气排放，达到环保和节能减排的目的。赵伟达研究开发的云南先锋甲烷深冷分离装置为国内首套拥有自主知识产权的甲烷深冷分离装置，实现了甲烷深冷分离装置的首套国产化工业应用，“从煤制甲醇合成气中回收 LNG 技术”项目荣获四川空分集团科技大会一等奖。

赵伟达先后获得四川空分设备（集团）“劳动模范”“川空工匠”和简阳市“优秀青年岗位能手”等荣誉称号，并被西安交通大学聘为“创新创业学术导师”。

吴宝贞

吴宝贞，1963 年出生，大专学历，暖通空调工程师、一级建造师、监理工程师、咨询（投资）工程师，被评为武城县第二届（专业技术类）贝州英才、德州首届杰出贡献工程师，2019 年被武城县总工会授予“武城县劳动奖章”。1988 年 7 月—2000 年 6 月，任武城旅行车厂技术科科长，从事机械设计与技术管理工作；2000 年 7 月—2012 年 12 月，任山东中南集团有限公司项目部主任，从事中央空调产品的设计与新产品开发工作；2013 年 1 月—2015 年 5 月，任山东宏烨环境科技有限公司技术部经理，从事暖通空调产品与风机产品的研发工作；2015 年 6 月至今，任科瑞特空调集团有限公司技术部经理，主要从事节能风机与节能电机的开发工作。

多年来，吴宝贞以科技进步与产品创新为己任，紧紧围绕节能节材、提高工艺水平与生产效率，开发新产品，提高企业的竞争实力。

近年来共取得实用新型专利 5 项，分别是“玻璃钢制品合模快装定位销”（专利号 ZL200920029209.5）、“装配式玻璃钢百叶窗”（专利号 ZL200920029210.8）、“复合式工业除尘装置”（专利号 ZL200920029206.1）、“太阳能工业加湿装置”（专利号 ZL201020615913.1）、“组合式户外休闲座椅”（专利号 ZL201020615914.6）。2010 年 7 月—2011 年 8 月，作为第二完成人参与的“年产 50 万 m^2 保温装饰一体化外墙外保温系统建设”项目荣获山东省中小企业科学技术进步奖三等奖。2014 年，主持编制了山东宏烨环境科技有限公司企业标准 Q/HY001—2014《防爆屋顶风机》。2017 年，主持“高效静音轴流风机”开发项目。该产品于 2018 年完成批量试制、国家检测与用户验证，2019 年投入批量生产。2018 年主持与参与的研发课题有两项，2019 年 5 月 14 日取得实用新型专利，分别是“新型防火阀门”（专利号 ZL201821676182.4）、“空调机组箱板保温外壳结构”（专利号 ZL201821676183.9）。2019 年，参与了两项课题的研发，2020 年取得实用新型专利，分别是“新型风机盘管结构”（专利号 ZL201920917137.1）、“新型磁悬浮减震风机”（专利号 ZL201920917136.7）。

王咏梅

王咏梅于 1991 年毕业于陕西机械学院，同年入职陕西鼓风机（集团）有限公司，从事技术研发工作。曾被评为陕西省“十一五”产学研联合开发先进工作者，被聘为全国化工硝酸硝酸盐工

作委员会专家委员。2012 年，在职完成西安交通大学管理学院项目管理专业的学习，取得硕士学位。2018 年，取得正高级工程师任职资格。

“认认真真做事，开开心心做人”是王咏梅的生活格言。成长在陕鼓、工作在陕鼓，也热爱着陕鼓，迎难而上、勇于创新、敢于奉献是她的信念、责任与担当。

王咏梅致力于冶金、化工、石油化工领域分布式能源互联技术的研究与开发，跟踪掌握国内外新技术、新工艺及本行业最新发展趋势，钻研各种工艺流程，开发出了具有世界先进水平的节能环保产品。

王咏梅不断积累并借鉴国内外先进技术，先后改进了 AII 类、SJ 类、D 系列、E 系列等多种规格型号的主机产品结构，优化产品性能，降低制造成本；研究流程工业能量回收机组与工艺流程的系统匹配，始终把高效、节能、环保贯彻在系统方案设计中。

“没事看看 API”是王咏梅对徒弟们经常讲的话，也是她自己一直以来坚持的原则，标准、规范的严格执行为她从事产品设计零失误保驾护航。

王咏梅参与了硝酸领域能量回收四合一机组的国产化、系列化、大型化研究。四合一机组的国产化研发，打破了硝酸装置核心设备依靠进口的历史，第一套机组投运，达到国际先进水平。其中，硝酸生产反应余热余压利用技术入选国家重点节能目录。

王咏梅先后编写了设计指南、选型规范、设计流程及设计规范等，主持硝酸四合一机组系列化、规范化、通用化工作，并将工作成果固化为设计规范，指导设计工作。她在做好技术工作的同时，带领团队积极开展科技攻关，主持 2 项省部级科技创新项目、8 项集团科技创新项目，获得 1 项省级科学技术奖、2 项行业科技进步奖，取得了 10 项国家发明专利。

胡松柏

胡松柏自 2005 年从哈尔滨工业大学机械设计及其自动化专业毕业后，一直在哈电集团哈尔滨电站阀门有限公司从事产品研发工作，担任过技术部研发组组长、设计研发部业务主管、设计研发部部长助理、设计研发部副部长、研发部部长等职务，现任哈电集团哈尔滨电站阀门有限公司研发试验中心主任。多年来，一直从事火电、核电、石化、新能源与军工阀门的研发、试验工作。

近年来，胡松柏组织完成科研项目近 20 项，其中省部级项目 2 项、哈尔滨市科技项目 6 项，获得国家专利 7 项。主要获奖情况：2016 年获得中国机械工业科学技术奖三等奖，2016 年获得哈尔滨市科学技术奖一等奖，2018 年获得中国机械工业科学技术奖二等奖，2019 年获得黑龙江省机械工业科学技术奖一等奖。

近年来，胡松柏参与了国家能源局“超（超）临界火电机组关键阀门国产化”项目，完成了超（超）临界二、三类阀门的研发与试验工作，并通过了国家能源局组织的鉴定，填补了国内超（超）临界阀门产品的空白。产品已成功应用于华能长兴、华电句容、大唐三门峡、大唐蔚县、新疆昌吉等超（超）临界火电厂。在此基础上，完成了国家能源局课题“超（超）临界火电机组关键阀门国产化技术研究及应用示范”项目的研发工作，组织开展关键阀门的分析与试验、安全阀的基础技术研究等工作。此外，胡松柏组织开展了超（超）临界二次再热机组关键阀门的研制、630℃超（超）临界火电机组关键阀门的研制，为超（超）临界火电阀门的国产化做出了突出贡献。

在核电产品研发方面，胡松柏带领团队完成了压水堆核电站常规岛闸阀、截止阀、止回阀和安全阀等产品开发，并将这些产品应用于红沿河、宁德、防城港、岭澳等核电站。胡松柏参与了国家大型压水堆核电站重大专项子课题——CAP1400 核电机组主蒸汽安全阀及主给水止回阀的研制，主持开展了安全阀和止回阀关键技术研究与基础理论研究工作，建立了阀门三维立体研发与仿真分析平台，创新了产品研发手段，助力产品性能的提升。此外，胡松柏作为项目核心成员，完成了核电机组汽水分离再热器（MSR）先导式安全阀的研制，组织开展了关键技术研究，并通过了中国机械工业联合会组织的产品鉴定，推动了核电机组阀门国产化工作。

乐精华

乐精华，1942 年出生，1967 年毕业于华中科技大学机械二系铸造工艺及设备专业，1979 年加入中国共产党，全国机械工业劳动模范、全国机械工业科技专家。

1967 年，乐精华从武汉华中科技大学毕业后，在兰州高压阀门有限公司（原兰州高压阀门厂）工作至今。到兰州高压阀门厂工作时，参与工厂铸钢车间的筹建，1969 年 9 月参与了兰州高压阀门厂铸钢车间的投产。1970 年，着手不锈钢阀门的铸造工艺研究。在兰州高压阀门厂铸钢车间历任技术组副组长、技术组长、车间技术主任、铸冶科代科长，担任铸钢车间主任兼技术主任 8 年。1985 年，赴美国考察。1987 年，与工厂的其他人员共同建成了我国阀门行业第一条呋喃树脂砂生产线。1990 年，任工厂副总工程师兼设计科长、总工办主任，主抓新产品开发等工作。1996 年至今，任公司总工程师、管理者代表。

乐精华主要从事高中压阀门、高低温阀门、耐蚀阀门的铸造工艺及工装的设计，造型材料的研究，铸造碳素钢、铬钼合金钢、不锈钢耐蚀钢、耐热高温铸钢及合金、低温铸钢、铸造镍基合金等材料的铸造和研究。他作为第一起草人，编写了多项国家标准和行业标准。他主持研发的特殊阀门产品填补了国内空白，助力我国能源装备及国防军工阀门国产化。

乐精华提出了阀门各种主体材料的应用温度，为兰州高压阀门有限公司“高温及超高温、高压及超高压、高合金、低温及超低温、大口径”的“三高三超一低一大”的特色产品提供了可靠的技术支持，推动公司的科技创新发展。他研发的特殊阀门产品为我国载人航天、西气东输、川气东送及航天发动机试验等国家重大项目建设做出了突出贡献。50 多年来，他专注于阀门铸造材料研究，为我国阀门行业材料研究做出了卓越贡献。

肖强

肖强，1986 年出生，高级工程师，2008 年从西安交通大学热能与动力工程专业毕业后，一直致力于油气田高速大功率往复活塞式压缩机的研发设计工作，主导研制了我国首台 6 000kW 地下储气库注气压缩机组和我国首台高速往复式页岩气 DTY280 增压采气机组。现任中国石油集团济

柴动力有限公司成都压缩机分公司研究所副所长、设计师，兼任中国通用机械工业协会压缩机分会标准化工作委员会委员，是全国储气库专业标准化技术委员会审查专家、中国石油企业协会专家智库专家、中国石油页岩气地面建设标准化技术规定审查专家、国家重点工程雷61储气库注气压缩机项目经理。肖强在高速往复压缩机设计岗位上、在大型储气库注气压缩机等新产品的研发过程中，具有开拓创新精神，取得了显著成绩。

大学毕业后，肖强并未直接从事压缩机设计工作，而是从最基层做起，负责塔里木油田各类大型天然气压缩机组等动设备的安装调试、维保和修理工作。这使他有了大量接触进口高速往复压缩机的机会，积累了丰富的现场经验。2011年11月，他调至公司研究所，先后完成了20余项各类大型高速往复压缩机的设计工作。成都压缩机公司经常会遇到急难险重的任务，如DTY280压缩机为页岩气压缩机新产品，且需要3个月交货。肖强勇于担当、敢于创新，攻克页岩气压缩机高转速、宽工况、高效降噪等难题，仅用1个月完成了机组所有图样，为公司生产争取了时间。页岩气压缩机经标准化量产后，已推广应用30余台，有力地推动了我国页岩气勘探开发。

肖强主持参与了中国石油天然气集团有限公司储气库重大现场试验项目1项、重大科技专项1项，其中“枯竭油气藏型储气库固井技术与压缩机组现场试验”重大现场试验项目攻克了大型地下储气库“三高一大”（高转速、高温、高压、大功率）和复杂工况逻辑控制难题，为我国再添国之重器——6 000kW地下储气库注气压缩机组，成本降低30%，周期缩短50%。该机组的成功研制，实现了大型注气压缩机国产化，填补了国内空白，打破了国外垄断，使我国成为继美国之后第二个能够自主设计制造大型注气压缩机的国家，推动了我国大型油气高端装备制造业快速发展，对国家天然气调峰及能源储备安全具有战略意义。大型地下储气库注气压缩机荣获“改革开放40周年机械工业杰出产品”称号和2019年度中国好设计银奖，同时入选2019年度“中国石油十大科技进展”。

肖强获得中国石油天然气集团公司科技成果转化创效奖励、全国石油石化企业科技创新成果一等奖、中国石油济柴动力2019年度优秀员工等多项荣誉。

李子亮

李子亮，现任上海汉钟精机股份有限公司空压机体产品部协理，曾任台湾复盛股份有限公司生产技术课课长、台湾汉钟精机股份有限公司生产部经理。2004年至今，一直在上海汉钟精机股份有限公司从事产品研发工作，担任技术部经理、营业部经理、总经理室协理、空压机体事业部协理。2012年至今，担任日立机械制造（上海）有限公司副总。多年来，一直从事空气压缩机产品的生产、研发及营业工作。

近年来，李子亮主导完成近10个系列空气压缩机产品的开发。其中，AA-R空压机主机系列成功应用于红五环、康普斯等矿用移动式压缩机上，两级压缩机主机系列达到超国家一级能效标准，无油式压缩机主机为无油式产品奠定了基础。李子亮获得专利14项，发表论文2篇。

在工业余热回收、节能减排以及绿色环保等领域，李子亮带领团队与西安交通大学合作完成了水蒸气压缩机主机开发，与上海交通大学合作完成了水蒸气热泵系统开发。水蒸气热泵系统的开发能有效地回收低品位的工业废热，大幅度提升废热品位并进行再次利用，同时避免因使用人工合成工质造成的温室效应大的问题。在系统中使用了带喷水降温的无油双螺杆水蒸气压缩机，结合水工质的特点，在压缩腔内设计了补水点。通过在压缩过程中往压缩腔内补水，有效降低了压缩机压缩终了水蒸气的温度，保证系统的安全性。双螺杆压缩机具有大容量、大压缩比的特性，也有效地保证了系统对流量与压缩比的要求。淘汰了闪蒸产生蒸汽的方法，利用降膜式蒸发器，结合小型自吸泵设备，直接降膜蒸发产生蒸汽，并且利于储气罐储存稳定蒸汽。降膜式蒸发器具有大容积、小压缩损、蒸汽产生充足的特点，有效地避免了闪蒸法产生蒸汽时蒸汽的不稳定性，以及工质流量大、所需动力设备功耗大的问题，使系统能耗大幅降低。储气罐具有稳压稳流以及储存的功能，保证了蒸汽的稳定输送与供应。李子亮作为项目核心成员，完成了水蒸气压缩机的关键技术研究，并通过了中国科学院上海科技查新咨询中心分析，项目综合技术达到国内领先、国际先进水平。

翟淑东

翟淑东，自 2009 年 7 月起在山东华成中德传动设备有限公司工作，参与减速机产品的设计与项目研发工作。2009 年 9 月开始参与设计研发各种系列精密减速机，2018 年 12 月担任技术部副部长。

2011—2013 年，翟淑东参与设计研发 KPL 系列行星减速器、ML 系列大型减速器、M 系列圆锥圆柱减速器等，均通过山东省科技成果鉴定，产品达到国际先进水平，满足了煤矿、港口、水泥、冶金和造纸等行业高端减速器产品的急需，完全替代原进口产品。产品获得山东省机械工业科技进步奖、中国机械通用零部件工业协会优秀新产品奖等。2013 年参与设计开发的 H 系列立式精密减速器广泛应用于冶金、建材、化工、水泥及食品等行业，于 2013 年 12 月通过省级科技成果鉴定，2014 年 7 月获得山东省机械工业科技进步奖一等奖。2014 年 3 月，参与研发的立式减速机取得实用新型专利（ZL201320508666.9）。2014 年参与设计的一种新型结构的立式精密减速机解决了减速机长期运行产生泄漏的技术难题，适应了各种恶劣工况环境，提高了产品可靠性，满足了环保要求。该产品获得山东省机械工业技术创新大赛三等奖。2016 年 1 月，参与的 H 系列立式精密减速器关键技术研发及产业化项目荣获淄博市科学技术进步奖三等奖。

张靖

张靖，工学博士，正高级工程师，现任浙江双环传动机械股份有限公司研究院院长、国家认证企业技术中心主任、浙江环动机器人关节科技有限公司总经理。曾先后任职英国特伦特大学访问研究员、韩国国立庆尚大学高级研究员、英国 ROMAX 科技有限公司高级项目主管，是中国通用机械工业协会减变速机分会标准化工作委员会委员、中国机电一体化技术应用协会标准化工作委

员会机器人分标准化工作委员会委员、韩国精密机械协会高级会员、浙江省科技项目专家库专家及多家学术期刊的审稿人，被评为首批浙江省“万人计划”科技创新领军人才、浙江省151人才和台州市第八届拔尖人才。

张靖的主要研究领域为精密机械传动系统及控制、机械动力学、机器人技术等。张靖主持国家和省部级科研项目、工信部智能制造专项、发改委技改专项等重点项目10余项，获得授权专利20余项，发表论文30余篇，参与编制国家标准2项，主持企业标准编制20余项。由张靖主持研发的系列化机器人高精密减速器，打破了国外产品的垄断，实现了机器人核心零部件国产化。产品获得浙江省首台（套）、浙江制造精品、浙江省优秀工业新产品一等奖、中国机械工业科学技术奖二等奖等奖项。

邵继荣

邵继荣自参加工作以来，一直从事高端泵类产品设计与项目开发工作，现任山东华成集团淄博水环真空泵厂有限公司项目技术部副部长。

近几年，邵继荣参加设计开发的2BEA系列水环真空泵、2BEC系列水环真空泵、2BEY系列水环压缩机通过了省级科技成果鉴定，产品达到国际领先水平。多个项目（产品）被列入国家火炬科技计划、国家重点新产品、山东省科技重大专项、山东省重点领域首台（套）产品等。

邵继荣在设计开发产品的同时，负责产品市场推广的技术交流工作，针对不同的用户进行专业设计和技术支持，为用户提供全套解决方案。产品广泛应用于真空过滤干燥、气体压缩回收、气体输送等工艺，为电力凝汽器抽真空、电厂烟气脱硫、冶金行业变压吸附制氧、选矿行业真空过滤、煤矿安全生产瓦斯抽放等领域的用户提供技术支持。公司产品的市场占有率达到30%以上，已连续十多年在同行业中名列前茅。

邵继荣取得国家授权专利11项，获得中国机械工业科学技术奖三等奖2项，山东省科学技术奖三等奖2项，山东省机械工业科技进步奖一等奖3项，淄博市科学技术奖二等奖1项、三等奖3项。

祝海生

祝海生，毕业于合肥工业大学机械设计制造及自动化专业，担任湘潭宏大真空技术股份有限公司技术部经理、湖南省真空镀膜装备工程技术研究中心副主任，被评为湘潭市高层次D类人才、湘潭市企业科协联合会先进个人。

祝海生坚持“自主创造核心技术、引领行业技术进步”的创新理念，主持研制了12个系列的成套装备，其中9套装备是国内首台（套）或国内领先装备；主持申请了知识产权150余项，拥有授权专利100项，其中发明专利14项。主导研发的核心产品先后荣获中国专利优秀奖、中国机械工业科学技术奖、湖南省科技进步奖、湖南省专利奖等；参与制定了多室磁控溅射真空镀膜生产线、磁控溅射镀膜机、ARC真空回转镀膜线、CIGS薄膜卷绕镀膜生产线等企业标准，并且全部实施，填补了国内多项空白。

祝海生提出了绿色镀膜、绿色镀膜新材料、绿色镀膜新能源（聚光太阳能）等新技术理念与体系。他主持开发的 CIGS 太阳电池薄膜镀膜生产线，主要应用在光伏领域，解决大面积连续磁控溅射镀膜工艺中膜厚不均匀导致的大量生产问题，与国际先进水平相比，进一步提高了设备自动化和智能化程度，具有增加背光源的透射率、减少外界光线的反射等优点。其产品广泛运用在太阳电池上，透明导电膜作为减反射层和透明电极使用，可以提高太阳能的转换效率、用 CIGS 薄膜替代传统薄膜，不仅可以降低生产成本，而且无毒环保，膜层性能更加稳定，可以消除立式生产线无法大规模生产的弊端，大大提高了生产量。该产品打破了国外技术的垄断，已在旭科新能源股份有限公司、北京汉能光伏技术有限公司、中科院深圳先进技术研究院等单位推广应用。据用户反馈，该产品具有先进的技术指标，节能效果明显，经济效益显著。产品被评为国家重点新产品，获得湖南省首台（套）重大技术装备认定。

胡九如

胡九如，1981 年出生，硕士研究生学历，现任江苏海鸥冷却塔股份有限公司工程技术中心副经理。2007 年毕业于安徽工业大学环境工程专业，2011 年就职于江苏海鸥冷却塔股份有限公司，一直从事新品研发设计工作，历任研发工程师、研发主管、研发部副经理、工程技术中心副经理等职务。多年来，一直从事大型机力通风冷却塔、绿色环保 JXY 型冷却塔（消雾节水型冷却塔）的系列化研发、高位集水装置冷却塔、核电冷却塔的研发设计工作。

近年来，胡九如组织完成科研项目 20 余项，获得专利 90 余项。其中，绿色环保 JXY 型冷却塔（消雾节水型冷却塔）的系列化研发项目获评江苏省首台（套）重大装备及关键部件，并在国内的多个大型项目上进行了国产化应用，为该大型环保设备的国产化应用起到了重要的作用。神华宁夏煤化工副产品深加工综合利用项目获得宁煤集团科技进步奖，实现了大型环保型冷却塔（消雾、节水）塔群的国产化应用。另外，光大环保能源（常州）有限公司消雾节水冷却塔项目获得中国城市环境卫生行业金奖。

近年来，胡九如参与中国通用机械工业协会冷却设备分会多项标准的编制，积极推动了冷却塔行业的产品及测试验收规范化。

易亚军

易亚军于 1995 年毕业于中国农业大学，同年供职于广东肯富来泵业股份有限公司（原广东省佛山水泵厂），长期从事真空泵、离心泵新产品研发工作，现为产品开发中心资深主任工程师。

易亚军从事技术工作多年，先后参与过 CDF、S、KPS、KHP、KGP、KPP 等系列真空泵、离心泵项目的研发工作，熟悉公司各类泵的结构、性能和应用特点。他通过对产品技术的刻苦钻研，攻克了许多技术难题，在离心泵产品的开发和产品技术创新方面取得了优异的成绩。作为 KPS 系列单级双吸中开泵的主要组织、策划及设计者之一，他不但负责项目的型谱规划、结构方案制定，还完成多个主要比转速的水力模型设计以及多个规格泵的开发。产品开发完成后，经多方验证，各项性能指标均达到或超过预期要求，为国内首批获得节能认证的水泵产品，同时获得了欧盟 CE 认证。在结构设计上，该系列泵首创叶轮两侧叶片交错倾斜相遇等设计，获得两项实用新型专利，并获得中国机械工业科学技术奖三等奖。产品广泛用于石化、造纸、自来水、钢铁、煤化工、电厂及冶金等领域。国内外的一些重大工程，如镇海炼化 100 万 t/a 乙烯项目、神华煤制油项目、首都机场 3 号航站楼能源中心工程、南水北调配套工程以及越南金瓯项目、瑞典斯德哥尔摩的城市供水系统都有KPS产品在运行。同时，KPS 系列泵也被众多节能公司作为节能改造首选用泵。

在公司开发 KHP 系列卧式中开多级泵之前，国内重要场合使用的该类泵处于完全依赖进口的局面。作为 KHP 系列泵的主要组织、策划及设计者之一，易亚军除负责型谱规划外，还进行了多种规格最高级数泵的设计。当前，全系列泵经用户实际使用检验，证实其效率、可靠性均优于进口产品，用户给予了高度评价。该系列泵的设计获得两项实用新型专利和中国机械工业科学技术奖三等奖。该系列泵的成功开发，不但为公司创造了可观的经济效益，更打破了进口产品的垄断局面，为国家节约了大量外汇。

作为技术多面手，易亚军还先后完成了子公司的自动离心泵闭式试验台及公司总部离心泵试验站的设计。自动闭式试验台的系统调节控制、数据采集、处理均是自动完成，不但自动化程度高，还有重复性好、试验精度高等优点。该试验台于 2018 年获得国家工业泵质量监督检验中心颁发的 1 级精度试验台证书，还获得多项发明专利及实用新型专利。

查文龙

查文龙，1978 年出生，高级工程师，1998 年 9 月参加工作，主攻机械设计制造及其自动化专业，长期从事干燥设备的设计、研发及项目管理工作。现任常州一步干燥设备有限公司技术总监，是中国制药装备行业协会第三届专家委员会委员和中国石化联合会技术装备办公室干燥技术专业组专家成员。

查文龙带头研发了中药浸膏喷雾干燥机等公司重点产品，主持技术研发部门的日常工作。他始终把技术设计规范化、产品技术标准化作为日常工作的基本准则。作为企业技术研发中心主任，他严格按照中心的章程和管理要求，组织相关培训，根据不同工程项目的特点，提前制定详细的工程技术方案，实现了产品设计标准化、项目工程施工规范化，工程质量管理网络有序可控。

查文龙长期从事喷雾干燥、制粒、混合等设备的研发工作，取得了多项专利成果，开发出的多个新产品被评为常州市高新技术产品。新产品的推出也为公司取得了较好的经济效益，为企业的发展夯实了基础。

在工作方面，查文龙严格要求自己，立足本职岗位，潜心研究技术，勇挑重担，考虑客户需求，把握市场发展动态，做好每一项专业技术工作。在日常工作中，他善于思考、敢于创新，不论是项目前期方案的洽谈和项目可行性分析，还是初步方案设计报价，都按照相关标准、工艺流程、市场动态进行成本核算，确保项目施工能更加符合实际。他常常引导年轻的技术人员在思想理论和专业技术方面加强学习，鼓励更多的技术员参与到新技术、新产品的研究中。20 多年来，他取得了多项科技成果，带领公司研发团队，共申请了 7 项发明专利、31 项实用新型专利。

“能工巧匠突出贡献奖”人物介绍

孙文浩

孙文浩，1987 年出生，高级技师，是沈阳鼓风机集团压力容器有限公司的一名焊工。

2014 年，沈阳鼓风机集团为神华宁煤自主研发了我国首套 10 万 m^3/h 空分装置压缩机组。孙文浩作为 10 万 m^3/h 空分装置油站辅机制造的技能骨干，承担了公司历史上最大润滑油站的焊接任务。他通过细致研究工艺要求，结合实际经验并大胆创新，改进了 10 万 m^3/h 空分装置压缩机油站辅机管路无应力装配方案，一举攻破了困扰公司多年的管路变形技术难题，并将该项措施成功应用到惠州炼油等众多项目产品中，取得了良好的应用效果，为企业创造 500 多万元的产值。2015 年 8 月 23 日，沈阳鼓风机集团自主研发的我国首套 10 万 m^3/h 空分装置压缩机组在沈鼓营口试验基地试车成功。沈阳鼓风机集团成为继西门子、曼透平之后全球第三个能够生产该产品的企业。孙文浩带领工友，经过一年的管路焊接技术攻关，公司润滑油站管路焊接一次探伤合格率达到 100%。

孙文浩荣获 2010 年、2011 年沈阳市技术能手称号，2012 年、2013 年沈阳市技术标兵称号，2014 年沈阳市技能名师称号。2015 年，孙文浩荣获沈阳市五一劳动奖章，被评为沈阳市青年岗位技术能手；2017 年获得辽宁省青年岗位能手、沈阳市优秀工匠称号；2018 年获得全国技术能手称号。

2014 年，在“振兴杯”全国青年职业技能大赛决赛中，孙文浩获得第 15 名的佳绩，增进了他刻苦钻研的信心，激发了他不断拼搏进取的动力。2015 年，孙文浩在沈阳市百千万职工岗位技能大赛中斩获焊工组第一名，被命名为“沈阳市技术大王”；2016 年获得第十二届振兴杯全国青年技能大赛第七名；2018 年获得中国技能大赛第十四届振兴杯全国青年职业技能大赛焊工组第一名。

虞杭永

虞杭永，大专学历，2006 年被评为焊工高级技师，现任杭州杭氧股份有限公司板翅式换热器厂三车间氩焊组组长。自进厂以来，他始终爱岗敬业，严把焊接质量关，一直坚持不懈地摸索先进的焊接方法及工艺，总结了一套适合板翅式换热器芯体“穿孔”的焊补方法和外表泄漏的补焊操作手法，使得板翅式换热器堵通道现象有了大幅度降低，为板翅式换热器向大型化和高压化发展奠定了良好的基础。

2012 年，车间生产任务较重，虞杭永经常放弃个人休息时间，加班至深夜，最长连续 4 天没有回家。他一心为生产，以厂为家，从不计较个人得失。特别是中石油大庆油田的项目，生产周期异常紧张，而其配套的板翅式换热器结构复杂，对总装的焊接造成困难。他与技术人员、焊工一起探讨、钻研焊接工艺。因前期做了大量准备工作，产品的总装焊接过程非常顺利，钢铝接头的焊接探伤检验一次合格，缩短了产品的生产周期，提前 3 天将制作完成的产品交到空分厂。

虞杭永在工作中不断创新焊接方法和操作手法。在双鸭山项目中，由于是公司承担的首套高低压一体、压力等级为 8.0MPa 的板翅式换热器，用户对产品的内在质量与外观质量都很关注。为了完成这项任务，他积极参与技术部门的专业研讨。经多次试验，终于摸索出一套切实有效的新焊接方法及工艺，不仅保证了产品的内部质量，还保证了外部焊缝的均匀美观。产品经用户验收，一次通过，获得了用户的好评。公司把该产品作为客户参观产品。

熔化极焊接飞溅是焊接界难以攻克的课题。采用手工氩弧焊打底大大制约了板翅式换热器厂的生产进度和焊接效率。受焊接位置与封头体的厚度限制，采用手工氩弧焊打底还存在着未焊透式、未熔合裂纹等封头体被打爆的风险。为了攻克这一课题，虞杭永与技术部门开展了一系列的产品试验，研讨各种新的焊接方法，从实践中积累经验，开发出一种新的焊接工艺和操作手法。使用新的焊接方法后，几乎为无焊接飞溅。经质检部现场抽检，合格率为 100%，大大提升了产品的生产周期和焊接效率，节约了人工，降低了生产成本。

荆鹏

荆鹏是大连大高阀门股份有限公司核电生产部主管兼技术员，曾多次被公司评为技术能手，获得最佳节约奖及最佳管理创新奖。自参加工作以来，他始终保持着刻苦钻研的学习态度。特别是在数控编程方面，他以娴熟的技能和热忱的服务赢得了领导和同事的认可。他将自己钻研和总结的技能与同事分享，实现共同进步。在公司承担的国家科技重大专项产品的加工制造过程中，他勇挑重担，攻克了多项加工制造过程中的难题。

大连大高阀门股份有限公司每年都有很多新产品要进行样机试制。荆鹏作为车间技术负责人，先后组织完成了爆破阀、主蒸汽隔离阀、ADS 自动降压阀、主给水止回阀、地坑阀、钠阀、LNG 低温球阀等新产品样机的生产制造和试验任务。当前，他正在专门研究公司承担的国家科技重大专项主蒸汽隔离阀气液联动装置项目的装配及调试关键技术。

在公司承担国家科技重大专项爆破阀项目期间，根据试验的要求，需要制作一个爆破阀启爆试验用的台架。荆鹏主动承担了该任务，突破了重重难关，解决了大型钢制件下料、机加工、焊接及台架调试等一系列技术难题，最终完成了爆破阀启爆试验装置建设，并为公司节省了大量的人力、物力和财力。

公司根据产品需要，开展 DN250-1690 旋启止回阀阀体外形加工。该产品为公司首次开发产品，没有成熟的加工经验，并且加工难度特别大。荆鹏对该产品的加工图样及加工工艺进行了仔细研究，主动扛起这个艰巨的任务。从零件所需工装夹具到产品三维造型、CNC 数控编程，再到安排加工工艺及加工中心参数调整，经过 48h，完成了该旋启止回阀阀体外形加工，加工效果堪称完美。

荆鹏通过改进试验台架的生产工艺，由单面进压升级为双面进压，大幅提高了生产效率，为公司节省了 30 多万元的改造经费；设计了一台快速高效的接管组焊工作台，提高了接管的焊接效率和焊接质量，为公司节省了 20 多万元的改造经费。

2020 年 3—5 月，荆鹏利用业余时间设计了生产急需的 100 余套翻转夹具，优化了加工程序及工艺，使得生产效率提高了 3 倍，大大节约了人力、物力，同时提高了产品质量。

荆鹏作为生产部技术人员，坚持学习，并带动车间成员集体学习交流，形成了积极向上的学习氛围，为生产部整体实力提升做出了贡献。

周胡

周胡，1981 年出生，焊接技师，当前就职于重庆水泵厂有限责任公司。

1997 年，周胡进入重庆康达机械有限公司，从焊工学徒做起，经过不断的实践，逐渐熟练掌握了焊条电弧焊、埋弧焊、二氧化碳气体保护焊以及钨极氩弧焊技术，从学徒成长为一名焊接能手。他从事 16 年低温压力容器制造，取得压力容器行业焊工资格证书 9 项。2017 年，取得民用核安全设备焊接操作工资格证 7 项。

周胡先后参与田湾、防城港等核电项目的上充泵、水压试验泵、硼注泵、中压安注泵等的外壳体及管路部件的焊接工作。在防城港高低压反冲洗泵项目中，管路部件焊接难度大，最初合格率仅为 50%。通过反复试验，当采用混合气体作为保护气体、焊接过程中将层间温度控制在 50℃以下、控制背保气体中含氧量在 0.05% 以下进行焊接时，一次合格率在 85% 以上，提升了该泵的生产进度。在防城港中压项目中，由于毛坯质量问题，需要进行堆焊处理，焊接难度大，如堆焊不合格，将存在报废的风险。经过多次试焊后，所有堆焊的部件全部一次性通过无损检测，为公司节省了 100 多万元。另外，军工产品低压安注泵的传动箱体焊接一次合格率达到 100%，解决了重大技术难题，给公司带来新增订货近 2 000 万元。

周胡多次参加各种技能大赛，均取得优异的成绩。2018 年，参加重庆市总工会组织的重庆市第六届机械行业职工技能大赛暨第七届重庆市青年技能大赛（机械制造类），荣获二等奖；2019 年，参加重庆职工技术协会组织的第三届“宏钢数控机床杯 - 匠造之星”评选活动，荣获立嘉匠造达人称号；2019 年，参加重庆市总工会组织的重庆市第七届机械行业职工技能大赛、第八届重庆市青年技能大赛（机械制造类）暨重庆机电集团第二届职工技能大赛，荣获焊工组个人一等奖、团体二等奖。

周胡熟练掌握焊条电弧焊、二氧化碳气体保护焊、埋弧焊、氩弧焊等焊接方法，在氩弧焊的操作方面独树一帜，技能高超。2019 年 4—11 月，周胡为车间培训氩弧焊焊工。参训者均为氩弧焊零基础的人员，经过培训，参训者均通过考核，其中 4 人通过核电焊工考核，为车间储备了一批优秀的氩弧焊工。以这批焊工为基础组建的“匠心”小组，参加集团公司的 QC 大赛，在年度评比中获得第二名。

张俊

张俊任职于上海良工阀门厂有限公司，负责公司的焊接生产及焊接工艺评定。为当前国际上先进的第三代百万机组核电项目“华龙一号”出口巴基斯坦的核电项目，为巴基斯坦卡拉奇核电站 K2/K3 机组核一级、核二级不锈钢截止型调节阀自主研制和开发了一套阀体整体深孔堆焊工艺和焊接技术，并生产了 6 台样机。该阀体深孔堆焊技术采用深孔堆焊的方法，减少了后续机加工的工序和一系列相关的无损检测，在国内阀门行业处于领先地位。

为了确保阀体深孔堆焊技术能够取得成功，张俊不断探索、试验、分析、对比和优化焊接工艺方案。为了确保阀体深孔堆焊焊材的质量稳定，张俊和采购人员走访了国内各主要的焊材生产厂家，与焊材厂技术人员进行交流和讨论。通过不断试验和总结，研制了一套比较完善的深孔堆焊焊接工艺；通过样机的研制和 K2/K3 项目产品的施焊，使深孔堆焊技术一次合格率由原来的 20% ～ 30% 提高到 100%。

张俊参与秦山核电站二期（扩建）工程的核二级波纹管截止阀项目，自 2014 年至今，产品一直稳定运行；研发的波纹管与连接套焊接技术获得实用新型专利证书。另外，他还参与了我国某航母上保证舰载机起降和飞行员安全要求的关键弹射技术所使用的排气阀和发射阀项目。

张俊荣获上海市宝山区杨行镇十佳工匠、首届宝山工匠、上海市首席技师等称号，获得上海市宝山区五一劳动奖章、上海市五一劳动奖章等荣誉。在上海市职工焊接技术优秀论文征集活动中，张俊的论文《阀门密封面堆焊》《核级小口径阀门截止阀深孔堆焊》分别荣获优胜奖、二等奖。

刘军

刘军，1967 年出生，高级技师，陕鼓集团西安陕鼓动力股份有限公司加工车间 3m×8m 数控龙门铣床的主操作者。参加工作 30 多年来，他勤奋学习、刻苦钻研，通过不断学习和实践，从一名普通的员工逐步成长为车间的骨干力量、铣工岗位的技术能手。他敬业爱岗、开拓创新，在平凡的工作岗位上做出了突出的贡献。2007 年，他被集团公司党委评为优秀共产党员；2007 年和 2018 年两次被评为公司技能大师（劳动模范）；2010 年被评为公司共产党员标杆；2012 年被评为西安市“三绝”能手；2017 年被评为首届陕西工业“好工匠”；2015 年至今连续三次被评为西安市职业技能带头人。

刘军操作的 3m×8m 龙门铣床承担着轴流压缩机和 TRT 机壳、主轴，“三合一”“四合一”机组不锈钢机壳及轴流压缩机叶片承缸中分面的精加工任务。机壳被称为风机的“骨骼”，是风机工作的核心零部件，制造精度要求很高。特别是“三合一”“四合一”机组不锈钢机壳，材料易产生切屑瘤，工件加工后易变形，加工效率很低，质量也难以保证。面对艰巨的任务，刘军运用多年积累的加工经验，经过多次试验，改进了刀具，制定合理的加工工艺，精心操作，细心测量，解决了加工中的难题，所加工的不锈钢机壳精度全部达到设计要求，在装配过程中未出现返工、返修现象。

在车间，由于新产品工艺不成熟、加工难度大，新产品的加工是最让操作者们头疼的事情。在加工一些关键产品、新产品时，刘军总是车间的第一人选。陕鼓集团 5 250m^3 高炉 TRT 成功出口到韩国市场，占领了国际市场制高点。该套机组为陕鼓集团当前制造的最大的 TRT 机组。在产品制造过程中，刘军承担了核心零件 —— 主轴的加工任务。在加工时，他对专业传动厂家提供的分度工装进行了大胆的改进，大大提高了加工质量的稳定性，使槽间距的公差控制在 ±0.15mm 以内。同时，对加工刀具进行改进，减小了加工过程中的切削力，每根主轴节约刀具费用 10 万元左右，提高了工作效率，圆满完成了设计要求。该课题荣获公司 QC 优秀成果二等奖。该套机组在用户一次试车成功，受到公司领导和韩国用户的好评。

作为一名高级技师，刘军经常与身边的人一起学习技术、交流经验。在日常工作中，他严格要求徒弟，把自己学到的技术和经验全部无私地传授给他们。他先后培养了 20 多名徒弟，多人已成长为车间的生产骨干，并担任了车间重要岗位的主操作手。近年来，他还多次去公司的几个协作厂家进行现场技术指导和人员培训，提高了协作厂家的加工水平和人员技能。

邓志刚

邓志刚于 1994 年从技校毕业，入职资阳钢管厂。1996 年 5 月，调入中国石油集团济柴动力成都压缩机分公司，从事仪器仪表、自动化控制工作。2006—2014 年，在西南油气田分公司重庆气矿外委现场服务期间，熟练掌握了压缩机、发动机、控制系统的现场修理和维护。2014 年，调回成都压缩机分公司本部，从事控制系统开发和升级、远程技术指导和咨询、仪控售后服务团队的组织协调工作。

攻坚克难，自制（控制）系统，助力公司产品质量与盈利能力双提升。为改变成都压缩机分公司压缩机 PLC 控制系统不能自主运行、控制系统委外制作、产品质量受制约这一现状，公司于 2014 年将邓志刚调回本部，组建自动化控制中心，进行往复式压缩机控制系统试制。

创新工艺，应用实践，获得用户一致好评。邓志刚主持自制的压缩机组控制系统（DGY800、DGY315 二氧化碳压缩机组，DTY4500、DTY4000 储气库高压机组等）与进口机组同台竞技，根据用户反馈，该系统控制、人机交互等优于进口机组。他主持开发的控制系统软件，在 2018 年为 3 个主要序列的产品申请了国家软件著作权，享受国家软件产品即征即退政策。

自我学习、刻苦钻研，掌握大功率进口发动机修理技术。公司研发的分体式燃驱式压缩机组的原动机采用美国进口瓦克夏燃气发动机。该系列的最大功率 16V275 GL（功率为 3 360kW）稀薄燃烧机型为国内首台，现场调试非常不顺利，美国生产厂商现场调试也未能根除问题。邓志刚翻译图样，查阅资料，掌握了天然气发动机的应用原理，多次独立解决了瓦克夏公司售后服务人员无法解决的现场问题，得到用户的高度信任。

运筹帷幄，远程诊断，彰显公司突出售后能力。邓志刚对公司压缩机产品提供全方位技术支持，通过远程诊断，解决各种现场疑难杂症。并将有效的解决思路应用到新产品开发中去，不断提升产品品质，为公司保障全国各大油气田安全、稳定、优质运行提供有力的技术支撑。

邓志刚多次被评为公司优秀员工，获得2019年公司一级突出贡献技能服务先进个人、2020济柴工匠、2020成都工匠等荣誉称号。

徐红伟

徐红伟于2005年入职山东华成集团有限公司，先后从事汽车连杆和控制臂模具的设计开发和数控加工制造，各种型号减速机箱体的加工工艺制定和数控编程加工，真空泵、渣浆泵、减速机、脱硫泵等铸件的铸造模具的设计开发和加工制造，先后担任工艺处副处长、模具设计部部长、副总工程师。

徐红伟主持研发了连杆锻压模具CAD-CAM-CAE一体化解决方案，解决了原传统手工艺方法制作模具带来的尺寸误差、切边拉伤大、连杆表面质量差、模具制作周期长、后期维护难等弊端，为用户企业提供了质量可靠的连杆产品。

徐红伟主持集团公司真空泵、渣浆泵、脱硫泵、减速机等系列产品的模具研发、设计和制造，制定了一整套完备的贴合公司需求的技术标准。作为一名工艺工程师，他坚持高起点、高标准，借鉴国外先进技术，结合国内生产工艺现状，参与设计开发多种减速机、渣浆泵、脱硫泵、超大型水环真空泵及成套机组。当前已取得国家授权专利6项，其中国家发明专利2项、国家实用新型专利3项、外观设计专利1项。他参与研发的超大型水环真空泵产品效率提高了20%，节能效果显著，取得了良好的经济效益和社会效益，并成功应用于国防风洞试验、国家高速列车穿越隧道模拟实验等国家重点项目。

徐红伟参加工作以来，参与承担国家重点新产品、国家科技火炬计划、山东省技术创新、山东省科技重大专项等项目。其中，核电用真空成套机组项目列入国家能源自主创新项目，2BEC系列新型水环真空泵、2BEC80水环真空泵和2BEC120超大抽气量高效水环真空泵3个项目列入国家火炬计划项目。

徐红伟在参与技术设计工作的同时，还为公司培养模具设计、加工中心操作、数控加工工艺编程等方面的技术人才，为公司的持续发展储备后继技术力量，个人也取得了一些荣誉。2019年2月，徐红伟参与的“超大型水环真空泵及其成套设备关键技术与应用”项目获得山东省科学技术奖一等奖；2018年10月，参与的“超大型系列水环真空泵成套设备研发及产业化”项目获得中国机械工业科学技术奖二等奖；2019年4月，被评为山东省外经贸系统“最美职工”；2019年4月，获得“淄博工匠”称号；2019年，在“2019年第五届机械工程与自动化科学国际会议（ICMEAS 2019）”发表论文《基于DEFORM和正交实验的汽车连杆锻造优化》。

陈智勇

陈智勇于1988年3月进入北京中科科仪股份有限公司，先后在机加车间、研发中心和昌平工厂工作。工作30余年来，先后从事普通车床、普通磨床、数控车床、数控磨床和数控高速铣床的实际加工工作及技术指导，在机械加工和数控

加工领域有丰富的实践经验，为公司培养技师 3 名、高级技工 9 名，多次为公司一线生产人员、技术工艺人员和新入职的员工进行机械加工知识培训。

2018 年，陈智勇在北京中科科仪股份有限公司的“脂润滑分子泵转子提高生产效率改进”项目中担任负责人，承担工艺设计任务。通过技术改进，彻底解决了整体转子零件加工质量差、生产效率低的问题，改进后的高速铣加工效率提升 30%。该项技术达到国际先进水平，使公司产品更具市场竞争力。

2019 年，陈智勇参与“高精度磨床提高加工精度和生产效率改进”项目，通过优化加工程序、合理选择刃具，磁悬浮主轴加工效率由改进前的 7h/ 件提高到 3.5h/ 件，为一体磁悬浮产业化生产减少一台进口高精磨床的设备投入。

近年来，陈智勇为公司解决生产中的技术难题达十余项，累计创造经济价值 800 余万元，申报的两项实用新型专利已获授权。2014 年，陈智勇被北京市数控技能大赛组委会聘为第六届北京市数控技能大赛专家组成员；2014 年被聘为人社部等六部委举办的第六届全国数控技能大赛专家组成员和高级裁判员，负责数控车工组比赛命题、比赛期间的赛场裁判和后期的比赛成绩评判工作；2019 年被聘为“北京市第二届大工匠”评审专家、“中国航天科技集团有限公司第十届职业技能竞赛”专家组专家。

李新洲

李新洲，1962 年出生，1983 年 3 月从孝感市工业学校毕业后到孝感市通用机械厂电气车间工作，1987 年完成电大电气工程专业的学习。1994 年，企业改制后，主持开发了衡器及测量塑料熔体压力用高温熔体压力传感器、配套数显仪表电子等产品。2004 年，进入大禹电气科技股份有限公司，研发了低压固态软启动器和高压固态软启动装置系列产品，同时对原有产品电子进相器和电磁调压软启动装置产品进行了技术创新，参与了公司高压变频器的现场应用及调试工作。

李新洲带出的徒弟有十多人，都已成为公司的生产技术骨干。李新洲先后获评高级技师、大禹公司劳动模范及年终技术创新奖励，获得湖北省五一劳动奖章、孝感市科技进步奖及多项湖北省重大科技成果奖、科技进步奖，国家发明专利 1 项、实用新型专利 12 项；荣获湖北省第二届“首席技师”、湖北省技术专家、孝感市工匠、湖北省荆楚工匠等称号。

〔供稿人：中国通用机械工业协会郭华桥〕

介绍部分企业的经营理念和成功经验，为管理者成功决策助力

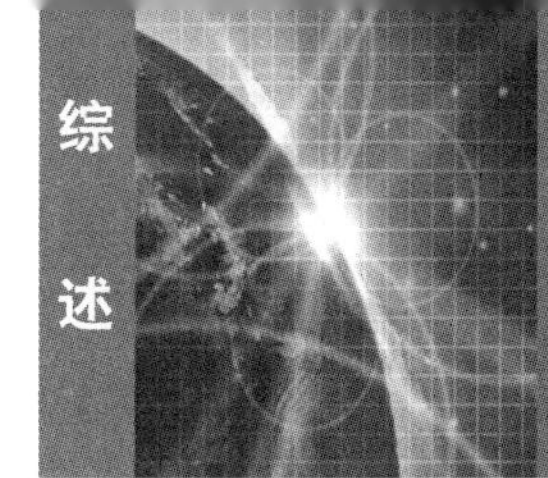

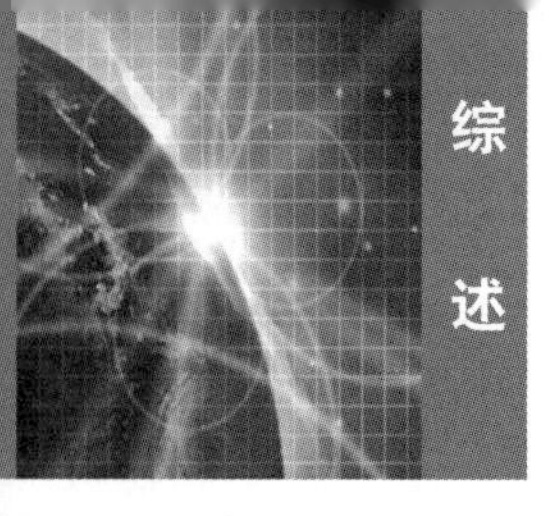

企业概况

部分优秀企业介绍

攻坚克难　勇于创新做空分设备行业排头兵
——杭州制氧机集团股份有限公司

1950 年 8 月，杭州制氧机集团股份有限公司（简称杭氧）的前身浙江铁工厂成立。建厂初期，杭氧生产中耕机、水库闸门、茶叶机和麻纺机等设备。1952 年 8 月，在北京召开的全国工矿机械会议上，国家重工业部根据机械、冶金、化肥等工业领域对制氧机的迫切需求，提出了中国要自己生产制氧机的号召。参加此次会议的杭氧首任厂长钱祖恩于 1947 年在上海参与了加拿大产的 $92m^3/h$ 制氧机的安装，他在会上大胆表态：杭氧可以接受这一任务。于是，国家重工业部指定杭氧为制氧机定点生产厂家。随后，钱祖恩主动辞去了厂长职务，改任总工程师，带领团队开始研制空气分离设备。钱祖恩表现出的勇担责任、敢于创新、求真务实、淡泊名利的精神，一直激励着一代代杭氧人，成为杭氧迎难而上、攻坚克难的长久动力。

杭氧怀着发展中国民族工业的梦想，以一种初生牛犊不怕虎的精神，向世界展示了中国工人的力量。1956 年 1 月 3 日，中国首套制氧机在杭氧诞生。此后，杭氧走上了专业化批量生产制氧机的征程。1956—1977 年，杭氧在仿制和自行研究相结合的基础上，完成了国内自制的第一代高低压铝带蓄冷器空分设备、第二代全低压石头蓄冷器空分设备、第三代全低压全板式切换式的空分设备，并在杭州市东新路上建成了我国第一个空气分离及液化设备的生产基地。

一、突破瓶颈，开启出口先河

1979 年，杭氧人解放思想，打破计划经济的束缚，率先引进国外先进技术，通过引进技术、消化吸收、再创新，突破了 1 万 m^3/h 等级空分设备设计制造的瓶颈，实现了 1 万 m^3/h 等级空分设备国产化。同时，杭氧向国际公司出口了自行研制的板翅式换热器专有技术及制造设备，开创了中国机械工业向西方发达国家出口先进技术和设备的先河。

改革开放之后，杭氧实行三项制度改革，从工厂模式向公司化管理模式转换，进行分立式改制，企业焕发出新的活力。杭氧相继开发成功了具有杭氧自主知识产权的第五代、第六代空分设备，并将 1 万 m^3/h 等级空分设备出口到印度。这些都表明杭氧的空分设备设计制造技术已经达到同期国际先进水平。

从样机仿制到国外引进，从消化吸收到自主创新，杭氧始终走在行业发展的最前列。杭氧研制的产品不断升级，多次打破国外垄断。特别是近十几年，杭氧抓住机遇，不断加强自主创新，加快特大型空分设备关键核心技术的开发，赶超国际先进水平。

二、从跟跑者到领跑者，铸就大国重器

随着煤化工核心装备逐渐向大型化、高参

数化和成套化发展，国际、国内大型空分设备的发展均面临新的要求和挑战。国际巨头纷纷开展技术攻坚，试图垄断高端空分设备市场。为了打造重大装备的“中国品牌”，杭氧毅然扛起了重担。

从 2002 年到 2019 年，杭氧跨越了 3 万 m^3/h 到 12 万 m^3/h 等级空分设备的门槛，从世界先进空分设备技术的跟跑者成为并跑者、领跑者。2009 年，杭氧向德国公司出口了大型空分设备，叩开了世界空分设备发源地的大门。近年来，杭氧又积极参与“一带一路”倡议和国际产能合作，承担了马来西亚、中东等空分设备项目。2017 年，杭氧与国际空分巨头展开了神华宁煤 10 万 m^3/h 空分设备项目的竞争，最终杭氧全面胜出，设备能耗指标达到国际领先水平。

舟山绿色石化基地建设是杭氧又一次卓越工业设计和空分技术发展的成功实践。2019 年，杭氧在为浙江石化研制的 4 套 8 万 m^3/h、4 套 10 万 m^3/h 等级空分设备中，改变以往设备在项目现场安装的传统方式，在工厂里制造完成整装冷箱，直接发运到用户现场。这样更好地保证了设备生产的质量，同时避免现场拼装场地和施工技术的局限，大大节省了项目施工时间。

如今，杭氧空分设备技术处于国际领先水平，在 40 多个国家和地区都有“杭氧制造”的空分巨塔。作为高端装备制造业的典范，杭氧凭借在空分设备领域的技术和品牌优势，2018 年入选央视《大国重器》大型纪录片，令国人振奋。

三、拓展业务，实现转型升级

为了实现从传统制造业向服务型制造业的转型升级，“十二五”之初，杭氧提出了“重两头、拓横向、做精品”的发展战略，其战略目标的指向是在加强空分设备主业的同时，向上发展工程成套业务，向下发展气体业务，同时拓展石化装备等。

2010 年 6 月 10 日，杭氧股份成功在深交所挂牌上市，正式登陆 A 股市场。杭氧股份的上市解决了多年来困扰其发展的融资障碍，气体业务开始加速发展。杭氧积极开拓气体市场，形成设备制造和气体产业两翼齐飞的发展格局。

杭氧通过投资新建、收购或兼并等方式，已在全国设立近 40 家专业气体公司，服务涉及钢铁、化工、有色冶炼、煤化工和电子等行业，气体投资规模居国内同行前列。杭氧已成为国内最主要的工业气体供应商之一。

杭氧气体产业已进入收获期，当前气体产业的营业收入、利润分别占公司营业收入、利润的 60% 以上。杭氧的气体产业与空分设备形成了互动研发的新模式，装备制造的能力和气体业务的优势对企业发展起着互相补充的效应。

自 2000 年以来，杭氧参与了国内新建和改造的乙烯冷箱项目，被中石化指定为乙烯冷箱国产化基地。杭氧的乙烯冷箱技术水平已达到国际先进水平。近年来，杭氧石化装备研制驶入了快车道，凭借杭氧在低温领域的技术和品牌优势，加大了石化新兴领域的产品开发力度。在新产品开发中，坚持节能环保、高端化和成套化，产品结构继续向多元化和成套发展，产品类型不断拓展，开发出烷烃脱氢装置、液化天然气装置、一氧化碳与氢气分离装置、甲醇制烯烃（MTO）冷箱、焦炉尾气回收装置等产品。

历经 70 年的发展，杭氧见证了我国空分设备产业的起步、发展和壮大。当前，集工程总承包、设备制造、工业气体于一体的全产业链已经在杭氧形成。新时代的杭氧将集众智、聚合力、再出发，走好企业高质量发展之路。

民营企业大有可为　要有大作为

——四川空分设备（集团）有限责任公司

1966年，四川空分设备（集团）有限责任公司（简称四川空分）的前身四川空气分离设备厂作为国家三线建设企业成立；1996年，改组为国有独资的有限责任公司；2001年，经省级批准，改制为非国有的、民营的有限责任公司。

四川空分扎实落实改制政策，认真促进企业发展，用几十年的诚信经营和改制硕果证明了整体改制是正确的、成功的。四川空分作为民营企业，同样负责任、有担当。自改制至今已有19年，与改制前相比，公司的自主权更强了。但这种“强”不是为自己谋私利的权力强，而是为企业谋发展、为员工谋福利、为国家创价值的能力强，企业能更加高效、快捷地根据市场变化、用户需求、国家政策及时调整发展策略，进一步做大做强。可以说，不论是54年的发展历程，还是19年的改制探索，四川空分在耕耘中收获，在奋进中壮大，沉淀下许多值得坚持和发扬的品质。

一、民营企业要坚持党的领导不动摇，切实加强党建和精神文明建设

加强党建和精神文明建设，提高全体员工的政治素养和思想、业务素质，是四川空分整体改制19年来一切成就的根本和基石。改制后，只有坚持党的领导，才能不忘初心，才能更加奋进，也才能担负起更大的责任、有更大的担当和作为。四川空分改制为民营企业后，延续了原来国有企业的优良传统，在党建和精神文明建设方面不仅没有弱化，还持续加强。公司党委连续多年被评为“四好领导班子”“先进基层党组织”等。公司党委书记、董事长单金铭被评为“四川省优秀基层党组织书记”。公司曾获得“四川省最佳文明单位”“成都市先进党组织”称号，并连续30多年荣获“四川省文明单位”称号。公司作为简阳市“非公企业示范点”，是当地非公企业党建工作的标杆单位，尤其是在2019年的“不忘初心牢记使命”主题教育工作中，多次受到市委巡回指导组的肯定。

二、民营企业要重视创新，用创新驱动发展，用科技引领升级

四川空分是以低温技术为核心的国家高新技术企业，其技术开发水平和技术装备水平的高低决定了企业参与市场竞争的能力和发展的生命力。因此，公司始终秉持“科技兴企、科技强企”的理念，大力推进科技进步，提升企业的创新能力和核心竞争力。

2006年，四川空分率先筹建低温技术研究院，专门从事低温技术研究。该研究院从无到有、从两三个人到初具规模、从只有一间办公室到拥有几个实验室，十多年来取得了不少成果，如开发富氧空分设备、大型空分设备技术，大型LNG成套工艺及装备技术，冷能利用、氦及稀有气体提取等。特别是开发利用LNG冷能的液体空分设备在中海油工业气体（宁波）有限公司、中海油工业气体（珠海）有限公司和唐山瑞鑫液化气体有限公司一次性开车成功，并被评为2017年中国能源装备“十大年度创新产品”，标志着四川空分在LNG冷能空分领域已经走在行业前列。2013年，开发了国内最大的全国产化200万m^3/d LNG设备（用于内蒙古兴圣天然气有限责任公司），配套四川空分研制的首台30 000m^3 LNG储罐，设备长期稳定运行，性能和管理水平均达到国际先进水平。2014年，由四川空分自主研发的国内首台（套）LNG开架式海水汽化器（ORV）一次开车成功，填补了国内空白。

三、民营企业要拓宽发展思路，坚持走设备、气体并举的道路

在企业发展有了部分资金积累的情况下，四川空分没有选择将其分配。公司坚持“多赚不多分，少赚不少分”及“多赚钱，快发展”的原则，拓宽发展思路，增强企业抵御风险的能力，增强发展潜力。公司本着“既卖牛又卖牛奶”的思路，积极投资气体领域，在行业里率先进入气体运营领域。

四川空分先后成立了中山华南实用气体科技有限公司、长治川空气体有限公司、溧阳新钢川空气体有限公司、淄博鲁川气体有限公司、陕川气体有限责任公司、唐山瑞鑫液化气体有限公司、内蒙古兴圣天然气有限责任公司、杭锦旗亨东天然气有限公司等8家独资、控股气体公司和四川川空物流有限公司。历经建设、探索、磨合等时期，气体业务迎来了产销两旺的大好局势。2019年，气体销售收入达27亿元，占公司总销售收入的一半多。四川空分的生产规模不断扩大，生产效益显著提升，成功实现了“设备”“气体”两条腿走路。可以说，没有气体事业的发展，就没有四川空分的今天。

四、民营企业要坚持以员工为本，企业发展要依靠员工

维护每一位员工的利益是四川空分能做大做强的最有力保障。企业改制不是为了少数人的利益，而是要在为国家做贡献的同时，积极为广大员工谋福祉。

公司改制19年，事实证明是成功的。改制后，公司继续坚持以员工利益为重，大力提高技术人员工资，其他岗位员工也是多劳多得。职工人均年收入由2000年的9 227元增加到2019年的70 000元。员工干得好，不仅工资收入增加，还能得到股权激励，真正体现“劳动者”和“股权拥有者”双重主人翁的身份，真正成为四川空分的主人。

改制后，职工的住房和生活环境也得到进一步改善，棚户区改造稳步推进，有效改善了员工的居住条件和生活水平。公司为所有在职和退休职工缴纳社会保险、医疗保险等，对于退休职工的收入，按国家政策及时补贴。2019年的“八一”建军节、中秋节和重阳节，公司向复、退、转军人，全体工会会员，全体离退休员工和川空劳模等近800人发放慰问金和慰问品，共计77万元。在岗员工劳有所得，退休职工老有所养，离休职工的满意度又反馈到在岗职工，使得四川空分“一盘棋”的和谐局面更加巩固，“团结诚信、决战决胜”的企业文化得到充分体现。

五、民营企业为国家多做贡献是责任、更是荣誉

坚持“让国家满意，让社会满意，让用户满意，让员工满意”，坚持正确发展方向，依法诚信纳税，为国家发展多做贡献，是四川空分的责任、更是荣誉。

当前，四川空分拥有全资及控股子公司21个、参股企业7个，总资产超过50亿元，年销售收入40多亿元，与改制前相比，增长了20多倍。2001年至今，公司在技改方面累计投入近10亿元，用于设备购置、厂房建设和技术改造等，包括四川空分工业园、成都航兴国际办公楼、板式三车间等项目，建筑总面积近20万m^2。

如今，“川空制造”的民品遍布全国各地。同时，军品生产也越来越多、越来越好。四川空分自20世纪80年代初以来，持续为空军、火箭军、海军、战略支援部队、中国空气动力研究院以及航空航天等部门提供产品和服务。公司的多套设备参与了“神舟”系列、“嫦娥”系列及“天宫”系列发射任务，并为长征七号、长征五号运载火箭的首飞成功起到了极其重要的保障作用。几十年来，四川空分为强军、强国做出了突出贡献。

改制19年，四川空分实现销售收入累计341亿元、利润累计21亿元，上缴税金累计超过18亿元。近几年，公司每年上缴税金近2亿元。四川空分连续多年入围“中国机械工业百强企业”（2018年排名第66位）、“四川省机械工业五十强”（2018年排名第3位）和“成都市百强企业”，为地方经济和国家发展做出了重要贡献。

六、民营企业要饮水思源，积极回馈社会

四川空分在自身发展的同时不忘回馈社会。2006年，四川空分出资2 000多万元修建了川空文化广场。广场占地面积近4万 m^2（60亩），是一个集休闲、娱乐、健身、文化于一体的综合性场所。自2006年建成至今，四川空分又累计出资近1 000万元，用于广场的运行管理，如治安、卫生、水电维修等。同时，还不断增添新的文化设施，大力开展绿化建设。四川空分的绿树每年吸收二氧化碳2万t，吐出氧气1.5万t。川空文化广场不仅为周边市民提供了一个美好的休闲娱乐环境，更为简阳市市政建设增添了一道亮丽的风景线。

四川空分大力支持国家教育事业发展。公司出资数百万元，在多所大中小学设立了扶贫教育奖学金。公司董事长单金铭个人也在华中科技大学、西安交通大学和浙江大学等高校设立了“单金铭低温奖学金”，每年出资6万元，对12位品学兼优的贫困学子给予无私资助。

四川空分还先后出资1 000多万元，用于支援新农村建设、捐助中心村天然气工程、在龙泉山东麓建设川空生态园等，为周边地区的经济繁荣做出了积极的贡献。

多年来，四川空分累计献出公益金超过3 300万元。公司在自身发展的同时，牢记肩负的社会责任，用实际善举体现企业的温暖。

四川空分作为一家民营企业，今后的发展大有可为。四川空分还要有更大的作为，要继续坚持“让国家满意，让社会满意，让用户满意，让员工满意”的价值理念，发扬“一切为了用户，一切为了发展”的川空精神，建设“百年老店”“百亿企业”，为建设富强、民主、文明、和谐、美丽的社会主义现代化强国贡献更多的川空力量！

创新驱动发展　重泵行稳致远

——重庆水泵厂有限责任公司

重庆水泵厂有限责任公司（简称重泵公司）始建于1951年，隶属重庆机电控股（集团）公司，是国内最早从事泵类产品专业制造的重点骨干企业之一。在几代重泵人不畏艰难、持续创新、坚持不懈地奋斗下，重泵公司不断创新和超越，在面向国民经济重点领域的关键泵设备自主创新和国产化中业绩卓著。重泵公司已成为国家重大技术装备国产化自主研发制造的扶持和依托企业、中国泵行业高端泵技术研发排头兵企业和国家重大技术装备国产化的重要依托企业。

重泵公司在市场定位和产品结构调整方向上选择了有所为、有所不为的差异化竞争策略。一是瞄准国内没做过或暂时做不了的领域，从抓基础研究入手，不断提升自主创新能力；二是寻找国外引进高端泵的短板及可提升方法，通过以技术研究成果为基础的自主研发，打造具有重泵特色的国产品牌形象。

重泵公司在自主创新的发展过程中，坚持以

人为本，从激励机制上解决了中小企业在技术创新与市场开发结合过程中对于技术创新的考核和评价普遍存在着模糊性、依附性和短视性的现象，使得公司技术研发具有相对独立的考核和评价体系。公司于 2003 年成立了技术研发中心，并制定技术开发项目负责制实施办法、职务专利奖励办法等激励政策，形成企业对技术研发人员的业绩评价机制和独立考核体系。两项激励政策的实施为技术人才营造了公平、公正、和谐、宽松的工作环境，促进了企业技术进步。

一、持之以恒研制核泵，多项产品打破国外技术垄断

上充泵俗称核电站的“安全阀”，是核二级泵中技术难度最大的关键设备。重泵公司在研发过程中，首先以水压试验泵、上充泵为突破口，对其工作原理、功能和运行状况进行深入分析。重泵公司以自有的水泵成熟技术为基础，运用当代先进的控制技术，严格按照核电用泵的国际规范开展具有自主知识产权的国产水压试验泵、上充泵研制工作。历经 5 年的努力，2009 年，重泵公司研制的我国首台具有完全自主知识产权的核电水压试验泵、上充泵成功通过国家级鉴定。在上充泵的国家级鉴定会上，鉴定委员会主任叶奇蓁院士表示，首台国产上充泵的技术性能达到国际同类产品先进水平，是我国核电站安全关键设备国产化的一次重大突破，表明了我国已经具备核级泵国产化的能力和条件。

2010 年，中广核和中核工程公司在阳江核电和田湾核电站等项目中选用重泵公司研制的上充泵作为国产化首批产品。核级百万千瓦核电站关键泵国产化荣获国家能源局科技进步奖一等奖，核电上充泵荣获重庆市优秀新产品一等奖。

近年来，重泵公司在成功研发核电上充泵的基础上，先后研发成功水压试验泵、化容补水泵、应急硼酸注入泵、堆腔注水冷却泵、辅助给水电动泵、启动给水泵等多个核电泵产品。重泵公司作为国家核电关键泵国产化的排头兵地位愈加凸显。

二、成功研发矿浆长距离管道输送利器——大型往复式液压隔膜泵

高浓度、腐蚀性固液两相矿浆的长距离管道输送必须通过在大流量、高压力参数下能够可靠连续运行的大型往复式液压隔膜泵来实现。长期以来，我国大型液压隔膜泵市场主要被国外品牌垄断，其单台产品价格很高。随着大型往复式隔膜泵技术参数和应用领域的不断拓展，提高其核心技术的自主研发能力是实现国产液压隔膜泵替代进口，加速我国长输管道、湿法冶金和煤化工等领域发展的关键。

重泵公司以专利技术作为大型往复式液压隔膜泵自主国产化和产业化的基础，通过开展隔膜机械自动补排油装置、隔膜破裂监测、大型隔膜泵整体铸造传动箱等技术的研究和实践，在短短的几年中迅速形成 3DM 型液压隔膜泵系列，实现了国内大性能参数和超大型规格尺寸隔膜泵的自主制造。产品应用于陕煤管道输送项目等国内长输项目，并远销巴西等国际市场。

三、研制成功可让用户放心选择的成套除磷系统

1996 年，重泵公司在国内行业中率先开展了将单一泵产品向机电仪一体化系统成套供货的探索。经历十多年从电厂化学加药装置到钢厂除磷系统等泵系统的研发，公司充分发挥专业人员的优势，多元化捕捉商务信息，提供系统解决方案，实行商务竞标、签订合同、工程设计、指导现场安装调试的“一条龙”服务。

钢厂除磷系统是确保大型热轧线安全、可靠、连续运行的关键设备。除磷系统以高压除磷泵为核心，形成泵站内高压管阀、高压储能器、除磷箱及电气设备的成套联锁控制系统。武钢轧机的除磷泵从日本引进，其高压除磷泵是结构十分精密和复杂的双壳体蜗壳水平中开多级泵。该泵需要维修时，必须返回日本进行，而长达三四个月的维修周期难以满足钢厂热轧线的正常生产需要。当时国内大多数钢厂未采用除磷系统，武钢曾经寻找国内其他泵厂给予协作和支持，但问题未得到解决。重泵公司在未掌握多少高压多级离心泵维修技术和经验的情况下，接下了这个项目。从零备件加工到整机供货，重泵公司生产的除磷泵逐渐替代了国外产品。在此基础上，重泵公司形成从除磷工艺流程优化设计、系统配置、现场调试直到交钥匙的全过程分包服务模式，与国内各大钢厂、各大钢铁设计院以及用户间建立了密切的合作关系，实现了互利共赢。

随着除磷系统在各钢厂普遍应用，用户对泵系统的技术支撑和运行维护能力参差不齐，部分用户的操作人员经常甚至反复发生误操作，导致停机和设备损坏现象。重泵公司开发了专家故障诊断系统，可以在故障发生时自动提示或报警，并显示故障处理建议，而且还可以实现远程巡检。通过智能化信息功能的提升，为重泵公司和用户共同确保设备正常运行建立了良好的信息沟通渠道。

正因为重泵公司能够将泵产品与信息技术、控制技术以及机电仪一体化成套集成系统进行有机结合，能够为用户提供全面的解决方案和交钥匙工程，国内各大钢铁设计院和承担钢厂热轧新建或改扩建总包的大型制造企业纷纷将重泵作为长期战略合作伙伴，国内各大钢厂也采用重泵公司的除磷系统。重泵公司的高压除磷系统荣获重庆市优秀新产品三等奖、中国机械工业科学技术奖二等奖等。

重泵公司在发展壮大的同时，不断探索技术创新的新路径，力争做优做强，为中国制造向中国创造的转变做出应有的贡献。

持续创新　打造绿色科技型制造企业

——浙江亿利达风机股份有限公司

浙江亿利达风机股份有限公司（简称亿利达）（股票代码：002686）创建于1994年，是国内规模较大的中央空调风机生产企业和知名的建筑通风机（工程风机）制造商，是国家高新技术企业。公司主要生产经营空调风机、建筑通风机、车载充电机及汽车配件等产品。公司注册资金44 168万元，现拥有净资产超过12亿元。2012年7月3日，亿利达在深交所成功上市，凭借资本市场的助力，通过兼并重组，逐步向新材料、新能源、汽车轻量化部件等领域发展。现下辖广东亿利达风机有限公司、浙江亿利达科技有限公司、天津亿利达风机有限公司、上海朗炫贸易有限公司、杭州铁城信息科技有限公司等全资子公司和台州华德通风机有限公司、江苏富丽华通用设备有限公司、浙江马尔风机有限公司、上海长天国际贸易有限公司、爱绅科技有限公司、浙江三进科技有限公司等控股子公司。公司通过积极努力，致力于打造成为风机电机、新能源汽车核心零部件及轻量化材料等多位一体的绿色科技型制造企业，为全球用户提供绿色节能产品，为城市的可持续发展服务。

2018年12月，浙江国资委下属企业——浙商资产管理有限公司入主亿利达，为公司产业腾飞提供了强大支撑。当前公司产品涵盖风电机系统、汽车新能源、汽车轻量化部件、海洋新材料等四大领域，旗下品牌包括“Yilida”“Wolter”

“Fulihua”“Maer”“ESSENTEC”“AMMT”“TC charger”和“Sanjin”等。其中：“Yilida”是国内中央空调风机品牌的领导者；“Wolter”致力于打造国内建筑通风领域高端品牌，提供世界顶尖的通风产品及服务；“Fulihua”是国内高品质轴流风机品牌；“Maer”为行业领先的外转子轴流风机知名品牌；“ESSENTEC”是全球各大知名空调制造商的产品零部件管家式服务的先行者；“AMMT”是船舶及海洋防护材料、功能材料、复合材料专家；“TC charger”是国内车载充电器等汽车新能源领域的引领者；“Sanjin”是国内汽车轻量化部件的核心供应商。

公司在台州、上海、杭州、深圳等多地建设了研发中心，在台州总部建有省级风机技术中心、亿利达风机省级企业研究院，致力于风机、节能电机的研究与应用，打造了一支专业的研发团队，不断开发各类新产品；在上海建立了风系统的专项研发中心，通过与国内外多家知名大专院校及研究院的合作，共同对风机及流场进行理论性研究和产品的基础性研发；以铁城为平台，在杭州建立了充电机技术研发中心，致力于充电机技术的创新研发；在深圳利用当地电控技术的资源优势，设立了高效节能电机及汽车新能源电控技术的综合研发平台，致力于节能风机、汽车新能源电控系统的研发。通过优势互补，致力于风机、节能电机、控制系统的集成优化，打造最具竞争力的产品。同时公司投建了符合美国 AMCA 标准的全性能试验室，已通过国家 CNS 认证，最大检测风量可达 250 000m^3/h。试验室可进行所有类别风机的气动性能测试、干态和湿态的实验，在定系统阻力、定转速的情况下可同时进行进气噪声、出气噪声的声学频谱测试（倍频程、1/3 倍频程），声强指向性测试等声学指标测试。除此之外，试验室还可以进行研发过程实验、电机可靠性检测、原材料检测试验等全方位的检测试验。通过测试能力的提升，确保产品的性能与参数高度统一，使亿利达产品始终趋于行业领先地位。

公司将创新思维融入生产的各个环节，重视客户的个性化定制需求，并通过制造和管理模式的创新，让生产更科学、高效。公司在浙江、广东、天津、江苏拥有八大专业制造基地，并持续加大技改投入，不断推进两化融合，打造智慧新工厂。公司引进了德国通快 3000 型数控加工中心、激光切割机、焊接机器人等设备，在中央空调风机产能和效率、建筑通风设备产能和品质的提升等方面实现了质的飞跃，形成了强大的专业生产实力。同时将智能自动化激光下料设备、智能自动化高速冲床、自动焊接机器人、自动化喷涂线、智能立体化仓库、物联网信息管理系统等柔性生产要素纳入可持续发展的重要课题中，将客户的个性化定制需求作为生产革新的重点。公司不断完善柔性生产能力，优化生产工艺流程，添置、开发自动化加工设施和专用设备，实现非标产品的高效生产制造模式。

公司始终把顾客需求作为关注焦点，致力于为客户提供最优质的服务。公司将 JIT（JUST IN TIME）导入服务体系，在广州、深圳、中山、珠海、南京、天津、重庆等多个城市设立了仓储中心，为客户提供 24 小时应急响应等点对点服务；建立了全球服务网络，在国内 30 多个主要城市设立办事处，并在美国、马来西亚、韩国、印度及中东、中国台湾等地区设立代理经销商，力求第一时间为全球用户解决问题；为客户提供全方位的技术支持，定期对客户进行技术培训，帮助客户更好地使用风机，力求让客户成为风机专家；提供全程式专家服务，开发了“Smart Air 一键式智能选型软件”，提供专家选型及智能选型两种人性化的选型模式。超过 70 000 组的风机数据库，带来更安全、环保、节能的风动系统解决方案。用户只需输入基本条件，即可找到符合需求的理想产品。

公司不断创新、锐意进取，从生产传统风机到节能风机，通过产业化思维整合各方面资源，逐步实现了风机、电机及控制系统的全部件自主研发、生产，可以为客户提供冷冻机组及空调末端产品的全系列风机节能解决方案。通过公司全体员工的努力，让数千万台亿利达风机在全球各地标建筑及城市基础设施中持续运转，让更多的人享受节能、环保、健康的生活，实现社会效益与企业效益的可持续发展。

转型发展　再创辉煌

——西安联合超滤净化设备有限公司

西安联合超滤净化设备有限公司（简称西安超滤）是国内专业从事流体分离与净化设备研发、生产、经营的企业。公司成立于 1994 年，经历了创业、创品牌和两次大规模的转型，历经艰辛，几次绝境重生。这一切是怎么做到的呢？西安超滤创始人、董事长兼总经理李大明总结为：定位于中高端客户，拥有中高压技术，专注中大型产品，擅长非标易燃易爆气体。西安超滤以此作为企业的核心竞争力，走出了一条注重研发创新并学习同行优点的特殊发展之路。

西安超滤起步于压缩空气净化领域，在公司成立之初，即以其高起点、高速度和强烈的科技创新、市场导向意识为行业所关注。1998 年 1 月，西安超滤成立了合资企业西安超滤净化工程有限公司。2004 年、2005 年，西安超滤分别组建珠海超滤公司和无锡超滤公司。公司用 10 年时间完成了双创和第一次转型，成为行业的标杆，引领我国压缩空气、气体净化设备行业的发展。产品几乎涵盖了国民经济的各个领域，尤其是在高压、大型、易燃易爆领域最具优势。

2000 年前后，西安超滤紧紧抓住天然气产业迅速发展的市场机遇，快速进军天然气开采和利用领域，以技术优势迅速占领了国内市场。西安超滤通过第一次转型，营业额和利润大幅增长，并快速成长为全球压缩天然气（CNG）脱水装置的最大供货商。同时，西安超滤掌握了干燥脱水装置零排放技术，为以后第二次转型埋下了伏笔。

西安超滤作为全球 CNG 行业脱水装置的重要供货商，产品年产量最高达 140 余台，2015 年产量降至 44 台，2018 年产量降至 10 台，2019 年产量略有回升。短短几年，该产品发货量减少 90% 以上，公司连续 4 年亏损。面对如此严峻的形势，西安超滤逆势而上，发挥公司特有的研发优势和多年积累的经验，迅速转型到动力用压缩空气净化领域。西安超滤在全国设计院进行巡回讲演的“2019 西安超滤新技术、新产品交流会”获得广泛好评，在无锡工厂举办的“2019 新产品发布会暨新技术交流会”获得同行盛赞。

西安超滤适时启动了压缩空气吸附式干燥器升级换代研发，目标是为第三代无油空压机（离心机和无油螺杆）量身定制高效节能型干燥器产品。公司将已掌握的天然气脱水装置特有的零排放技术与无油空压机系统中余热利用技术相结合，向市场推出超级节能压缩空气零气耗干燥器技术和产品。西安超滤率先在行业提出气、电不等价观念，并在新研发的所有产品中实现了零气耗。

2019 年 4 月，西安超滤负责人率队赴德国参观汉诺威工业博览会，在压缩空气净化技术展馆未发现压缩热干燥器。随后，西安超滤通过市场调研发现，大型离心式空压机的全球年销量为

2 000 余台，其中 70% 以上销往中国市场，即中国才有这种为离心空压机配套的压缩热干燥器研发动力及产品规模化效益。所以，欧美同行将压缩热干燥器视为小众产品，列入非标产品行列。西安超滤倾尽全力研发生产压缩热干燥器，不仅关注传统的理论设计研究，而且还对数十台大型产品配置了远程监控设备，依靠这些大数据的收集和分析，完成了对大型产品设计验证和各相关部件的匹配度验证。2019 年，公司推出 3 种零气耗、低露点压缩热干燥器产品，用于中大型、超大型离心空压机和无油螺杆及小型两级压缩离心机的配套以及在用不达标机的现场改造。此外，还推出了适用南方钢厂、船厂等不需要深度脱水的次低露点干燥器。该类型干燥器既能满足一般除水性能，降低运行能耗，又能避免过低再生温度导致的吸附剂寿命过短现象。

良好的品牌意识和技术创新实力使西安超滤成为气源净化行业的佼佼者。今后，西安超滤将奋起直追世界先进技术，打造行业领先品牌，再创新的辉煌。

砥砺奋进　铿锵前行　做行业领先者

——重庆江北机械有限责任公司

重庆江北机械有限责任公司（简称江北机械）始建于 1941 年，是中国通用机械工业协会副会长单位、中国通用机械工业协会分离机械分会理事长单位，是中国分离机械行业重要的生产基地。公司自 1965 年起专业生产制造分离机械产品，已发展成为集研发、制造、经营、进出口、服务于一体的专业分离机械及其系统的制造商、集成商和服务商。2015 年，江北机械引入民营资本，完成混合所有制改革，2016 年搬迁至重庆两江新区鱼复工业园区。

一、实施混合所有制改革，加速分离机械国产化进程

江北机械以分离机械国产化为己任，瞄准国外先进技术和产品，以国家重大技术装备国产化为突破口，先后承担了机械工业发展基金项目“虹吸离心机技术研发”、国家产学研项目“虹吸刮刀离心机研制与产业化”、科技部攻关项目“污泥脱水设备——卧式螺旋卸料离心机”、国家经贸委技术创新项目“卧螺式离心机浓缩脱水一体化装置”及大化工用关键设备项目“分离机械产业化技术改造”等项目，创造了多项国内第一。

实施混合所有制改革后，体制优势激活了公司的创新能力。江北机械围绕三大化工、生物制药、农产品深加工、环境保护等领域，继续进行技术创新，并承担了国家 2015 年战略性新兴产业（节能环保）项目“餐厨垃圾资源化处理用关键设备技术及一体化设备项目”等重点项目的研发。公司自改制以来，累计完成新产品开发项目 28 项，LW650、GKM1250、GK800-NZ 等 7 项产品处于国内领先水平，填补了国内空白。其中，LWSA800 离心机处于国际领先水平。2015—2019 年，公司累计申请专利 23 项（其中发明专利 4 项），获得授权专利 21 项。

当前，江北机械已经拥有分离机械相关的各类技术专利 119 项，“川江”牌离心机在产品结构向高端化、大型化、个性化发展的过程中，除不断满足各行各业对特殊离心机的需求外，同时发挥替代进口产品的中坚力量作用。

二、不忘初心，推进分离机械行业发展

江北机械从生产第一台 WH-800 离心机开始，

一直致力于推动离心机行业的共同发展。1991年，重庆江北机械厂召开了全国分离机械行业“工艺突破口”工作经验现场会，为全国分离机械制造的同行提供了宝贵的经验。全国分离机械标准化技术委员会（SAC/TC92）成立之前，江北机械已负责起草了JB4063—1985《活塞推料离心机　型式与基本参数》。自1987年全国分离机械标准化技术委员会成立，至今，江北机械连续作为七届委员单位，主动参与各项行业标准的制定，先后负责起草了《活塞推料离心机用条网》《活塞推料离心机》《螺旋卸料沉降离心机》和《刮刀卸料离心机》等多项行业标准。2017年，江北机械被中国通用机械工业协会分离机械分会授予“特殊贡献奖”。

2018年，江北机械积极推进中国通用机械工业协会分离机械分会标准化工作委员会的建设工作，被推选为主任委员单位。2018年，江北机械组织制定了分离机械行业第一个团体标准T/CGMA 071001《螺旋卸料沉降离心机》，2019年又倡导并负责起草了《离心机设计制造安全性评价规范》团体标准。2020年，江北机械倡导并参与制定《分离机械行业“十四五”规划》，引导分离机械行业持续健康发展，用实际行动助力行业发展。

三、研发“专、精、特、新”产品，满足民生领域的高端需求

江北机械从1965年起专业生产分离机械产品，为满足国民经济各领域不断发展的需要，顺应目标市场的发展趋势，提出了“专、精、特、新”的产品开发理念。多年来，江北机械紧随国家产业政策，积极参与国家重点项目和重点工程建设。产品广泛用于制药、食品、化工、环保、石油、能源及有色金属等行业。公司依靠产学研合作研发，大大缩短了我国离心机与国外同类离心机的差距，部分产品实现了替代进口产品。

1. 依托技术优势，助力环保事业可持续发展

江北机械自2009年开始研发环保设备，2012年研发餐厨垃圾除杂制浆一体机。2014年，该产品成功应用于重庆市主城黑石子餐厨垃圾处理厂餐厨垃圾处理扩建工程；2015年，“餐厨垃圾资源化处理用关键设备技术及一体化设备项目”被列入国家2015年战略性新兴产业（节能环保）项目，2016年成功应用于重庆市重点项目——果蔬垃圾处理项目。2020年，江北机械6台CCJ餐厨垃圾除杂制浆一体机在重庆市洛碛餐厨垃圾处理项目中顺利完成安装并进入调试。该项目投产后，餐厨垃圾处理能力达2 100t/a，将极大地提升重庆市的餐厨垃圾资源化利用水平。当前，江北机械餐厨垃圾除杂制浆一体机已应用于重庆主城和区县餐厨垃圾处理项目，同时投入江苏等地相关项目中。经过多年潜心研发，江北机械致力于做出更高效、更专业、更环保的设备，实现餐厨垃圾无害化、资源化、循环化的绿色处理，为环保事业的可持续发展贡献力量。

2. 坚持技术创新，攻破α型高强石膏分离

自2014年开始，江北机械进军石膏离心机的研发，并于当年研发出高温密闭型卧式螺旋卸料沉降离心机LWM520NG，实现了国内首台卧式螺旋卸料沉降离心机应用于石膏分离上的突破。此后，逐步开发了LWM630NG、LWM750NG等系列产品。

为适应国内石膏行业大发展，打破大规格离心机完全依靠进口的困境，2019年，江北机械针对α型高强度石膏分离机械的市场需求，成功开发了大规格高温密闭型卧式螺旋卸料沉降离心机LWM900NG。该机型应用于α型高强石膏分离，单台可完全满足20 000t/a α型高强石膏生产线的分离要求，各项分离及性能参数均达到国际领先水平。该产品是当前国内外最大规格的α型高强石膏分离机，是石膏行业资源

化利用的关键设备。

多年来，江北机械奉行“为客户创造价值，为员工创造幸福，为社会创造财富”的企业宗旨，铸就了“艰苦创业、勇于拼搏、求实创新、诚信奉献”的江机精神，培育了一支有文化、有纪律的职工队伍。公司建立了以“和、诚、新”为核心价值观的企业文化，通过多种形式来践行江机文化。特有的企业文化有力地推动了企业发展，江北机械多次被评为重庆市文明单位标兵、全国机械行业企业文化建设先进单位。

江北机械将通过文化创新，进一步丰富“和、诚、新”的文化内涵，通过文化引领，加快企业做优做强的步伐，把企业建设成为自主创新能力更强、在国际分离机械领域具有较高知名度的分离机械“小巨人”，为中国分离机械行业的发展贡献力量。

公布2019年通用机械主要产品进出口数据

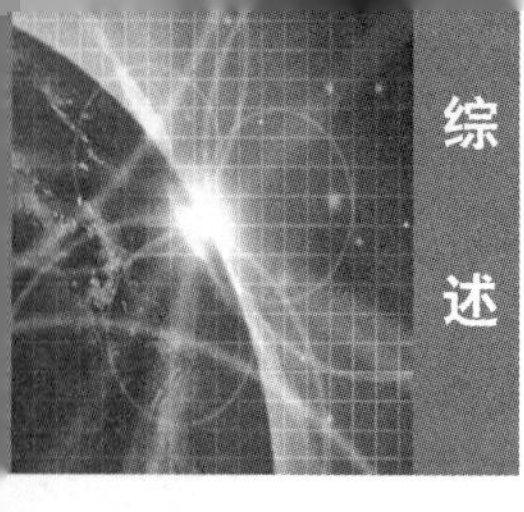

统计资料

2019 年通用机械主要产品进口情况

商品编码	商品名称	进口量单位	进口量	进口金额（万美元）
84131100	分装燃料或润滑油的计量泵，加油站或车库用	台	4 804	469.4
84131900	其他装有或可装计量装置的液体泵	台	2 298 905	20 675.3
84135010	气动往复式排液泵	台	165 048	9 671.5
84135020	电动往复式排液泵	台	10 213 692	33 453.7
84135031	液压往复式柱塞泵	台	580 627	29 334.7
84135039	其他液压往复式排液泵	台	232 426	12 509.5
84135090	未列名往复式排液泵	台	5 046 427	8 347.6
84136021	电动回转式齿轮泵	台	3 947 070	29 935.4
84136022	液压回转式齿轮泵	台	348 878	6 087.8
84136029	其他回转式齿轮泵	台	1 104 096	7 955.7
84136031	电动回转式叶片泵	台	1 210 922	4 843.1
84136032	液压回转式叶片泵	台	857 985	6 746.9
84136039	其他回转式叶片泵	台	464 233	3 534.7
84136040	回转式螺杆泵	台	36 248	7 078.5
84136050	回转式径向柱塞泵	台	34 575	2 012.5
84136060	回转式轴向柱塞泵	台	200 216	16 847.0
84136090	其他回转式排液泵	台	490 513	4 951.1
84137010	转速≥ 10 000r/min 的离心泵	台	739 559	2 093.4
84137091	转速＜ 10 000r/min 的离心电动潜油泵及潜水泵	台	77 861	6 232.2
84137099	转速＜ 10 000r/min 的其他离心泵	台	3 480 311	82 459.6
84138100	未列名液体泵	台	2 816 756	18 191.5
84138200	液体提升机	台	6 960	481.9
84139100	液体泵零件	kg	33 536 805	87 873.0
84139200	液体提升机零件	kg	4 846	31.7
84141000	真空泵	台	2 467 786	86 730.4
84142000	手动或脚踏式空气泵	台	1 012 999	386.8
84145930	离心通风机	台	2 211 886	17 057.4
84145990	未列名风机、风扇	台	147 981 299	86 723.8
84148020	二氧化碳压缩机	台	10 336	7 452.7
84148040	空气及其他气体压缩机	台	605 196	67 752.3
84148090	其他空气泵，通风罩、循环气罩	台	19 996 165	26 744.9
84193100	农产品干燥器	台	203	668.5

（续）

商品编码	商品名称	进口量单位	进口量	进口金额（万美元）
84193200	木材、纸浆、纸或纸板干燥器	台	202	1 802.8
84193990	未列名干燥器	台	63 644	36 945.7
84196011	制氧量≥ 15 000m^3/h 的制氧机	台	8	9.8
84196019	其他制氧机	台	2 089	123.1
84196090	未列名液化空气或其他气体的机器	台	509	2 207.4
84211920	固液分离机	台	5 465	11 973.0
84211990	未列名离心机，包括离心干燥机	台	39 264	23 006.9
84212910	压滤机	个	335	3 035.7
84811000	减压阀	套	48 436 539	41 949.2
84812010	油压传动阀	套	154 053 285	124 790.8
84812020	气压传动阀	套	25 689 373	54 526.3
84813000	止回阀	套	391 777 501	43 397.5
84814000	安全阀或溢流阀	套	55 890 781	41 889.4
84819010	阀门零件	kg	36 260 616	111 053.8
84834020	行星齿轮减速器	个	478 979	28 154.0
84834090	齿轮及其他变速、传动装置；滚珠螺杆传动轴	个	153 771 172	124 606.3

2019 年通用机械主要产品出口情况

商品编码	商品名称	出口量单位	出口量	出口金额（万美元）
84131100	分装燃料或润滑油的计量泵，加油站或车库用	台	509 161	10 185.2
84131900	其他装有或可装计量装置的液体泵	台	1 533 353	8 247.4
84135010	气动往复式排液泵	台	1 422 115	7 313.8
84135020	电动往复式排液泵	台	23 367 893	21 406.5
84135031	液压往复式柱塞泵	台	2 096 919	10 273.1
84135039	其他液压往复式排液泵	台	3 411 082	7 727.2
84135090	未列名往复式排液泵	台	8 962 467	8 118.3
84136021	电动回转式齿轮泵	台	1 659 224	9 564.1
84136022	液压回转式齿轮泵	台	809 968	6 221.1
84136029	其他回转式齿轮泵	台	548 932	3 181.4
84136031	电动回转式叶片泵	台	6 046 337	7 421.7
84136032	液压回转式叶片泵	台	341 654	2 002.2

（续）

商品编码	商品名称	出口量单位	出口量	出口金额（万美元）
84136039	其他回转式叶片泵	台	3 675 894	7 249.1
84136040	回转式螺杆泵	台	177 389	4 237.2
84136050	回转式径向柱塞泵	台	22 131	391.9
84136060	回转式轴向柱塞泵	台	735 279	4 849.6
84136090	其他回转式排液泵	台	20 010 909	52 420.7
84137010	转速≥ 10 000r/min 的离心泵	台	13 264 802	5 381.0
84137091	转速＜ 10 000r/min 的离心电动潜油泵及潜水泵	台	36 661 075	93 287.8
84137099	转速＜ 10 000r/min 的其他离心泵	台	79 523 508	197 731.4
84138100	未列名液体泵	台	11 032 558	21 885.2
84138200	液体提升机	台	45 686	302.4
84139100	液体泵零件	kg	288 434 965	191 550.4
84139200	液体提升机零件	kg	1 338 829	1 236.2
84141000	真空泵	台	9 754 894	32 675.9
84142000	手动或脚踏式空气泵	台	139 138 623	22 597.9
84145930	离心通风机	台	25 446 751	44 606.4
84145990	未列名风机、风扇	台	387 684 569	168 892.2
84148020	二氧化碳压缩机	台	138 695	2 021.6
84148040	空气及其他气体压缩机	台	11 532 520	125 268.6
84148090	其他空气泵，通风罩、循环气罩	台	104 227 564	86 100.3
84193100	农产品干燥器	台	8 171	3 090.4
84193200	木材、纸浆、纸或纸板干燥器	台	4 687	9 984.1
84193910	微空气流动陶瓷坯件干燥器	台	31	222.0
84193990	未列名干燥器	台	2 295 122	44 075.7
84196011	制氧量≥ 15 000m^3/h 的制氧机	台	2 216	33.4
84196019	其他制氧机	台	47 965	6 711.2
84196090	未列名液化空气或其他气体的机器	台	3 844	15 853.7
84211920	固液分离机	台	54 877	9 504.5
84211990	未列名离心机，包括离心干燥机	台	339 652	10 697.6
84212910	压滤机	个	1 047 384	8 073.4
84811000	减压阀	套	59 911 270	26 358.2
84812010	油压传动阀	套	14 698 304	11 944.0
84812020	气压传动阀	套	46 011 068	14 072.3
84813000	止回阀	套	2 146 209 368	48 561.5
84814000	安全阀或溢流阀	套	31 028 787	17 915.7
84819010	阀门零件	kg	347 133 827	253 911.6
84834020	行星齿轮减速器	个	17 770 828	24 651.2
84834090	齿轮及其他变速、传动装置；滚珠螺杆传动轴	个	232 373 817	230 795.5

2019 年通用机械主要进口国家（地区）量值

商品编码	商品名称	国家或地区	进口量单位	进口量	进口金额（万美元）
84131100	分装燃料或润滑油的计量泵，加油站或车库用	德国	台	300	213.7
		美国	台	567	58.5
		挪威	台	11	31.4
		意大利	台	2 436	29.0
		法国	台	1	27.5
		荷兰	台	1	23.9
		马来西亚	台	2	21.8
		日本	台	7	17.8
84131900	其他装有或可装计量装置的液体泵	德国	台	1 762 731	9 731.6
		日本	台	19 475	2 203.4
		美国	台	95 598	1 983.6
		法国	台	39 616	1 325.6
		芬兰	台	147 936	1 004.1
		英国	台	5 323	782.7
		意大利	台	10 311	723.3
		瑞士	台	25 622	634.1
		中国	台	4 203	421.8
		波兰	台	23 365	389.6
		韩国	台	2 398	276.9
		中国香港	台	12 371	147.9
		爱尔兰	台	53 288	145.9
		挪威	台	19	120.0
		加拿大	台	630	109.3
		印度	台	8 233	103.2
84135010	气动往复式排液泵	美国	台	31 499	3 472.7
		韩国	台	1 172	1 914.0
		日本	台	22 394	1 591.6
		德国	台	10 831	1 093.4
		中国台湾	台	4 552	448.4
		意大利	台	29 761	217.9
		马来西亚	台	117	188.7

（续）

商品编码	商品名称	国家或地区	进口量单位	进口量	进口金额（万美元）
84135010	气动往复式排液泵	瑞士	台	528	147.9
		法国	台	811	107.9
84135020	电动往复式排液泵	德国	台	224 079	10 417.3
		捷克	台	302 319	4 306.4
		日本	台	1 899 293	3 393.3
		意大利	台	1 497 764	2 579.7
		美国	台	25 530	2 460.0
		瑞士	台	300 948	2 357.5
		中国	台	5 552 954	2 091.2
		荷兰	台	505	1 381.2
		巴西	台	57	755.4
		奥地利	台	137 568	680.7
		英国	台	11 164	608.5
		韩国	台	57 218	464.3
		中国台湾	台	39 679	392.4
		墨西哥	台	26 463	327.6
		法国	台	31 489	318.0
		丹麦	台	35 483	170.4
		芬兰	台	6 154	147.9
		瑞典	台	1 998	126.1
84135031	液压往复式柱塞泵	美国	台	24 357	8 146.6
		德国	台	30 075	6 571.2
		日本	台	50 546	5 397.1
		意大利	台	144 628	2 939.5
		韩国	台	53 078	2 831.7
		加拿大	台	95	564.4
		法国	台	20 826	537.2
		英国	台	22 565	466.9
		中国台湾	台	27 401	409.7
		荷兰	台	584	295.1
		瑞士	台	11 835	245.5
		斯洛伐克	台	3 136	138.4
		中国	台	172 129	107.0
		墨西哥	台	1 052	98.4
		以色列	台	8 677	82.9
		丹麦	台	305	74.0
		芬兰	台	270	69.6

（续）

商品编码	商品名称	国家或地区	进口量单位	进口量	进口金额（万美元）
84135031	液压往复式柱塞泵	匈牙利	台	67	51.5
84135039	其他液压往复式排液泵	日本	台	159 201	5 295.6
		德国	台	12 911	3 089.3
		韩国	台	7 246	849.5
		美国	台	4 325	723.1
		乌克兰	台	9 315	446.5
		意大利	台	4 765	307.6
		奥地利	台	229	259.5
		法国	台	7 532	254.1
		英国	台	364	248.6
		墨西哥	台	3 796	207.8
		挪威	台	77	158.1
		瑞士	台	812	153.8
		巴西	台	16	126.7
		瑞典	台	599	96.1
84135090	未列名往复式排液泵	日本	台	198 117	3 152.7
		中国	台	4 709 102	1 448.1
		韩国	台	9 400	1 240.9
		德国	台	6 530	1 053.3
		美国	台	7 336	739.1
		意大利	台	99 636	253.1
		墨西哥	台	1 148	75.9
		法国	台	1 527	75.4
		荷兰	台	78	73.5
		瑞士	台	3 720	50.1
		奥地利	台	4 760	45.2
84136021	电动回转式齿轮泵	日本	台	903 571	8 075.6
		德国	台	492 606	6 899.9
		意大利	台	1 431 772	3 925.2
		美国	台	118 307	3 201.5
		韩国	台	711 330	2 677.0
		瑞士	台	2 516	1 771.0
		丹麦	台	59 804	781.0
		法国	台	44 392	626.5
		波兰	台	30 062	529.7
		英国	台	2 179	408.7
		中国台湾	台	21 838	199.7

（续）

商品编码	商品名称	国家或地区	进口量单位	进口量	进口金额（万美元）
84136021	电动回转式齿轮泵	捷克	台	14 587	183.6
		比利时	台	996	82.4
		荷兰	台	88	72.0
		突尼斯	台	72 019	57.3
		加拿大	台	13 443	56.4
		中国	台	16 719	52.9
		西班牙	台	642	50.1
84136022	液压回转式齿轮泵	德国	台	67 078	2 231.4
		日本	台	56 080	854.8
		美国	台	18 518	770.7
		意大利	台	115 531	766.8
		韩国	台	18 974	219.5
		比利时	台	151	159.0
		荷兰	台	112	133.4
		印度	台	20 408	126.4
		法国	台	14 577	122.6
		瑞士	台	491	113.5
		墨西哥	台	1 371	109.8
		英国	台	896	106.4
		捷克	台	2 360	56.7
		保加利亚	台	9 130	50.6
84136029	其他回转式齿轮泵	韩国	台	786 212	3 183.8
		德国	台	26 025	1 551.0
		意大利	台	261 088	1 142.7
		美国	台	5 262	657.4
		日本	台	10 395	548.2
		英国	台	363	313.2
		瑞士	台	3 620	187.1
		中国台湾	台	4 862	145.9
		波兰	台	45	40.7
84136031	电动回转式叶片泵	挪威	台	144	1 163.2
		日本	台	230 389	930.3
		德国	台	19 974	430.8
		美国	台	1 912	404.1
		荷兰	台	21 570	378.9
		墨西哥	台	67 939	378.7
		韩国	台	299 210	289.7

（续）

商品编码	商品名称	国家或地区	进口量单位	进口量	进口金额（万美元）
84136031	电动回转式叶片泵	中国台湾	台	22 424	255.8
		意大利	台	247 277	244.3
		法国	台	643	73.3
84136032	液压回转式叶片泵	日本	台	834 824	5 111.5
		挪威	台	38	1 157.4
		中国台湾	台	17 682	158.7
		德国	台	2 035	123.0
		美国	台	1 070	81.2
		印度	台	832	40.8
84136039	其他回转式叶片泵	德国	台	334 851	2 824.6
		日本	台	80 136	199.4
		中国台湾	台	11 001	144.5
		意大利	台	25 170	134.8
		保加利亚	台	2 472	91.7
		美国	台	493	26.6
84136040	回转式螺杆泵	德国	台	5 377	2 552.6
		日本	台	2 706	976.6
		挪威	台	132	893.6
		意大利	台	20 361	889.8
		美国	台	1 552	465.3
		奥地利	台	2 959	378.6
		中国台湾	台	840	147.4
		丹麦	台	207	141.2
		巴西	台	64	125.3
		韩国	台	112	124.2
		英国	台	217	111.5
		芬兰	台	20	46.0
84136050	回转式径向柱塞泵	德国	台	19 793	1 007.8
		日本	台	3 235	247.6
		意大利	台	3 549	237.6
		瑞典	台	4 073	155.2
		奥地利	台	3	124.7
		美国	台	434	105.4
		中国台湾	台	1 983	42.3
		荷兰	台	823	33.7
84136060	回转式轴向柱塞泵	德国	台	33 557	7 474.6
		日本	台	44 897	4 761.1

（续）

商品编码	商品名称	国家或地区	进口量单位	进口量	进口金额（万美元）
84136060	回转式轴向柱塞泵	韩国	台	14 193	1 773.8
		美国	台	12 569	808.7
		土耳其	台	1 387	539.8
		丹麦	台	668	346.3
		意大利	台	7 134	326.1
		荷兰	台	54	216.7
		瑞士	台	807	140.4
		奥地利	台	76	88.4
		新加坡	台	909	68.6
		英国	台	957	56.3
		中国	台	75 934	47.6
		法国	台	427	45.1
84136090	其他回转式排液泵	德国	台	46 174	1 099.8
		日本	台	44 729	848.3
		美国	台	5 304	705.4
		英国	台	2 182	368.5
		韩国	台	30 976	333.9
		意大利	台	14 508	185.3
		奥地利	台	218	177.3
		加拿大	台	163	166.4
		法国	台	1 358	143.3
		中国	台	158 098	105.7
		瑞典	台	455	102.2
		泰国	台	110 203	100.6
		芬兰	台	244	66.8
		澳大利亚	台	47	62.7
		中国台湾	台	5 923	61.3
		挪威	台	187	54.8
		越南	台	23 164	53.2
84137010	转速≥10 000r/min 的离心泵	美国	台	3 111	295.5
		新加坡	台	13	281.5
		马来西亚	台	23	280.5
		瑞士	台	108	258.6
		挪威	台	7	223.0
		日本	台	533 127	153.5
		意大利	台	347	132.4
		丹麦	台	354	113.2

（续）

商品编码	商品名称	国家或地区	进口量单位	进口量	进口金额（万美元）
84137010	转速≥10 000r/min 的离心泵	墨西哥	台	18 460	50.6
		瑞典	台	95	45.0
		德国	台	330	43.6
		西班牙	台	17	42.1
84137091	转速＜10 000r/min 的离心电动潜油泵及潜水泵	德国	台	6 619	2 108.9
		美国	台	2 814	625.9
		匈牙利	台	8 953	518.6
		意大利	台	15 558	465.4
		韩国	台	557	335.9
		日本	台	16 745	323.6
		英国	台	158	317.1
		新加坡	台	547	273.2
		中国台湾	台	7 875	259.8
		丹麦	台	503	213.2
		荷兰	台	60	170.6
		法国	台	1 003	148.6
		墨西哥	台	10 519	145.5
		爱尔兰	台	990	100.5
84137099	转速＜10 000r/min 的其他离心泵	德国	台	423 329	13 428.6
		美国	台	41 100	12 943.3
		日本	台	1 204 551	12 322.9
		挪威	台	655	5 690.3
		奥地利	台	469	5 623.6
		法国	台	328 884	5 051.7
		意大利	台	131 833	4 078.2
		中国台湾	台	99 255	3 709.6
		韩国	台	439 762	2 815.2
		丹麦	台	7 399	2 151.5
		荷兰	台	1 482	2 018.1
		墨西哥	台	130 740	1 746.3
		西班牙	台	42 714	1 516.1
		英国	台	2 228	1 282.7
		瑞士	台	1 159	1 232.1
		巴西	台	62	965.1
		瑞典	台	2 785	910.0
		比利时	台	116	761.6
		澳大利亚	台	243	684.9

（续）

商品编码	商品名称	国家或地区	进口量单位	进口量	进口金额（万美元）
84137099	转速＜10 000r/min 的其他离心泵	塞尔维亚	台	54 582	651.5
		印度	台	1 539	641.1
		芬兰	台	570	425.2
		中国	台	121 346	305.2
84138100	未列名液体泵	日本	台	381 629	4 269.2
		美国	台	43 253	2 533.6
		瑞士	台	197 700	2 261.8
		德国	台	399 078	1 589.8
		英国	台	7 551	1 028.2
		挪威	台	228	906.4
		西班牙	台	1 115	762.0
		韩国	台	119 452	729.1
		墨西哥	台	3 352	723.2
		荷兰	台	1 787	694.5
		意大利	台	1 075 693	686.7
		新加坡	台	141	320.3
		丹麦	台	493	317.0
		中国台湾	台	20 772	272.0
		土耳其	台	102 796	252.6
		中国	台	356 328	235.3
		法国	台	2 739	108.9
84138200	液体提升机	德国	台	6 278	397.5
		瑞典	台	1	19.4
		意大利	台	336	17.1
		英国	台	42	9.5
		日本	台	2	6.7
		美国	台	7	6.7
84139100	液体泵零件	德国	kg	4 665 877	17 817.1
		日本	kg	6 916 186	17 601.0
		美国	kg	2 687 522	9 371.7
		韩国	kg	4 426 175	6 085.0
		丹麦	kg	760 421	5 403.2
		意大利	kg	1 993 482	3 180.6
		中国台湾	kg	3 677 852	2 889.0
		西班牙	kg	943 775	2 313.3
		英国	kg	381 605	2 084.1
		瑞士	kg	333 715	1 797.1

（续）

商品编码	商品名称	国家或地区	进口量单位	进口量	进口金额（万美元）
84139100	液体泵零件	俄罗斯联邦	kg	15 670	1 658.2
		捷克	kg	281 975	1 574.4
		法国	kg	376 263	1 538.7
		荷兰	kg	319 446	1 534.7
		奥地利	kg	268 657	1 414.5
		泰国	kg	979 491	1 261.5
		新加坡	kg	152 771	1 255.8
		罗马尼亚	kg	567 644	1 153.6
		印度	kg	794 849	911.1
		瑞典	kg	227 860	820.3
		越南	kg	375 994	716.9
		中国	kg	321 958	682.3
84139200	液体提升机零件	荷兰	kg	291	7.4
		美国	kg	451	6.7
		意大利	kg	1 451	6.6
		以色列	kg	652	4.0
84141000	真空泵	韩国	台	42 133	25 407.0
		日本	台	912 371	21 403.4
		德国	台	753 986	15 135.7
		法国	台	91 862	5 922.4
		捷克	台	173 716	4 147.2
		美国	台	40 388	3 134.4
		瑞士	台	76 723	3 070.4
		中国台湾	台	49 327	2 843.5
		意大利	台	41 678	1 448.0
		英国	台	32 562	738.5
		罗马尼亚	台	87 719	718.4
		马来西亚	台	1 903	569.3
		匈牙利	台	56 541	346.1
		芬兰	台	48	238.1
		中国	台	17 512	231.9
		印度	台	657	171.9
		墨西哥	台	15 252	169.3
		西班牙	台	2 097	139.3
84142000	手动或脚踏式空气泵	中国台湾	台	842 114	145.1
		德国	台	17 992	67.0
		美国	台	3 263	41.4

（续）

商品编码	商品名称	国家或地区	进口量单位	进口量	进口金额（万美元）
84142000	手动或脚踏式空气泵	日本	台	66 351	38.0
		土耳其	台	4 000	24.8
		中国	台	39 338	24.4
84145930	离心通风机	德国	台	208 344	6 182.2
		韩国	台	27 886	1 868.6
		美国	台	12 959	1 248.2
		奥地利	台	161	1 201.3
		芬兰	台	502	995.0
		意大利	台	146 060	971.4
		日本	台	6 570	955.6
		泰国	台	301 237	517.4
		波兰	台	1 399	328.9
		中国台湾	台	10 232	247.4
		法国	台	10 897	244.2
		荷兰	台	1 017	243.1
		中国	台	923 390	226.4
		比利时	台	110	204.9
		马来西亚	台	6 992	200.9
		斯洛文尼亚	台	6 621	173.4
		捷克	台	4 730	136.6
		英国	台	321	113.3
		爱沙尼亚	台	29	104.2
84145990	未列名风机、风扇	中国	台	92 588 344	25 685.2
		德国	台	1 769 175	15 058.1
		菲律宾	台	20 029 005	14 211.1
		意大利	台	919 154	5 182.0
		韩国	台	1 557 471	4 716.7
		越南	台	15 794 570	3 387.2
		美国	台	93 409	3 371.7
		中国台湾	台	2 689 535	2 785.2
		日本	台	487 120	2 390.6
		泰国	台	3 782 457	1 875.1
		芬兰	台	8 393	1 865.7
		匈牙利	台	229 919	957.1
		柬埔寨	台	6 565 045	766.5
		法国	台	17 954	702.8
		比利时	台	468	495.4

（续）

商品编码	商品名称	国家或地区	进口量单位	进口量	进口金额（万美元）
84145990	未列名风机、风扇	瑞典	台	40 495	425.7
		瑞士	台	12 506	269.9
		波兰	台	404 397	246.4
		英国	台	6 147	218.7
		马来西亚	台	32 978	202.8
		丹麦	台	1 094	202.7
		墨西哥	台	19 776	202.6
84148020	二氧化碳压缩机	巴西	台	1	6 537.9
		日本	台	18	497.0
		德国	台	514	240.8
		意大利	台	803	138.5
		奥地利	台	8 980	19.1
84148040	空气及其他气体压缩机	日本	台	7 603	15 958.0
		德国	台	44 054	12 856.9
		瑞士	台	335	9 384.2
		美国	台	10 521	8 830.3
		意大利	台	4 121	5 294.2
		韩国	台	12 399	4 528.5
		挪威	台	143	2 194.1
		比利时	台	679	1 929.0
		巴西	台	1 880	1 784.7
		法国	台	5 373	1 203.6
		印度	台	30 976	784.9
		英国	台	678	577.2
		泰国	台	468 998	443.1
		奥地利	台	2 415	361.8
		匈牙利	台	346	278.1
		西班牙	台	45	263.8
		中国	台	3 310	240.2
		芬兰	台	49	222.1
84148090	其他空气泵，通风罩、循环气罩	美国	台	59 998	5 207.8
		日本	台	310 128	4 839.9
		德国	台	121 656	4 025.5
		中国	台	18 590 667	2 450.8
		法国	台	34 305	2 019.8
		意大利	台	27 990	1 757.9
		韩国	台	14 892	1 268.5

（续）

商品编码	商品名称	国家或地区	进口量单位	进口量	进口金额（万美元）
84148090	其他空气泵，通风罩、循环气罩	瑞士	台	1 128	1 132.6
		印度尼西亚	台	21 768	931.8
		中国台湾	台	125 080	729.1
		挪威	台	375	369.0
		荷兰	台	337	299.8
		英国	台	2 819	228.6
		芬兰	台	135	167.9
		马来西亚	台	261 587	158.4
		菲律宾	台	7 893	151.0
		波兰	台	83 228	129.8
		捷克	台	32 169	125.6
		比利时	台	233	120.6
		澳大利亚	台	18 309	113.1
84193100	农产品干燥器	日本	台	28	214.4
		中国台湾	台	36	178.4
		荷兰	台	2	150.4
		英国	台	81	43.3
		意大利	台	5	31.6
		韩国	台	37	20.8
84193200	木材、纸浆、纸或纸板干燥器	芬兰	台	35	750.0
		德国	台	123	539.2
		法国	台	3	136.7
		瑞典	台	6	98.0
		英国	台	4	81.9
		荷兰	台	1	58.8
		瑞士	台	1	55.2
84193990	未列名干燥器	德国	台	29 404	12 245.5
		韩国	台	768	8 738.6
		日本	台	2 684	7 329.5
		中国台湾	台	12 967	1 926.7
		美国	台	1 479	1 781.9
		印度尼西亚	台	3	1 265.8
		意大利	台	728	880.6
		英国	台	859	432.2
		西班牙	台	76	350.9
		中国	台	2 294	340.6
		丹麦	台	59	244.5

（续）

商品编码	商品名称	国家或地区	进口量单位	进口量	进口金额（万美元）
84193990	未列名干燥器	荷兰	台	33	193.8
		瑞士	台	105	182.0
		泰国	台	236	167.8
		奥地利	台	89	163.4
		比利时	台	145	148.0
		菲律宾	台	10	115.2
		法国	台	376	87.5
84196011	制氧量≥ 15 000m^3/h 的制氧机	法国	台	2	9.1
		德国	台	6	0.7
84196019	其他制氧机	斯洛伐克	台	2	49.0
		韩国	台	593	33.2
		美国	台	288	26.0
		德国	台	204	8.3
		日本	台	1 002	6.7
84196090	未列名液化空气或其他气体的机器	美国	台	51	508.8
		法国	台	9	397.5
		瑞士	台	1	258.4
		比利时	台	5	237.1
		丹麦	台	9	225.6
		中国台湾	台	35	118.8
		德国	台	322	110.1
		挪威	台	7	107.8
		意大利	台	6	75.0
		西班牙	台	4	52.2
		英国	台	16	50.2
84211920	固液分离机	德国	台	1 220	7 094.0
		日本	台	305	910.3
		斯洛伐克	台	12	749.2
		意大利	台	106	710.9
		瑞士	台	22	576.5
		美国	台	2 537	447.1
		英国	台	21	387.8
		瑞典	台	23	282.4
		波兰	台	21	173.6
		印度	台	28	134.1
		奥地利	台	24	73.4
		韩国	台	200	66.6

（续）

商品编码	商品名称	国家或地区	进口量单位	进口量	进口金额（万美元）
84211920	固液分离机	中国	台	34	60.3
		丹麦	台	4	54.5
84211990	未列名离心机，包括离心干燥机	德国	台	17 517	11 037.7
		美国	台	4 930	4 833.1
		日本	台	3 475	2 592.7
		瑞典	台	111	1 251.4
		瑞士	台	188	691.3
		意大利	台	310	356.9
		中国	台	1 260	355.4
		英国	台	4 464	295.2
		印度	台	1 266	294.6
		马来西亚	台	156	277.1
		韩国	台	1 694	214.6
		芬兰	台	16	88.2
		法国	台	962	79.8
		中国台湾	台	1 162	76.9
		保加利亚	台	5	65.7
		西班牙	台	78	64.4
		新加坡	台	112	58.5
84212910	压滤机	德国	个	86	1 654.6
		中国台湾	个	34	447.9
		芬兰	个	2	208.4
		韩国	个	8	199.7
		日本	个	12	170.8
		荷兰	个	8	118.6
		比利时	个	2	87.7
		美国	个	156	83.6
84811000	减压阀	德国	套	4 672 340	8 469.3
		美国	套	7 524 906	7 319.2
		日本	套	6 752 092	7 219.3
		意大利	套	2 783 198	5 495.2
		韩国	套	4 078 745	2 112.4
		法国	套	446 448	1 679.8
		中国	套	1 658 835	1 078.1
		英国	套	196 970	1 030.1
		匈牙利	套	193 970	773.5
		墨西哥	套	183 873	723.8

（续）

商品编码	商品名称	国家或地区	进口量单位	进口量	进口金额（万美元）
84811000	减压阀	奥地利	套	27 223	639.8
		捷克	套	563 798	603.0
		中国台湾	套	849 344	550.1
		新加坡	套	4 845	497.9
		泰国	套	286 128	491.1
		印度	套	23 323	484.3
		瑞士	套	17 297 290	334.9
		马来西亚	套	407	310.1
		保加利亚	套	11 964	247.1
		荷兰	套	26 518	222.7
		以色列	套	9 148	182.6
		波兰	套	193 701	180.3
		西班牙	套	20 522	177.8
		斯洛伐克	套	129 800	132.9
		加拿大	套	8 315	122.3
		卢森堡	套	3 387	110.5
84812010	油压传动阀	日本	套	76 075 958	40 083.9
		德国	套	4 009 195	19 066.9
		美国	套	12 403 707	17 709.9
		越南	套	8 164 455	11 962.5
		韩国	套	24 036 186	11 890.4
		意大利	套	1 628 335	6 059.2
		比利时	套	23 750 626	4 737.4
		英国	套	1 201 113	3 195.6
		中国台湾	套	762 953	2 607.9
		瑞士	套	87 150	1 916.2
		墨西哥	套	971 601	815.8
		瑞典	套	14 439	726.9
		印度	套	170 411	679.5
		法国	套	179 284	616.5
		捷克	套	428 242	434.4
		奥地利	套	1 730	369.7
		丹麦	套	5 514	340.1
		泰国	套	7 231	328.2
		菲律宾	套	4 744	212.4
		土耳其	套	22 352	150.8
		波兰	套	13 224	131.2

（续）

商品编码	商品名称	国家或地区	进口量单位	进口量	进口金额（万美元）
84812020	气压传动阀	日本	套	10 900 814	18 237.6
		德国	套	3 499 912	9 979.1
		英国	套	101 645	4 734.0
		美国	套	529 593	4 016.9
		瑞士	套	669 196	2 658.9
		韩国	套	1 006 780	2 207.1
		印度	套	5 083 227	1 972.9
		波兰	套	1 084 075	1 755.9
		意大利	套	264 737	1 669.5
		法国	套	70 409	1 434.7
		中国台湾	套	965 896	1 203.2
		卢森堡	套	366 411	883.9
		匈牙利	套	291 476	628.1
		荷兰	套	10 964	467.8
		西班牙	套	4 302	447.1
		中国	套	61 963	420.6
		马来西亚	套	395	329.8
		芬兰	套	509	169.3
		奥地利	套	61 812	158.0
		捷克	套	87 583	154.7
		以色列	套	26 815	133.4
		瑞典	套	36 974	129.3
84813000	止回阀	德国	套	54 214 272	10 071.9
		美国	套	62 980 970	7 565.4
		日本	套	145 262 801	5 855.6
		韩国	套	21 172 394	3 457.9
		意大利	套	6 041 728	3 448.3
		英国	套	11 445 081	2 406.3
		法国	套	11 083 823	1 322.3
		荷兰	套	2 127 381	1 167.5
		中国台湾	套	43 588 903	1 123.4
		西班牙	套	2 067 652	965.5
		印度	套	70 756	581.5
		瑞士	套	169 959	523.1
		墨西哥	套	2 745 644	478.7
		以色列	套	1 748 242	463.7
		加拿大	套	5 704	438.2

（续）

商品编码	商品名称	国家或地区	进口量单位	进口量	进口金额（万美元）
84813000	止回阀	奥地利	套	462 020	311.2
		瑞典	套	377 169	307.6
		卢森堡	套	1 021 442	274.2
		捷克	套	1 678 836	255.1
		匈牙利	套	257 693	249.3
		新加坡	套	4 389	227.3
		中国	套	20 477 471	213.9
84814000	安全阀或溢流阀	美国	套	5 398 389	8 234.5
		德国	套	22 583 326	8 187.4
		日本	套	7 175 231	6 038.0
		意大利	套	4 128 246	4 093.0
		法国	套	328 777	2 479.8
		韩国	套	5 368 956	2 419.5
		新加坡	套	1 465	1 764.0
		英国	套	199 503	1 152.9
		中国台湾	套	1 170 175	1 147.6
		捷克	套	3 085 519	1 135.8
		比利时	套	380 928	514.0
		加拿大	套	10 103	436.9
		泰国	套	1 966 547	426.1
		中国	套	1 401 989	420.6
		墨西哥	套	577 431	296.8
		奥地利	套	77 917	285.9
		瑞士	套	178 854	285.7
		印度	套	105 061	261.6
		匈牙利	套	53 615	259.0
84819010	阀门零件	日本	kg	11 944 206	28 676.0
		德国	kg	4 043 062	19 700.6
		美国	kg	2 153 603	13 413.8
		韩国	kg	6 317 738	12 110.6
		法国	kg	516 210	4 889.6
		中国台湾	kg	1 745 110	3 679.1
		意大利	kg	1 798 921	3 148.8
		中国	kg	970 534	3 030.9
		英国	kg	234 122	1 976.6
		奥地利	kg	174 824	1 944.3
		西班牙	kg	448 545	1 732.4

（续）

商品编码	商品名称	国家或地区	进口量单位	进口量	进口金额（万美元）
84819010	阀门零件	马来西亚	kg	746 681	1 714.1
		印度	kg	1 354 040	1 568.2
		越南	kg	378 420	1 443.7
		瑞士	kg	162 935	1 336.9
		泰国	kg	616 392	1 336.9
		丹麦	kg	439 910	1 292.8
		加拿大	kg	73 127	1 067.8
		荷兰	kg	113 163	957.4
		以色列	kg	717 331	618.0
		墨西哥	kg	156 172	568.6
		匈牙利	kg	88 456	555.4
		新加坡	kg	51 223	538.8
		比利时	kg	126 818	478.2
		捷克	kg	127 824	465.2
84834020	行星齿轮减速器	德国	个	55 475	8 845.6
		日本	个	117 673	6 225.2
		意大利	个	65 470	3 375.0
		韩国	个	47 323	3 018.1
		印度	个	71 297	1 913.3
		中国台湾	个	95 967	1 567.3
		美国	个	2 906	1 014.5
		瑞士	个	4 610	583.3
		中国香港	个	1 130	346.8
		法国	个	1 944	302.5
		芬兰	个	2 138	244.5
		斯洛伐克	个	1 146	137.1
		英国	个	43	118.3
		丹麦	个	301	76.4
84834090	齿轮及其他变速、传动装置；滚珠螺杆传动轴	德国	个	11 680 301	31 588.4
		日本	个	32 347 962	23 907.2
		中国台湾	个	23 573 639	19 669.3
		美国	个	1 491 240	18 201.9
		意大利	个	29 755 120	7 212.8
		法国	个	2 101 089	3 992.5
		比利时	个	8 960	3 607.6
		韩国	个	7 998 126	3 113.4
		瑞士	个	8 588 389	1 338.7

（续）

商品编码	商品名称	国家或地区	进口量单位	进口量	进口金额（万美元）
84834090	齿轮及其他变速、传动装置；滚珠螺杆传动轴	芬兰	个	7 878	1 173.6
		西班牙	个	273 314	1 071.7
		瑞典	个	1 144 242	930.5
		中国	个	8 544 391	828.3
		斯洛伐克	个	15 034	796.0
		英国	个	28 913	750.4
		印度	个	542 760	718.7
		奥地利	个	24 999	646.9
		捷克	个	1 636 466	638.8
		波兰	个	713 054	525.2
		巴西	个	44 318	461.6
		新加坡	个	690 340	433.4
		丹麦	个	5 801 442	370.1
		加拿大	个	862 678	296.3
		印度尼西亚	个	6 926	269.6
		越南	个	10 632 662	263.3
		菲律宾	个	165 303	237.5
		墨西哥	个	220 479	233.4
		澳大利亚	个	3 470	216.9

2019 年通用机械主要出口国家（地区）量值

商品编码	商品名称	国家或地区	出口量单位	出口量	出口金额（万美元）
84131100	分装燃料或润滑油的计量泵，加油站或车库用	印度	台	18 333	1 257.4
		尼日利亚	台	6 473	901.1
		菲律宾	台	3 683	662.8
		澳大利亚	台	3 856	578.9
		沙特阿拉伯	台	3 616	529.5
		美国	台	106 982	484.1
		泰国	台	6 773	463.7

（续）

商品编码	商品名称	国家或地区	出口量单位	出口量	出口金额（万美元）
84131100	分装燃料或润滑油的计量泵，加油站或车库用	越南	台	8 314	310.2
		肯尼亚	台	6 976	265.0
		印度尼西亚	台	12 938	246.9
		也门	台	2 799	242.8
		伊拉克	台	7 801	240.4
		柬埔寨	台	3 199	196.9
		乌兹别克斯坦	台	235	183.4
		缅甸	台	790	182.1
84131900	其他装有或可装计量装置的液体泵	中国香港	台	30 717	1 092.7
		美国	台	252 796	862.8
		意大利	台	113 557	522.3
		德国	台	59 825	420.6
		日本	台	32 904	377.8
		韩国	台	26 212	337.3
		泰国	台	23 394	332.5
		印度尼西亚	台	93 300	303.5
		新加坡	台	10 305	295.3
		俄罗斯联邦	台	66 101	272.4
		越南	台	26 548	237.3
		马来西亚	台	11 001	190.1
		英国	台	25 795	183.6
		巴西	台	34 256	164.2
		印度	台	53 570	164.0
		中国台湾	台	18 523	160.0
84135010	气动往复式排液泵	美国	台	202 358	1 159.3
		中国台湾	台	10 123	1 070.6
		英国	台	807 315	1 006.7
		比利时	台	92 909	711.0
		新加坡	台	13 830	561.6
		韩国	台	14 617	249.6
		巴西	台	12 128	247.5
		澳大利亚	台	48 973	243.1
		马来西亚	台	10 363	200.3
		越南	台	14 113	167.0
		荷兰	台	13 913	154.5
		俄罗斯联邦	台	11 399	112.9

（续）

商品编码	商品名称	国家或地区	出口量单位	出口量	出口金额（万美元）
84135020	电动往复式排液泵	中国香港	台	7 183 604	3 062.3
		印度	台	1 995 799	2 768.6
		美国	台	1 179 537	2 575.9
		印度尼西亚	台	6 077 527	2 094.5
		俄罗斯联邦	台	170 724	978.0
		越南	台	737 960	847.1
		德国	台	245 259	711.6
		意大利	台	1 254 011	533.9
		韩国	台	817 485	490.0
		巴西	台	286 949	485.2
		日本	台	41 758	479.8
		沙特阿拉伯	台	140 850	311.7
		新加坡	台	44 616	309.5
		刚果（金）	台	386	292.9
		土耳其	台	520 081	279.0
		加拿大	台	147 484	255.3
		巴基斯坦	台	74 213	238.5
		波兰	台	134 537	235.4
		哥伦比亚	台	7 398	225.6
		瑞士	台	71 455	225.2
		蒙古	台	51	205.3
84135031	液压往复式柱塞泵	美国	台	547 339	1 865.6
		越南	台	568 198	1 064.4
		俄罗斯联邦	台	40 189	564.8
		沙特阿拉伯	台	1 244	528.5
		印度尼西亚	台	143 881	466.3
		新加坡	台	2 172	426.2
		巴西	台	140 990	343.1
		阿尔及利亚	台	49 574	338.1
		印度	台	21 155	316.9
		科威特	台	54	300.1
		哈萨克斯坦	台	21 246	244.8
		埃及	台	1 448	239.6
		泰国	台	38 818	219.6
84135039	其他液压往复式排液泵	美国	台	419 388	1 790.8
		马来西亚	台	346 284	942.9

（续）

商品编码	商品名称	国家或地区	出口量单位	出口量	出口金额（万美元）
84135039	其他液压往复式排液泵	巴西	台	70 769	518.8
		德国	台	25 364	436.6
		哈萨克斯坦	台	143 680	366.9
		越南	台	399 939	284.4
		新加坡	台	2 155	243.4
		印度尼西亚	台	279 396	226.6
		印度	台	7 585	211.1
		尼日利亚	台	244 384	149.2
84135090	未列名往复式排液泵	美国	台	607 862	2 668.6
		俄罗斯联邦	台	6 998	679.5
		加拿大	台	45 929	464.5
		中国香港	台	3 483 356	412.8
		马来西亚	台	3 213 995	408.4
		韩国	台	245 650	405.3
		印度	台	202 563	296.2
		意大利	台	57 281	278.7
		阿尔及利亚	台	2 792	252.2
		牙买加	台	68	177.5
		澳大利亚	台	20 893	157.1
84136021	电动回转式齿轮泵	美国	台	441 158	6 445.9
		荷兰	台	45 181	607.5
		日本	台	631 286	488.8
		印度	台	39 942	389.7
		印度尼西亚	台	60 704	179.6
		越南	台	12 061	114.6
		泰国	台	191 354	106.6
		英国	台	7 537	94.0
		德国	台	14 706	80.5
84136022	液压回转式齿轮泵	美国	台	267 304	2 376.0
		巴西	台	48 323	332.4
		印度	台	25 282	264.7
		韩国	台	41 068	263.9
		泰国	台	13 575	247.0
		俄罗斯联邦	台	16 656	193.6
		越南	台	45 995	167.6
		日本	台	10 484	166.3

（续）

商品编码	商品名称	国家或地区	出口量单位	出口量	出口金额（万美元）
84136022	液压回转式齿轮泵	印度尼西亚	台	14 498	165.1
		马来西亚	台	14 704	148.5
		土耳其	台	41 885	139.7
84136029	其他回转式齿轮泵	美国	台	66 755	792.8
		印度尼西亚	台	37 381	323.9
		印度	台	86 738	235.5
		泰国	台	27 623	154.4
		马来西亚	台	33 326	148.0
		越南	台	30 924	114.3
		韩国	台	4 919	97.6
		土耳其	台	24 512	88.4
		俄罗斯联邦	台	14 463	83.0
84136031	电动回转式叶片泵	美国	台	742 262	1 007.1
		日本	台	347 727	682.8
		孟加拉国	台	332 754	673.4
		泰国	台	724 816	425.4
		越南	台	547 244	314.9
		法国	台	63 289	284.0
		俄罗斯联邦	台	141 806	252.6
		伊拉克	台	135 091	247.2
		土耳其	台	216 668	221.6
		英国	台	77 775	208.9
		哈萨克斯坦	台	77 150	190.3
		澳大利亚	台	64 157	171.6
		希腊	台	485	140.2
84136032	液压回转式叶片泵	美国	台	125 348	487.1
		日本	台	9 798	213.1
		韩国	台	8 243	178.3
		俄罗斯联邦	台	40 994	166.1
		印度	台	19 848	115.1
		越南	台	19 078	102.7
		泰国	台	10 321	84.8
84136039	其他回转式叶片泵	美国	台	1 322 077	1 505.8
		日本	台	356 359	947.2
		阿拉伯联合酋长国	台	177 785	616.0
		德国	台	121 661	487.5

（续）

商品编码	商品名称	国家或地区	出口量单位	出口量	出口金额（万美元）
84136039	其他回转式叶片泵	巴西	台	139 628	456.4
		印度尼西亚	台	497 918	321.8
		英国	台	198 590	315.7
		泰国	台	140 195	238.9
		墨西哥	台	66 572	229.6
		俄罗斯联邦	台	45 597	176.3
		土耳其	台	33 891	131.6
84136040	回转式螺杆泵	哈萨克斯坦	台	4 541	516.8
		菲律宾	台	10 253	475.7
		南苏丹共和国	台	39	338.9
		日本	台	3 920	295.8
		印度尼西亚	台	19 830	192.1
		加拿大	台	3 516	184.6
		澳大利亚	台	2 919	179.4
		马来西亚	台	1 756	165.6
		乍得	台	40	157.2
		吉尔吉斯斯坦	台	12 810	148.5
		新加坡	台	25 087	142.4
		泰国	台	3 150	122.7
		伊拉克	台	1 510	122.0
84136050	回转式径向柱塞泵	丹麦	台	2 526	148.0
		韩国	台	1 914	100.0
		泰国	台	2 449	24.1
		越南	台	475	22.4
		斯里兰卡	台	28	17.3
		毛里塔尼亚	台	5	15.2
		蒙古	台	14	10.3
84136060	回转式轴向柱塞泵	美国	台	326 337	960.8
		日本	台	9 837	883.1
		印度尼西亚	台	115 239	604.2
		印度	台	22 174	475.8
		澳大利亚	台	2 770	281.5
		巴西	台	32 504	279.3
		泰国	台	10 292	265.1
		中国香港	台	5 065	139.0
		马来西亚	台	11 259	121.0

（续）

商品编码	商品名称	国家或地区	出口量单位	出口量	出口金额（万美元）
84136090	其他回转式排液泵	美国	台	2 247 285	6 084.3
		德国	台	1 326 354	5 371.8
		俄罗斯联邦	台	615 268	1 876.4
		泰国	台	1 056 859	1 514.4
		阿拉伯联合酋长国	台	332 523	1 408.3
		伊拉克	台	454 917	1 280.5
		乌兹别克斯坦	台	327 922	1 173.0
		日本	台	466 391	1 092.8
		澳大利亚	台	186 146	1 057.5
		印度	台	997 644	1 037.6
		孟加拉国	台	228 096	1 022.5
		尼日利亚	台	185 485	1 002.8
		埃及	台	349 369	984.4
		印度尼西亚	台	306 651	973.4
		阿尔及利亚	台	378 394	969.7
		土耳其	台	358 716	925.6
		墨西哥	台	454 031	924.7
		伊朗	台	323 806	908.2
		法国	台	256 230	904.6
		意大利	台	332 187	882.1
		越南	台	158 668	872.4
		波兰	台	412 343	868.3
		缅甸	台	265 794	860.1
		巴西	台	412 882	856.7
84137010	转速≥10 000r/min 的离心泵	韩国	台	2 981 623	758.7
		越南	台	23 999	520.7
		印度尼西亚	台	13 983	407.3
		美国	台	1 484 272	283.1
		乌兹别克斯坦	台	7 173	268.2
		德国	台	1 360 897	239.8
		印度	台	597 528	230.4
		巴基斯坦	台	75 812	210.9
		俄罗斯联邦	台	865 900	169.1
		意大利	台	1 106 363	152.8
		泰国	台	404 090	145.5

（续）

商品编码	商品名称	国家或地区	出口量单位	出口量	出口金额（万美元）
84137091	转速＜10 000r/min 的离心电动潜油泵及潜水泵	美国	台	5 447 183	13 782.5
		俄罗斯联邦	台	2 143 167	5 047.0
		印度尼西亚	台	3 107 769	5 006.2
		孟加拉国	台	743 860	4 555.9
		越南	台	1 433 093	4 212.1
		巴基斯坦	台	1 133 693	4 039.3
		德国	台	1 476 469	3 824.7
		尼日利亚	台	518 548	2 743.0
		泰国	台	927 149	2 533.0
		墨西哥	台	1 630 830	2 183.1
		巴西	台	831 774	2 041.0
		波兰	台	661 220	1 901.2
		日本	台	1 528 719	1 834.5
		伊拉克	台	1 897 282	1 743.6
		阿拉伯联合酋长国	台	366 065	1 701.9
		摩洛哥	台	196 849	1 395.8
		韩国	台	502 833	1 273.7
		乌克兰	台	430 815	1 228.0
		荷兰	台	778 130	1 179.4
		法国	台	489 202	1 120.9
		印度	台	513 753	1 116.0
		意大利	台	476 243	1 104.6
		利比亚	台	247 836	1 089.4
		英国	台	678 515	1 045.0
		澳大利亚	台	462 518	1 041.7
		伊朗	台	361 597	1 027.6
84137099	转速＜10 000r/min 的其他离心泵	美国	台	12 963 146	18 654.0
		印度尼西亚	台	1 965 019	12 855.0
		巴基斯坦	台	703 564	11 167.1
		俄罗斯联邦	台	5 482 200	8 523.3
		泰国	台	3 030 473	7 247.4
		孟加拉国	台	1 366 938	6 946.6
		越南	台	1 506 471	6 332.9
		日本	台	3 116 200	5 857.4
		马来西亚	台	1 042 068	5 543.3
		伊拉克	台	2 943 805	5 383.3

（续）

商品编码	商品名称	国家或地区	出口量单位	出口量	出口金额（万美元）
84137099	转速＜10 000r/min 的其他离心泵	印度	台	2 405 127	5 081.5
		菲律宾	台	738 050	4 423.5
		波兰	台	4 436 728	4 250.1
		土耳其	台	7 936 473	4 211.6
		墨西哥	台	3 616 222	4 079.8
		阿拉伯联合酋长国	台	645 152	3 801.9
		德国	台	1 235 710	3 708.6
		澳大利亚	台	494 197	3 679.8
		缅甸	台	763 323	3 396.5
		韩国	台	979 865	3 280.0
		中国香港	台	1 095 166	2 892.7
		巴西	台	1 502 761	2 813.8
		伊朗	台	1 212 789	2 782.2
		沙特阿拉伯	台	707 906	2 724.2
		乌兹别克斯坦	台	478 167	2 579.3
		意大利	台	1 508 764	2 447.7
		尼日利亚	台	474 887	2 211.8
		埃及	台	1 519 455	2 150.1
		哈萨克斯坦	台	421 569	2 085.2
		中国台湾	台	486 731	2 080.9
		新加坡	台	134 240	1 806.6
		荷兰	台	698 138	1 799.4
		刚果（金）	台	20 886	1 732.1
		阿尔及利亚	台	560 666	1 513.5
		英国	台	1 093 130	1 438.6
		法国	台	328 965	1 428.8
		南非	台	225 753	1 300.4
84138100	未列名液体泵	美国	台	1 373 324	3 235.0
		印度尼西亚	台	493 095	1 823.6
		菲律宾	台	139 540	1 466.0
		墨西哥	台	1 647 253	1 409.4
		中国香港	台	1 529 830	1 384.0

（续）

商品编码	商品名称	国家或地区	出口量单位	出口量	出口金额（万美元）
84138100	未列名液体泵	德国	台	2 094 358	943.2
		日本	台	284 369	855.6
		英国	台	413 769	770.8
		马来西亚	台	140 171	613.6
		孟加拉国	台	6 536	504.6
		泰国	台	99 680	455.1
		伊拉克	台	20 250	412.4
		澳大利亚	台	103 900	397.5
		印度	台	90 037	371.7
		阿拉伯联合酋长国	台	35 625	348.7
		尼日利亚	台	97 256	342.4
		越南	台	111 866	341.1
84138200	液体提升机	德国	台	7 448	88.5
		印度尼西亚	台	6 310	45.2
		泰国	台	715	26.3
		伊朗	台	300	18.7
		英国	台	868	18.1
		马来西亚	台	5 144	12.2
		埃塞俄比亚	台	16	12.0
84139100	液体泵零件	美国	kg	82 041 588	57 586.7
		日本	kg	19 082 186	12 842.2
		德国	kg	12 548 388	9 260.7
		加拿大	kg	7 487 980	8 215.1
		意大利	kg	15 466 037	7 631.1
		印度尼西亚	kg	26 137 876	6 741.0
		韩国	kg	12 388 247	5 491.9
		俄罗斯联邦	kg	8 373 011	5 454.9
		印度	kg	4 453 584	3 955.1
		澳大利亚	kg	11 036 988	3 930.0
		新加坡	kg	3 104 840	3 861.7
		墨西哥	kg	5 185 526	3 418.8
		中国香港	kg	1 499 482	3 258.0

（续）

商品编码	商品名称	国家或地区	出口量单位	出口量	出口金额（万美元）
84139100	液体泵零件	中国台湾	kg	6 807 581	3 214.8
		荷兰	kg	4 317 734	3 182.1
		英国	kg	4 083 155	3 145.2
		西班牙	kg	3 310 556	2 614.7
		丹麦	kg	2 306 662	2 162.2
		泰国	kg	2 751 870	1 935.3
		刚果（金）	kg	1 046 483	1 842.9
		越南	kg	2 064 944	1 770.7
		法国	kg	3 099 757	1 728.7
		阿拉伯联合酋长国	kg	2 170 301	1 711.8
		伊朗	kg	1 646 909	1 618.2
		芬兰	kg	1 600 900	1 566.3
		南非	kg	2 869 802	1 550.4
		匈牙利	kg	2 737 762	1 539.5
		巴西	kg	1 370 304	1 511.6
		马来西亚	kg	1 739 604	1 451.5
		巴基斯坦	kg	1 668 257	1 354.8
		瑞典	kg	1 222 064	1 182.6
		波兰	kg	1 464 354	1 153.3
		马绍尔群岛	kg	195 581	1 024.1
		埃及	kg	1 646 206	1 015.4
		土耳其	kg	1 048 938	1 013.8
84139200	液体提升机零件	美国	kg	235 722	344.8
		瑞典	kg	19 634	144.2
		巴西	kg	44 263	128.7
		南非	kg	157 030	88.3
		以色列	kg	122 287	57.9
		西班牙	kg	72 804	49.6
		印度	kg	16 247	42.0
84141000	真空泵	美国	台	4 891 943	8 701.8
		日本	台	578 861	3 693.6
		墨西哥	台	743 651	2 141.2

（续）

商品编码	商品名称	国家或地区	出口量单位	出口量	出口金额（万美元）
84141000	真空泵	韩国	台	657 876	1 975.2
		印度	台	82 133	1 325.0
		越南	台	63 373	1 267.2
		德国	台	256 868	1 246.9
		中国台湾	台	111 817	1 091.2
		印度尼西亚	台	191 119	787.2
		意大利	台	168 567	757.6
		泰国	台	90 177	719.7
		中国香港	台	200 477	701.8
		俄罗斯联邦	台	118 920	696.1
		加拿大	台	205 562	695.3
		马来西亚	台	67 027	523.4
		巴西	台	74 864	438.2
		捷克	台	16 089	361.1
		澳大利亚	台	44 079	343.6
		新加坡	台	9 206	331.2
84142000	手动或脚踏式空气泵	美国	台	16 011 767	2 933.6
		印度	台	15 354 653	1 994.2
		德国	台	5 733 591	1 164.4
		日本	台	5 018 871	928.2
		印度尼西亚	台	5 948 576	909.7
		越南	台	3 736 692	776.8
		荷兰	台	3 263 757	734.1
		比利时	台	2 034 131	686.0
		英国	台	3 618 566	679.0
		菲律宾	台	2 864 885	591.6
		巴西	台	5 214 870	590.0
		泰国	台	3 083 605	571.3
84145930	离心通风机	美国	台	1 790 147	5 974.9
		中国香港	台	3 465 919	4 540.2
		印度尼西亚	台	124 843	3 517.0
		越南	台	298 589	3 209.6

（续）

商品编码	商品名称	国家或地区	出口量单位	出口量	出口金额（万美元）
84145930	离心通风机	日本	台	1 964 494	2 453.6
		韩国	台	4 610 705	1 821.5
		印度	台	144 407	1 504.5
		俄罗斯联邦	台	322 160	1 304.4
		菲律宾	台	4 546 488	1 176.4
		意大利	台	2 189 683	1 103.7
		澳大利亚	台	235 163	971.6
		乌兹别克斯坦	台	7 609	867.2
		泰国	台	970 463	808.6
		德国	台	592 379	803.3
		马来西亚	台	129 300	785.8
		英国	台	554 679	769.1
		阿拉伯联合酋长国	台	128 037	734.8
		墨西哥	台	405 784	703.1
		法国	台	257 958	622.3
		加拿大	台	166 416	589.8
		土耳其	台	686 967	522.6
		新加坡	台	113 023	513.8
84145990	未列名风机、风扇	中国香港	台	159 548 066	35 986.0
		美国	台	28 067 499	26 850.1
		日本	台	38 590 224	13 316.1
		韩国	台	22 922 749	7 307.5
		中国台湾	台	20 788 607	6 822.1
		越南	台	10 752 929	5 776.6
		印度尼西亚	台	4 705 722	5 341.2
		马来西亚	台	6 728 953	4 961.2
		德国	台	7 314 525	3 851.9
		巴西	台	8 717 502	3 503.6
		新加坡	台	4 243 458	3 435.4
		墨西哥	台	4 373 956	3 380.5
		印度	台	14 820 564	3 376.0
		泰国	台	9 429 045	3 345.5

（续）

商品编码	商品名称	国家或地区	出口量单位	出口量	出口金额（万美元）
84145990	未列名风机、风扇	波兰	台	4 625 501	3 196.0
		俄罗斯联邦	台	2 911 801	2 473.7
		意大利	台	3 509 200	2 332.0
		英国	台	3 474 144	1 949.4
		荷兰	台	2 907 996	1 905.0
		澳大利亚	台	756 984	1 825.2
		菲律宾	台	2 943 423	1 821.6
		阿拉伯联合酋长国	台	1 387 104	1 793.3
		土耳其	台	3 164 815	1 674.2
		加拿大	台	1 801 381	1 643.0
		捷克	台	2 046 733	1 499.3
		法国	台	921 760	1 131.8
84148020	二氧化碳压缩机	日本	台	120 715	1 748.1
		丹麦	台	27	156.6
		意大利	台	3 361	41.7
		韩国	台	9	16.3
		马来西亚	台	398	15.6
		孟加拉国	台	6	12.0
84148040	空气及其他气体压缩机	美国	台	2 934 312	21 948.4
		越南	台	197 855	8 052.2
		印度尼西亚	台	232 681	5 287.5
		德国	台	783 084	5 086.0
		泰国	台	186 846	4 725.8
		俄罗斯联邦	台	318 539	4 689.3
		意大利	台	1 540 161	4 344.4
		中国台湾	台	58 262	3 845.8
		印度	台	210 350	3 801.2
		澳大利亚	台	180 007	3 733.7
		乌兹别克斯坦	台	31 033	3 170.7
		韩国	台	235 239	3 166.4
		马来西亚	台	130 189	3 166.0
		日本	台	574 922	3 077.7

（续）

商品编码	商品名称	国家或地区	出口量单位	出口量	出口金额（万美元）
84148040	空气及其他气体压缩机	墨西哥	台	250 457	2 043.7
		波兰	台	344 422	2 021.9
		法国	台	299 297	2 007.4
		缅甸	台	88 485	1 842.6
		巴西	台	213 010	1 666.0
		菲律宾	台	47 819	1 564.8
		南非	台	63 618	1 467.4
		荷兰	台	223 099	1 451.3
		巴基斯坦	台	70 599	1 418.8
		土耳其	台	215 597	1 414.5
		英国	台	168 103	1 358.6
		加拿大	台	168 236	1 320.3
		比利时	台	94 372	1 304.2
		新加坡	台	9 446	1 261.0
		西班牙	台	129 451	1 114.6
		埃及	台	69 225	1 089.4
		哈萨克斯坦	台	36 298	1 055.6
84148090	其他空气泵，通风罩、循环气罩	美国	台	15 575 397	17 928.6
		德国	台	5 542 579	5 911.3
		日本	台	23 148 922	5 175.2
		英国	台	3 244 123	3 609.9
		韩国	台	3 548 789	3 379.9
		俄罗斯联邦	台	3 084 238	3 327.6
		印度	台	2 489 313	2 558.4
		越南	台	3 134 542	2 469.7
		比利时	台	2 424 429	2 217.7
		荷兰	台	1 544 403	2 055.6
		印度尼西亚	台	2 641 917	1 910.4
		泰国	台	2 578 721	1 731.7
		马来西亚	台	3 897 930	1 641.4
		捷克	台	2 976 552	1 609.5
		法国	台	1 902 281	1 580.1

（续）

商品编码	商品名称	国家或地区	出口量单位	出口量	出口金额（万美元）
84148090	其他空气泵，通风罩、循环气罩	中国香港	台	7 727 705	1 576.7
		澳大利亚	台	912 661	1 553.9
		巴西	台	1 179 597	1 269.3
		加拿大	台	1 108 298	1 218.4
		墨西哥	台	1 752 077	1 155.5
		意大利	台	684 600	1 064.1
		波兰	台	1 037 617	1 039.8
		西班牙	台	653 915	1 028.1
		中国台湾	台	1 343 987	1 019.2
84193100	农产品干燥器	缅甸	台	294	493.6
		印度尼西亚	台	491	250.0
		美国	台	709	238.6
		越南	台	1 199	227.8
		白俄罗斯	台	5	175.0
		菲律宾	台	76	173.7
		孟加拉国	台	61	164.5
		泰国	台	58	142.2
		印度	台	103	110.9
		乌干达	台	4	62.3
		柬埔寨	台	90	62.3
		俄罗斯联邦	台	501	60.1
		沙特阿拉伯	台	6	54.5
		意大利	台	12	54.2
		乌兹别克斯坦	台	41	52.4
		澳大利亚	台	13	50.8
84193200	木材、纸浆、纸或纸板干燥器	越南	台	1 033	3 506.1
		俄罗斯联邦	台	667	1 634.4
		印度尼西亚	台	319	847.8
		马来西亚	台	420	701.4
		印度	台	266	393.5
		加蓬	台	139	284.1
		美国	台	49	255.9

（续）

商品编码	商品名称	国家或地区	出口量单位	出口量	出口金额（万美元）
84193200	木材、纸浆、纸或纸板干燥器	泰国	台	155	210.2
		喀麦隆	台	50	149.4
		缅甸	台	139	148.8
		英国	台	413	108.1
		利比里亚	台	32	106.6
84193910	微空气流动陶瓷坯件干燥器	印度尼西亚	台	11	140.6
		伊朗	台	3	51.4
		土库曼斯坦	台	2	14.0
		越南	台	8	11.4
84193990	未列名干燥器	印度	台	27 937	4 893.2
		越南	台	119 989	4 487.1
		美国	台	874 838	4 271.4
		印度尼西亚	台	11 445	2 450.0
		日本	台	38 360	2 397.1
		泰国	台	8 109	1 862.5
		韩国	台	9 237	1 554.2
		马来西亚	台	15 115	1 351.7
		中国台湾	台	50 086	1 074.8
		俄罗斯联邦	台	63 988	1 027.8
		孟加拉国	台	4 790	1 025.6
		土耳其	台	11 211	848.4
		巴西	台	45 377	829.3
		乌兹别克斯坦	台	11 094	785.6
		墨西哥	台	31 074	779.3
		西班牙	台	19 427	758.0
		巴基斯坦	台	2 622	706.3
		中国香港	台	88 933	671.2
84196011	制氧量≥ 15 000m^3/h 的制氧机	乌兹别克斯坦	台	1	18.7
		埃塞俄比亚	台	1	4.2
		肯尼亚	台	245	2.6
		伊拉克	台	1 380	1.2
		蒙古	台	40	1.2

（续）

商品编码	商品名称	国家或地区	出口量单位	出口量	出口金额（万美元）
84196011	制氧量≥ 15 000m^3/h 的制氧机	美国	台	175	1.1
84196019	其他制氧机	伊朗	台	37	2 425.0
		印度	台	2 497	743.5
		土耳其	台	242	577.4
		美国	台	17 647	339.2
		德国	台	783	313.0
		巴拉圭	台	13	248.7
		韩国	台	10 546	240.9
		俄罗斯联邦	台	721	155.9
		柬埔寨	台	79	114.2
		埃及	台	21	111.7
		印度尼西亚	台	86	102.4
		匈牙利	台	743	98.4
		斯里兰卡	台	6	97.1
		马来西亚	台	1 294	93.1
84196090	未列名液化空气或其他气体的机器	韩国	台	49	5 677.2
		美国	台	51	1 423.4
		日本	台	10	949.9
		印度尼西亚	台	1 723	572.9
		伊拉克	台	596	555.5
		马来西亚	台	48	547.4
		中国台湾	台	19	530.6
		新加坡	台	25	520.1
		俄罗斯联邦	台	297	510.2
		印度	台	98	485.6
		巴基斯坦	台	72	469.3
		几内亚	台	35	437.3
		越南	台	63	390.0
		土耳其	台	3	296.0
		智利	台	6	283.7
		伊朗	台	15	255.9
		尼日利亚	台	66	236.6

（续）

商品编码	商品名称	国家或地区	出口量单位	出口量	出口金额（万美元）
84211920	固液分离机	美国	台	14 875	1 579.2
		印度	台	6 312	594.3
		日本	台	240	523.5
		新加坡	台	279	514.1
		伊朗	台	114	486.7
		越南	台	2 998	453.4
		泰国	台	421	317.0
		俄罗斯联邦	台	283	316.3
		法国	台	455	305.1
		澳大利亚	台	1 600	304.0
		韩国	台	2 389	290.6
		德国	台	4 294	286.6
		南非	台	285	227.2
		孟加拉国	台	1 748	213.2
84211990	未列名离心机，包括离心干燥机	韩国	台	4 179	1 112.3
		美国	台	53 524	940.8
		俄罗斯联邦	台	4 654	799.4
		德国	台	7 119	540.5
		越南	台	8 405	439.8
		新加坡	台	3 868	360.5
		泰国	台	4 262	330.4
		印度	台	8 216	329.0
		印度尼西亚	台	16 660	325.1
		孟加拉国	台	2 271	318.8
		澳大利亚	台	3 855	299.4
		中国香港	台	5 132	299.3
		日本	台	3 656	286.4
		中国台湾	台	1 943	278.8
		巴西	台	12 438	270.1
84212910	压滤机	印度	个	96	1 177.6
		俄罗斯联邦	个	304	1 141.7
		越南	个	145 817	881.2

（续）

商品编码	商品名称	国家或地区	出口量单位	出口量	出口金额（万美元）
84212910	压滤机	刚果（金）	个	153	618.7
		印度尼西亚	个	153	464.3
		巴西	个	27	334.0
		美国	个	97 080	304.1
		韩国	个	192	286.2
		马来西亚	个	135	246.5
		泰国	个	125	223.9
		土耳其	个	800 048	214.0
84811000	减压阀	美国	套	5 962 872	3 929.6
		日本	套	2 166 665	3 003.0
		韩国	套	1 322 120	1 334.3
		越南	套	2 594 619	1 091.0
		德国	套	807 592	1 067.9
		中国香港	套	1 805 749	832.9
		新加坡	套	164 690	719.5
		中国台湾	套	515 033	660.3
		印度尼西亚	套	2 506 267	658.2
		墨西哥	套	1 114 013	650.4
		澳大利亚	套	503 456	632.5
		伊拉克	套	3 599 348	616.0
		印度	套	1 718 749	615.3
		巴西	套	2 019 922	581.1
		比利时	套	595 805	555.8
		菲律宾	套	2 057 944	529.4
		马来西亚	套	1 065 443	519.2
		意大利	套	2 290 064	446.2
		泰国	套	512 242	426.8
		孟加拉国	套	1 997 663	419.8
		丹麦	套	1 109 267	387.3
		尼日利亚	套	1 349 136	335.0
		俄罗斯联邦	套	664 296	314.4
		英国	套	627 029	300.9

（续）

商品编码	商品名称	国家或地区	出口量单位	出口量	出口金额（万美元）
84812010	油压传动阀	美国	套	1 868 328	2 745.8
		巴西	套	114 040	1 314.9
		印度	套	2 342 538	714.7
		韩国	套	856 909	686.0
		英国	套	1 200 564	483.4
		比利时	套	73 724	445.3
		匈牙利	套	681 012	428.0
		日本	套	3 682 319	427.7
		澳大利亚	套	89 189	388.4
		俄罗斯联邦	套	527 461	383.9
		越南	套	182 593	323.1
		新加坡	套	23 060	312.2
		法国	套	109 975	288.4
		泰国	套	70 272	275.5
		土耳其	套	111 728	242.7
		西班牙	套	488 091	216.7
		意大利	套	393 507	201.1
84812020	气压传动阀	德国	套	1 796 506	2 525.8
		日本	套	552 781	2 171.7
		美国	套	1 189 089	2 018.3
		墨西哥	套	355 728	837.6
		越南	套	799 961	762.3
		韩国	套	395 603	732.8
		中国香港	套	115 899	513.1
		中国台湾	套	599 292	487.1
		新加坡	套	115 907	469.4
		泰国	套	162 805	287.4
		印度	套	267 352	277.2
		马来西亚	套	140 739	200.3
84813000	止回阀	美国	套	272 598 381	10 066.5
		印度尼西亚	套	218 728 050	3 297.2
		韩国	套	62 011 305	2 377.8

（续）

商品编码	商品名称	国家或地区	出口量单位	出口量	出口金额（万美元）
84813000	止回阀	越南	套	134 371 408	1 828.6
		巴基斯坦	套	96 272 305	1 693.8
		日本	套	23 723 463	1 415.6
		意大利	套	107 792 644	1 405.2
		阿拉伯联合酋长国	套	22 132 243	1 358.9
		英国	套	57 352 604	1 333.2
		泰国	套	116 127 733	1 304.3
		德国	套	139 532 673	1 284.4
		法国	套	145 750 882	1 241.2
		西班牙	套	20 433 213	1 112.4
		墨西哥	套	30 960 237	1 076.1
		巴西	套	80 496 899	927.7
		澳大利亚	套	17 662 087	910.4
		俄罗斯联邦	套	36 791 409	886.6
		印度	套	89 470 310	825.4
		中国台湾	套	70 825 228	786.8
		加拿大	套	14 929 682	751.0
		中国香港	套	22 301 642	692.1
84814000	安全阀或溢流阀	美国	套	2 680 542	3 746.5
		加拿大	套	433 502	1 878.0
		日本	套	1 159 133	1 033.8
		印度尼西亚	套	1 708 715	674.3
		印度	套	5 316 713	608.8
		俄罗斯联邦	套	772 323	565.0
		越南	套	2 747 464	540.8
		泰国	套	3 876 197	532.3
		沙特阿拉伯	套	11 966	511.1
		马来西亚	套	682 884	494.8
		中国台湾	套	987 040	473.7
		阿拉伯联合酋长国	套	396 312	472.6
		新加坡	套	58 271	450.5
		韩国	套	334 971	445.4

（续）

商品编码	商品名称	国家或地区	出口量单位	出口量	出口金额（万美元）
84814000	安全阀或溢流阀	比利时	套	164 120	443.2
		中国香港	套	581 929	351.0
		德国	套	525 488	348.7
		墨西哥	套	880 798	291.4
		澳大利亚	套	200 889	286.5
		巴基斯坦	套	56 443	286.3
84819010	阀门零件	美国	kg	100 573 490	75 185.2
		日本	kg	23 524 406	26 362.8
		德国	kg	13 938 792	13 045.0
		意大利	kg	18 110 633	12 028.5
		韩国	kg	26 128 021	10 328.5
		印度	kg	13 191 794	8 577.0
		中国台湾	kg	14 056 995	7 442.2
		英国	kg	8 940 570	6 942.1
		中国香港	kg	3 097 303	6 938.0
		墨西哥	kg	10 053 018	6 541.7
		丹麦	kg	12 296 562	6 391.3
		西班牙	kg	11 470 721	5 444.5
		法国	kg	7 798 528	4 874.4
		荷兰	kg	5 863 986	4 541.9
		加拿大	kg	6 523 024	4 527.6
		泰国	kg	4 280 597	4 469.5
		马来西亚	kg	4 127 893	3 366.2
		新加坡	kg	3 536 802	3 342.3
		俄罗斯联邦	kg	5 397 517	2 897.2
		芬兰	kg	2 282 384	2 888.7
		阿拉伯联合酋长国	kg	3 381 269	2 821.2
		澳大利亚	kg	3 826 558	2 496.7
		越南	kg	2 245 741	2 098.3
		波兰	kg	3 851 851	1 904.2
		沙特阿拉伯	kg	2 966 022	1 811.8
		巴西	kg	1 619 906	1 771.0

（续）

商品编码	商品名称	国家或地区	出口量单位	出口量	出口金额（万美元）
84819010	阀门零件	印度尼西亚	kg	1 931 696	1 680.4
		以色列	kg	3 628 910	1 648.2
		埃及	kg	2 710 577	1 502.8
		阿根廷	kg	1 998 237	1 462.3
		捷克	kg	1 649 805	1 440.4
		比利时	kg	1 523 512	1 269.2
		土耳其	kg	2 431 479	1 223.8
84834020	行星齿轮减速器	美国	个	1 864 920	4 580.4
		德国	个	116 528	4 547.2
		日本	个	869 562	3 028.2
		墨西哥	个	327 893	2 193.6
		印度	个	6 247 594	1 956.7
		意大利	个	50 651	1 581.1
		韩国	个	517 482	811.7
		俄罗斯联邦	个	178 455	707.9
		加拿大	个	3 641	580.2
		巴西	个	30 288	528.7
		越南	个	4 857	365.9
		印度尼西亚	个	560 212	268.6
		泰国	个	173 595	247.7
84834090	齿轮及其他变速、传动装置；滚珠螺杆传动轴	美国	个	28 424 698	67 848.2
		巴西	个	6 051 944	12 625.3
		印度	个	16 463 484	10 005.7
		德国	个	10 092 762	9 370.3
		意大利	个	6 611 085	7 856.5
		墨西哥	个	16 420 209	7 851.1
		俄罗斯联邦	个	2 480 688	7 171.5
		加拿大	个	4 072 696	6 641.3
		西班牙	个	979 754	6 501.4
		日本	个	21 379 011	6 377.4
		澳大利亚	个	224 473	6 081.9
		印度尼西亚	个	4 288 625	5 693.3

（续）

商品编码	商品名称	国家或地区	出口量单位	出口量	出口金额（万美元）
84834090	齿轮及其他变速、传动装置；滚珠螺杆传动轴	瑞典	个	793 649	5 008.2
		越南	个	8 974 349	4 962.6
		韩国	个	5 677 529	4 826.2
		马来西亚	个	3 159 378	4 574.0
		泰国	个	2 307 067	4 233.3
		中国香港	个	15 073 106	3 679.9
		阿根廷	个	258 395	3 433.7
		法国	个	1 854 558	3 022.1
		荷兰	个	2 294 450	2 781.1
		新加坡	个	1 224 024	2 309.2
		中国台湾	个	2 861 717	2 201.1
		英国	个	1 030 200	1 812.9
		土耳其	个	3 818 015	1 809.7
		菲律宾	个	20 252 958	1 788.0
		波兰	个	1 997 257	1 572.7
		约旦	个	13 935	1 405.4
		捷克	个	5 727 599	1 400.5
		巴基斯坦	个	4 497 984	1 349.8
		南非	个	303 440	1 187.2
		孟加拉国	个	13 613 571	1 179.8
		乌克兰	个	199 822	1 081.2

〔供稿单位：机械工业信息中心〕

中国通用机械工业年鉴2020

产品与项目

公布行业获奖项目，介绍企业产品研发及应用情况

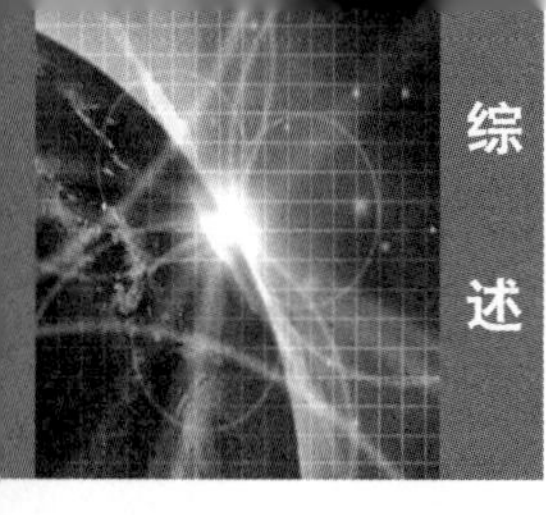

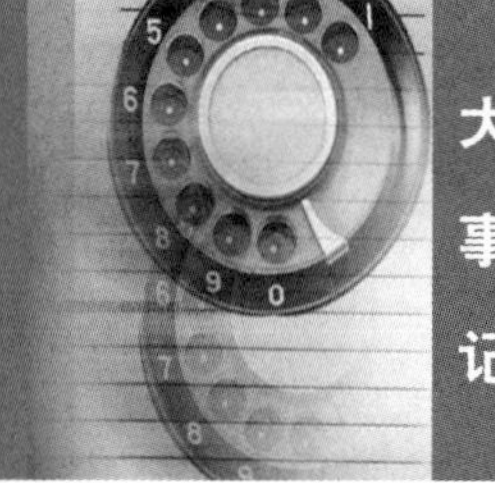

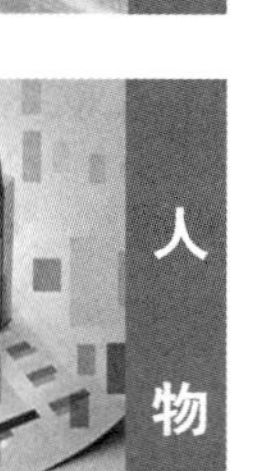

产品与项目

2019 年通用机械行业“中国机械工业科学技术奖”获奖项目简介

一、油气管线四阀座固定球阀

该项目荣获一等奖，主要完成单位：成都成高阀门有限公司。

该项目产品属于天然气管道输送关键设备，可满足油气长输管道建设及安全可靠性的重大需求。管线球阀与普通工业球阀相比，在安全可靠性和使用寿命上有更加特别的要求。在管道系统日常运行期间，关键设备尤其是线路阀门内漏问题，严重影响着管道系统的安全可靠性，不仅增加管线运行的风险，也大大提高了施工难度和维护成本。

针对当前国内外长输管线球阀，特别是关键位置管线球阀的运行现状，在中石油、中国机械工业联合会和中国通用机械工业协会的支持下，部署了长输管道关键设备管线四阀座球阀首台（套）国产化研制任务，分别在 2010 年和 2017 年启动了 20in（1in=25.4mm）、28in Class900 四阀座固定球阀和 56in Class900 高压大口径四阀座全焊接球阀研制工作。从研制计划立项开始到产品现场工业性应用成功，历经 8 年攻关，先后解决了四阀座理论和设计方法、技术标准制定、焊接高温、刚性控制、阀座冲击等技术难题。该项目突破了新型四阀座结构理论和近似球形的短筒形阀体结构等关键技术，首次实现了零部件国产化率 100%。成功研制出首台（套）样机，并通过产品鉴定和现场工业性试验验收，填补了国内外技术空白，达到了国际领先水平。

该项目研究成果发表论文 1 篇，获得国家发明专利 1 项、实用新型专利 18 项、外观设计专利 1 项，科学技术成果鉴定 2 项。该项目产品为国内油气输送管线的建设和发展提供了有力支撑，在西气东输烟墩站、西三线 0.8 系数段进出站等工程上得到批量应用并实现可靠运行，可替代常规管线球阀，市场应用前景和经济效益显著。该项目扭转了国内管线球阀长期落后和跟跑国外技术的局面，实现了从制造到创造的重大转变，推动了行业技术发展；提高了管道安全可靠性和运行效益，长期经济效应显著；首次实现了零部件国产化率 100%，备品备件价格优势明显，显著降低了运行维护费用，对国内石油、天然气长输管道工程的建设和发展具有重大促进作用。

二、寒冷及严寒气候区空气源热泵关键技术开发与应用

该项目荣获一等奖，主要完成单位：合肥通用机械研究院有限公司。

空气源热泵是将从环境中提取丰富的低品位热能有效地转化为高温热水，满足民用和工商用建筑供暖需求的供暖设备。但传统空气源热泵机组基于单级压缩制冷循环，应用于寒冷及严寒地区时存在制热性能严重不足、运行能效和可靠性大幅降低、除霜过程室内热舒适性极差等突出问题。

该项目由科研院所、高等院校和行业企业开展联合技术攻关，在低环温空气源热泵应用基础研究、关键装备开发、性能测试评价等方面取得重大突破。项目取得了多项创新成果：首次明确低环温空气源热泵机组设计基准参数，提出了低环温空气源热泵技术开发路径，建立制热/除霜完整周期热泵性能模型；成功研发高可靠性喷气增焓涡旋压缩机产品，制热能效显著提升；开发出在 −35℃极端低温环境下实现稳定运行的单机双级螺杆压缩机产品；自主研制出高效、高可靠性

的低环温户用及工商用空气源热泵装备；系统构建了低环温空气源热泵的测试评价方法，开发出高精度低环温热泵及压缩机性能检测装置，解决了产业化关键技术难题。

该项目获得授权发明专利 12 项、实用新型专利 13 项、软件著作权 5 项，制修订国家标准 4 项，发表学术论文 40 余篇。

该项目成功实现了补气型涡旋式热泵压缩机、单机双级螺杆式热泵压缩机和低环温空气源热泵机组及配套性能试验装置的研制与产业化，项目开发的低环温空气源热泵技术达到国际先进水平。该项目研究成果推动了低环温空气源热泵装备的产业化进程，在煤改电政策引导下，实现了空气源热泵在我国寒冷及严寒气候区清洁供暖中的大规模推广应用，为我国低环温空气源热泵优势产业地位的形成提供了有力支撑，为我国北方地区雾霾治理、推进可再生能源消费革命做出了重大贡献，经济效益和社会效益显著。

三、高端石化离心泵关键技术及产业化

该项目荣获一等奖，主要完成单位：浙江理工大学。

高端石化离心泵是石化领域关键装备，如加氢装置的加氢进料泵及高温液力透平（高温、高压、大功率、易燃易爆介质）、延迟焦化装置的辐射进料泵（高温、大流量、含颗粒）和高压除焦水泵（超高扬程、大功率、含颗粒、变工况间歇运行）、催化裂化装置的高温油浆泵（高温、大流量、含颗粒）和乙烯裂解装置的急冷油泵（高温、高压、流量范围大）等。随着石化装置向高参数化和大型化发展，加上使用工况苛刻，高端石化离心泵研发难度极大。该项目的主要创新成果如下：

（1）建立了考虑动静干涉、非线性和弱可压等特征的泵内全流场计算方法，揭示了离心泵内部非定常流动特性对水力性能的影响机理，创立了基于熵产分析和叶片载荷分布的水力设计方法，提高了石化离心泵的水力性能。

（2）基于全流场非定常流动激励作用，拓展了转子动力特性分析设计方法，建立了转子动力特性与泵内非定常流动之间的映射关系，开发了转子系统动力特性分析软件，保证了石化离心泵运行的平稳性。

（3）针对高温、高压、大流量、易燃易爆介质、含固体颗粒、变工况等不同介质和运行特点，在结构上进行了创新，开发出大功率加氢反应进料泵及高温液力透平、高压除焦水泵、高温油浆泵、急冷油泵、低温潜液泵、高速离心泵等高端石化离心泵产品。

（4）形成了基于内部流动、转子系统、结构设计和实际介质的高端石化离心泵融合设计方法。

该项目获得授权发明专利 13 项、实用新型专利 70 余项、软件著作权 11 项，发表 SCI 论文 33 篇，出版著作 2 部，参与制定国家及行业标准 6 项。该项目形成了具有核心自主知识产权、达到国际领先水平的高端石化离心泵水力设计方法和转子动力特性分析设计方法，实现了高端石化离心泵的重大突破，改变了高端石化泵严重依赖进口的局面。该项目产品出口到 20 多个国家和地区。

四、特殊介质极端工况螺杆压缩机关键技术研发与应用

该项目荣获一等奖，主要完成单位：冰轮环境技术股份有限公司。

螺杆压缩机广泛应用于制冷空调、能源化工和国防军工等领域。随着国民经济的快速发展和工业水平的大幅提升，节能环保的强制性要求持续提高，新应用领域的市场需求不断出现，在工作介质、运行工况、能效指标等方面对螺杆压缩机提出了更高的要求。该项目依托国家重大科研装备研制项目、国家自然科学基金等课题，经过近 10 年的产学研联合攻关，对螺杆压缩机的设计方法、本体结构、密封设计和制造工艺等多项关键技术进行了系统深入的研究与开发，解决了氢气、水蒸气等介质在极端压力与温度工况下高效、

可靠运行的难题。

项目组对产品进行了技术调研，开展了样机设计、试制、改进和系列化开发，解决了氦气、水蒸气和 MRC 混合制冷剂等介质在极端压力与温度工况下高效、可靠运行的难题。产品包括 SH 单级、双级、半封系列氦气压缩机；MTSC 单级、双级系列水蒸气压缩机；SN 单级、双级、半封、风冷、水冷系列 MRC 螺杆压缩机等 3 个种类的 15 个规格系列的螺杆压缩机，适用于氦气、水蒸气和 MRC 混合制冷剂等多种介质，最高工作压力达到 5.0MPa，最高工作温度达到 200℃，排气量为 150 ～ 10 000m^3/h。产品已成功应用于多个行业。

该项目成果所开发的多个系列产品通过了鉴定。中国机械工业联合会对氦气压缩机的鉴定结论为：项目填补国内空白，样机整体性能达到国际先进水平，项目的容积效率、等温效率处于国际领先水平。对水蒸气压缩机的鉴定结论为：项目填补国内空白，样机整体性能达到国际先进水平，项目的绝热效率等主要技术指标处于国际领先水平。

该项目产品的成功开发，解决了国家重大关键设备氦气压缩机国产化的难题，解决了天然气行业石化螺杆压缩机国产化的难题，并解决了中低温余热品味提升和回收核心设备开发的难题，对推动行业科技进步具有特别显著的作用。

五、大口径高超声速风洞高压进气调压系统阀门组

该项目荣获二等奖，主要完成单位：中国航天空气动力技术研究院。

大口径高超声速风洞高压进气调压系统阀门组是风洞前室总压保持稳定的关键部件，已应用在中国航天空气动力技术研究院新建成的 FD16 风洞中。该风洞是一座我国自主创新设计建设的自由射流暂冲式常规高超声速风洞。

大口径高超声速风洞是由高压气系统、中压气系统、燃油系统、冷却水系统、液压系统及测控系统等组成的一个极其复杂的试验平台，风洞高压进气调压系统阀门组包括切断阀、液压驱动减压阀和大口径高压调压阀。阀门组配合工作，既保证了风洞的运行安全，又保证了风洞的流场的精度。切断阀的快速开启或关闭保证了风洞的运行安全。

风洞高压进气调压系统采用两级调压，拓展了大流量、大口径调压阀的设计加工方法，调压精度高，可靠性强。两级调压可使 22.0MPa 的高压气源调压至 1.0MPa 以下，调压压力比要求甚至小于 1/22，且满足 GJB 4399—2002《高超声速风洞气动力试验方法》中对流场精度的要求，各马赫数下的前室总压波动≤ 0.5%。液压驱动减压阀采用自平衡原理，进行第一级调压降压，保证了大口径高压调压阀的阀前压力稳定。大口径高压调压阀对气流进行二次调压，进一步使气流压力降低并保持稳定，满足试验要求。切断阀主要作用是快速连通或关闭高压主气流，提高风洞的安全性能。

该项目高压进气调压系统阀门组的各类指标满足大口径高超声速风洞工况要求，解决了阀门维修备件供应和技术支持比较困难的问题，达到国际先进水平。该高压进气调压系统阀门组是高超声速试验研究领域综合模拟试验平台体系的重要组成部分，满足了常规高超气动试验和特种气动试验提出的试验保障要求，填补了我国大尺寸高超声速风洞所需调压系统阀门组的空白，对我国航空航天综合研发实力的提高产生重大的促进作用。

六、机器人高精密减速器关键技术研究及应用

该项目荣获二等奖，主要完成单位：浙江双环传动机械股份有限公司。

机器人高精密减速器是工业机器人的核心关键零部件，长期被国外公司垄断，严重制约了我国机器人产业发展。该项目针对我国机器人产业发展需求，研制出机器人高精密减速器，提供从设计、制造、测试、寿命试验及应用的成套解决方案，突破核心关键技术垄断，产品实现批量化生产并完全替代进口产品。

在产品研发制造方面，开发了针对减速器的基于齿轮三维啮合质量控制的集成设计系统，自主研制出 20 余种型号的主流减速器产品；攻克了关键零部件加工和整机装配的技术难点。重点突破批量化关键零部件高效加工、高精度检测等关键技术；改进关键零部件专用精密加工设备及精密工艺装备；攻克各零件加工和整机装配的技术难点，开发或改造了专用的检测设备、检具和量具。

在性能测试技术及装备方面，建立了传动综合性能测试平台和试验分析系统，研制了加速寿命试验台，实现试验结果向设计、制造、装配等环节的反馈；额定载荷下平均无故障时间不小于 6 000h。

在产业化及市场推广方面，购置了高精密数控磨齿机等关键加工设备和计量型三坐标测量机等关键检测设备数十台，建成了具有国际先进水平的减速器自动化、批量化生产线和人机协同装配线，建立了完善的智能制造执行系统，形成了年产减速器 60 000 台（套）以上的生产能力。产品批量应用于主流国产机器人生产企业，获得用户的广泛认可。

该项目获得授权发明专利 9 项、实用新型专利 12 项、软件著作权 2 项，完成研究报告 3 项，发布技术规范 12 项，参与制定国家标准 1 项、行业标准 5 项、企业标准 6 项，发表相关论文 34 篇。产品通过浙江省新产品（技术）鉴定，获评浙江省装备制造业重点领域首台（套）产品，产品总体技术处于国际先进水平；获评浙江制造精品以及浙江省优秀工业新产品（技术）一等奖。

该项目实现了机器人减速器设计、仿真、制造、装配、检测和市场应用的数字化和生产过程的智能化，研制出的机器人高精密减速器打破国外垄断，实现批量应用，推进了我国机器人产业化进程，提升了我国制造业的核心竞争力。

七、大型先进压水堆核电机组“华龙一号”核安全二级中压安注泵

该项目荣获二等奖，主要完成单位：上海凯泉泵业（集团）有限公司。

中压安注泵是三代先进压水堆“华龙一号”核电站安全注入系统的关键泵，属于核安全二级设备，机械设备规范要求为 M2 级，抗震分类为 SSE1，主要功能为在反应堆功率运行及反应堆发生失水事故时，将含硼水注入反应堆冷却剂系统内，实现冷却堆芯、维持一回路水装量、正常补水及防止堆芯裸露等。系统要求泵的水力性能十分特殊，泵在最大流量点需具备高抗汽蚀性能，此外，对中压安注泵组还有抗震、耐 10 ～ 120℃热冲击、耐高温高湿特殊环境，满足 8 800h 连续运转等苛刻要求，产品可靠性要求极高。

2016 年 3 月 10 日，上海凯泉泵业（集团）有限公司与中广核工程有限公司签订“‘华龙一号’LOT134Be 中压安注泵联合研发协议”，联合研制拥有自主知识产权的“华龙一号”压水堆核电站中压安注泵（型号为 MHSI10-7F）。针对水力性能，采用数值分析结合模型试验的方法，组合了多套叶轮 + 导叶匹配方案，专门制作了水力模型试验装置，组织了近 50 组试验验证，最终掌握及获得了同时满足宽广运行区域、性能曲线陡降、抗汽蚀性能优异的水力模型方案；按照中压安注泵技术规格书对泵组的功能要求、设计要求、材料要求及制造要求，研制了中压安注泵工程样机。针对泵组结构，专门进行了增强承压边界可靠性、加大转子刚性、提高接管载荷、耐高温工况、平衡轴向力等安全可行性优化设计。工程样机经过抗震分析、水压试验、性能试验、400h 耐久试验、热冲击试验、断冷却水试验、加气试验、特殊环境试验、升温加气试验、杂质试验等严格的试验验证考核。试验及分析结果均表明，该泵运转稳定、振动噪声小，转子刚性强，泵组在各工况下运转

稳定，可靠性高。该产品于 2017 年 7 月 20 日通过中国机械工业联合会组织的科技成果专家鉴定。

作为后续核电建设的三代核电主力堆型“华龙一号”的关键设备，该产品的成功研制，将为后续核电机组国内建设项目和国外项目提供高效能、高可靠性的设备，避免核电关键设备技术受制于国外企业，确保国家能源领域的经济安全，对增强我国核能装备的竞争力、对我国核电产业长期可持续发展都起到了一定的作用。另外，研制过程中应用的一些关键技术，如 Q-H 曲线陡降的设计方法，多工况点低比速高效和汽蚀性能优异的水力模型开发研究、泵总体结构、核级泵可靠性、先进制造工艺、涵盖加气、热冲击、高温高湿特殊环境综合试验能力等关键技术，对泵行业的技术水平、制造能力、试验能力的提升都有一定的推动作用。该项目泵结构及关键技术的运用涉及各类授权专利 6 项。

八、高压大口径轴流式止回阀研制及工程应用

该项目荣获二等奖，主要完成单位：自贡新地佩尔阀门有限公司。

根据中国石油天然气股份有限公司科技专项“油气管道关键设备国产化”项目安排，结合中国石油管道工程的实际需求，自贡新地佩尔阀门有限公司与中国石油天然气股份有限公司西部管道分公司联合开展了油气管道关键设备高压大口径轴流式止回阀研制及工程应用工作，以满足国家能源管道业务快速增长对关键设备的需求，全面提升油气管道设备的保障能力。该项目攻克了众多技术难题，取得了以下科技成果：

（1）通过采用发明专利技术，优化了大口径、高压力轴流式止回阀的密封结构，解决了止回阀在具备低流量开启和低压降运行能力的同时不能实现零泄漏密封的世界性难题。该项技术达到国际先进水平。

（2）通过建立流量与阀门全开数学模型，通过采用流固耦合分析和动网格技术仿真分析及优化设计，解决了在小流量条件下阀门不能全开而导致阀瓣颤振和阀门寿命急剧缩短的难题，打破了国外企业对该技术的长期垄断，使得研制单位具备了根据工况条件量身定制轴流式止回阀的能力。

（3）通过精确的弹簧载荷设计、阀瓣惯量控制、阀瓣行程控制和设置附加缓冲装置，实现了轴流式止回阀无碰撞关闭的功能。

（4）通过采用发明专利技术，解决了因阀瓣转动导致的严重磨损问题，解决了阀门内件因连接松动导致的内件脱落问题，保证了轴流式止回阀可靠运行。

该项目产品通径为 15 ～ 1 800mm，压力级为 Class150 ～ 2 500，适用介质为石油、天然气、水等。该项目提升了产品竞争力，有利于国内阀门制造业的技术进步，对实现自主发展能源事业、提升装备制造业竞争力具有十分重要的意义。量产后的项目产品先后在西气东输西二线、西三线和中俄原油二线工程等重大工程关键工位得到应用，彻底解决了该类阀门长期依赖进口的局面，有效保障了国家能源安全。

九、特大型高炉鼓风机关键工艺及装备的研发与应用

该项目荣获二等奖，主要完成单位：西安陕鼓动力股份有限公司。

我国近年推出的钢铁产业发展政策中规定，高炉炉容在 300m^3 以下归并为淘汰落后产能项目，且仍存在扩大淘汰范围的趋势。国内钢铁产业的快速发展也加速了国际高炉大型化的发展进程。大型化高炉具有单位投资省、效能高和成本低等特点，从而有效地增强了其竞争力。

我国冶炼行业以使用小高炉为主。截至 2009 年，我国 5 000m^3 以上高炉仅有 4 座，而这些高炉配套的高炉鼓风机及其设备均被国外企业所垄断，我国需要在此级别的高炉鼓风机上实现国产化的突破。

宝钢湛江项目国产化首台（套）5 050m^3 高炉

鼓风机机组和高炉煤气回收透平机组的试车成功和顺利交付，为宝钢湛江项目的早日投产奠定了良好基础。西安陕鼓动力股份有限公司国产化首台（套）5 000m^3 以上高炉鼓风机的重大突破，标志着我国具备了 5 000m^3 级以上特大型高炉鼓风机的研发制造能力。

该项目三方攻关工作模式开创了企业、客户、设计院三方合作的成功案例，为以后大型项目的开发模式做了成功的探索。该特大型高炉鼓风机为国内首次开发，填补了国内空白，达到了国际先进水平，具有较好的社会效益。

十、卫星能源 45 万 t/a 丙烷脱氢制丙烯冷箱系统

该项目荣获二等奖，主要完成单位：杭州杭氧股份有限公司。

冷箱分离系统是丙烷脱氢（PDH）装置工艺中重要的分离单元之一。杭州杭氧股份有限公司配套的 UOP Oleflex 工艺 45 万 t/a PDH 装置的冷箱分离系统自投产运行至今，运行稳定、可靠，充分体现了新鲜丙烷进出冷箱气化潜热制冷辅以氢气膨胀机深冷的这种流程组织优越性，具有工艺简单、机组结构紧凑、占地面积少、运行维护成本低、技术成熟和操作简单等优势。

该套冷箱分离系统将来自 Oleflex 工艺单元的反应器流出物分离为氢气产品和富烃的液体产品，还将一部分富氢气与丙烷混合，作为反应器的混合进料。要实现低温分离需要冷源来提供冷量，冷箱系统的主要冷量来自丙烷液体与氢气混合后的气化潜热和高、低压膨胀机组膨胀制冷效应。该产品具有以下主要创新点：

（1）反应流出物先通过冷联合进料换热器冷却后进入高压分离器，分离出的气体通过二级冷却器再冷却，实现二次冷却过程。

（2）新鲜原料分别进冷联合进料换热器和二级冷却器提供冷量，二级冷却器分配到新鲜原料的比例设定上限值占总流量的 20%。该设计使得冷箱分离系统可以灵活适应 Oleflex 工艺各种工况要求。

（3）冷箱内关键设备换热器设计制造技术。

通过对该项目的研究，获得发明专利 2 项、实用新型专利 1 项。实现 PDH 冷箱系统国产化，可以使我国石化产品冷箱的成套设计、制造水平及综合开发能力提高到一个新的水平，同时带动相关行业的技术进步。冷箱系统成套设备国产化，可提高我国在国外市场的竞争力，推动我国石化产品冷箱上质量、上水平、上等级，提高我国重大技术装备的整体水平。

十一、低温阀门工况模拟技术与装备的开发及应用

该项目荣获二等奖，主要完成单位：合肥通用机械研究院有限公司。

近年来，随着国家能源战略的调整，大型 LNG（液化天然气）接收站建设进入了高峰期，其建设用低温阀门国产化需求迫切，低温阀门深冷试验装置是低温阀门生产过程中不可或缺的关键设备。在该项目开始前，国内在低温阀门各方面的研究相对不足，国外对中国又实施技术封锁，导致能够模拟工况的低温深冷试验设备成为国内急缺的关键设备，对 LNG 等重点项目用低温阀门的自主开发和国产化应用有着重要影响。

该项目创新成果包括：

（1）攻克了低温阀门工况模拟测试技术。研究了低温阀门测试装置的共性测试技术，首次提出试验介质的增压与回收技术；开发了液氮条件下的高增压技术，实现了模拟工况的低、微泄漏率检测；首次提出低温阀门内冷循环测试技术，开发了基于一种一对多远程控制策略以及与企业 MES 系统集成策略的测控软件。

（2）成功研制了低温阀门深冷试验装置。设计了程控喷淋系统，设计了带扭矩平衡的阀门低温升降夹紧支撑机构和密封可靠、方便拆装的阀门试压工装；研制了节约型低温试验槽；研制了

低温阀门深冷试验装置，并实现了低温工况的全真模拟，制定了机械行业标准 JB/T 12003—2014《低温阀门试验装置规范》。

（3）突破了低温球阀研制的关键技术。运用低温阀门深冷试验装置，首次获得了低温球阀的加长阀盖延长度、滴水盘三维尺寸及空间位置度与本体材料、保冷材料及环境露点值的关系数据，以及主要部件的深冷工况要求；对低温阀门动、静密封结构开展研究，优化了阀门阀杆密封、阀座密封结构；研制了一种低温球阀，满足了 LNG 接收站工程建设的需求。

该项目取得发明专利 3 项、实用新型专利 5 项、软件著作权 2 项，发布国家标准和机械行业标准各 1 项，发表学术论文 10 余篇。该项目产品整体技术达到国际先进水平，在国内实现了产业化推广应用，并出口到国外。该项目的成功应用，有力地提升了我国阀门制造业的技术水平和国际竞争力，对打破低温阀门国外技术垄断具有重要意义。

十二、大型空分设备配套用高压立式多级低温离心泵

该项目荣获二等奖，主要完成单位：杭州杭氧工装泵阀有限公司。

随着相关行业的发展，大型空分设备配套关键部机的国产化以及空分装置流程多样化将成为我国空分设备行业做大做强的关键。而大型煤化工型空分设备配套高压立式多级低温离心泵设备主要依赖进口，存在成本高、维修难、备件周期长等一系列问题，开发高压立式多级低温离心泵迫在眉睫。

高压立式多级低温离心泵项目于 2009 年 4 月立项，项目计划实施时间：2009 年 4 月至 2016 年 10 月，计划投入研发经费 1 000 万元，由企业自筹资金。由工艺流程、透平机械、转子模拟、机械设计、系统集成、机械加工、装配专业等各专业人才组成该项目研发攻关团队，并与江苏大学、复旦大学专家进行产学研合作，联合进行项目攻关。项目立项后，按照公司科技项目管理办法进行管理实施。

公司研发的项目产品属于先进制造装备，通过转子性能模拟计算软件进行低温转子运转性能设计；通过 CFD 模拟进行水力模型优化设计和诱导轮的改进；采用两级充气迷宫密封的应用、超低温工况可靠性研究等各方面的创新以及优化设计，使得所研发的高压立式多级低温离心泵具有水力性能优秀、低温密封性能可靠、运行可靠、振动小等优点，相关技术指标达到了国际同类产品水平，技术质量居国内领先水平，具有明显的技术优势。相关技术已获得实用新型专利 1 项、发明专利 1 项。产品已具备批量生产能力，并实现了产业化，经济效益良好，社会效益十分明显。该产品是公司自主创新的成果，具有完全的知识产权，产品创新程度高，主要技术性能指标取得重大的突破。该项目的开发成功，改变了我国大型高压低温液氧、液氮泵依赖进口的局面，提升了我国煤化工空分设备配套部机在国际上的地位，有效地促进了我国煤化工行业、新型能源及其相关行业的发展。

十三、多列高压往复压缩机及其管系统关键技术研究与应用

该项目荣获二等奖，主要完成单位：西安交通大学。

多列与高压是现代高性能往复压缩机的主要特征。传动部件和气阀的故障频繁，是当今国内外压缩机领域面临的重大技术难题。该项目开展的研究工作和获得的技术成果如下：

（1）针对多列高压往复压缩机振动故障起因，建立了多列、多自由度、转动惯量瞬变的曲轴扭振数值仿真程序；发明了八列、十列对称平衡式压缩机，发明了压缩机一二阶惯性力矩平衡的磁导向机构，实现了多列往复机械一二阶往复惯性力矩的平衡。

（2）针对多列高压往复压缩机气阀故障频繁和噪声高的难题，开发了气阀的受力、运动姿态和疲劳特征三维流固耦合模拟程序；创新提出冷却水包围气阀的组合设计，实现气阀显著降噪。

（3）深度梳理国内外 40 年来研究治理管路振动的经验，发明了流阻极小的非等流阻多孔管装置及其设计方法，用于石化装置现场管振治理。

该项目的重要应用情况如下：

（1）研发了舰船高压空压机系列产品。特别是研发的 CX-Q/40 型潜艇空压机，其关键指标的噪声、振动烈度和易损件气阀数量大幅度减小。大幅减少了故障率，已经全面用于我国各式舰艇，实现了某关键类别舰艇的空压机 50 年来的升级换代。

（2）发明研制了机身分置的 HM 型六列和八列等对称平衡式压缩机。用于国内十余家煤化工和石化加工企业，将开发的曲轴扭振消除技术和气阀流固耦合模拟应用于多家大型制造企业。

（3）把管路振动多孔管技术和轴系动力学状态仿真新技术向十余家化工企业推广应用，纠正了原有不合理设计，使管系振幅值下降 70% ～ 95%。

经中国机械工业联合会组织的鉴定结论为，该项目成果达到了同类技术国际先进水平，有效提升了我国多列高压往复压缩机技术和产品性能的水平。有关部门认定 CX 型舰艇空压机关键指标处国际领先水平。该项目获得发明专利等 10 余项，在国内外期刊发表论文 35 篇。

十四、大型输水工程用高参数空气阀试验技术及产品应用

该项目荣获二等奖，主要完成单位：博纳斯威阀门股份有限公司。

近年来，我国建设了众多的大型调水或输水工程。在输水管网中，空气阀的性能对防止水锤发生具有重要的作用。当前国内空气阀生产企业虽多，但技术水平落后，不能提供全系列空气阀在不同压差下的进、排气量的数据，使得用户难以准确选型。因此，我国急需研究大排量、高参数空气阀的试验技术并实现产品的国产化。

该项目自 2012 年开始，项目创新成果包括：

（1）建造出国际领先的空气阀进、排气性能检测装置。针对大口径高压力空气阀的性能参数，发明设计了一套试验检测装置，对空气阀进、排气过程的工况进行模拟，实时采集空气阀的压力、流量、温度等动态数据。创新进气量试验方法，可测量空气阀的排气性能、进气性能及最小空气闭阀压力，为空气阀结构改进提供试验依据。

（2）发明一种内置防水锤机构的复合式进、排气阀。结合 CFD 软件的理论仿真数据及产品样机在空气阀进、排气性能检测装置上的测试数据，经过多次“改进—仿真—模拟试验—再改进”的过程，发明了一种内置防水锤机构的复合式进、排气阀，各项指标满足国家标准要求。产品能有效防止水锤的发生，实现了高性能空气阀产品产业化。

（3）研发出一种高排气量防吹堵的微量排气阀。通过对微量排气阀排气孔结构的改进，使其排气量提高了 4 倍，并将产品因为排气口堵塞而失去排气功能的概率降低 50%。改进微量排气阀的密封结构，将产品因密封垫老化而泄漏的概率降低了 5%，延长了阀门的使用寿命，实现新型微量排气阀产品产业化。

该项目获得发明专利 1 项、实用新型专利 9 项，制定国家标准 1 项，发表专著 1 本。该项目的进气量试验方法为国内首创。研发的空气阀已应用于黄水东调等大型输水工程，经实测，该项目研发的阀门运行良好，空气阀排气性能达到工程需要。该项目开发的装置和产品促进了水行业阀门技术进步，产品应用降低了管道爆管的概率，创造了良好的社会效益。

十五、300MW 压水堆核电站主蒸汽隔离阀研制

该项目荣获二等奖，主要完成单位：大连大

高阀门股份有限公司。

主蒸汽隔离阀用于压水堆核电厂二回路主蒸汽系统。当安全壳内或安全壳外的主蒸汽管线部分发生破裂时，主蒸汽隔离阀提供主蒸汽的快速隔离，以限制失控的蒸汽释放不超过一台蒸汽发生器的装水量，从而防止反应堆冷却剂系统的过分冷却和安全壳压力的过分升高而超过设计压力。在所有预计的正常或事故工况（蒸汽管线破裂）下，主蒸汽隔离阀在接到隔离信号后，能在5s内自动快速关闭。在正常运行工况下，主蒸汽隔离阀处于开启状态，主蒸汽隔离阀用的旁通阀处于关闭隔离状态。

当前，国内核电站用的主蒸汽隔离阀全部为进口。国内在主蒸汽隔离阀产品技术、业绩和研发手段上与国外先进企业相比有较大的差距，现有堆型300～1 000MW核电机组的主蒸汽隔离阀设计、分析计算和关键制造技术完全由美国、英国、日本、俄罗斯等国家技术垄断。

该项目实施完成后，可进一步提高我国自主创新能力，实现我国核电用阀门自主设计、制造，打破国外技术垄断。

十六、大型离心压缩机干气密封关键技术开发及应用

该项目荣获二等奖，主要完成单位：四川日机密封件股份有限公司。

大型离心压缩机是石油化工、煤化工装置以及天然气长输管线工程中的关键动设备，其功率可达8万kW，压力可达20MPa以上，输送的大多是氢气、天然气等危险性气体。压缩机轴端的干气密封是其最重要的配套部件，由密封本体和支持密封工作的控制系统组成。其性能优劣关系到压缩机和生产装置能否长周期安全运行。长期以来，国内干气密封市场由几家国外密封企业垄断。干气密封成本高昂，后期的备件供应与服务响应难以满足要求，开展干气密封的国产化研发具有重要的意义。

2011年，四川日机密封件股份有限公司针对高参数干气密封的研发正式立项，对大轴径（260～350mm）、高压（13～20MPa）、低温（≤-100℃）干气密封开展研究。项目包括多项子课题：新型干气密封动压槽及流体动压槽分析计算软件；超大尺寸碳化硅密封环、石墨环及弹簧蓄能密封圈国产化制备；适应密封摩擦副的DLC涂层技术研究；动压槽高精度加工设备；大尺寸薄壁工件制造工艺；推环涂层及处理工艺；高参数干气密封性能试验及可靠性验证等。经过数年的攻关，攻克了多项技术难题，已陆续将各项技术成果应用于密封产品并推向市场。该项目取得了6项发明专利和10项实用新型专利的授权。

2013年，四川日机密封件股份有限公司的“千万吨级炼油加氢装置循环氢压缩机高压干气密封及其控制系统”和“大型煤化工煤制丙烯装置丙烯制冷压缩机大轴径干气密封”两项科技成果通过了工业和信息化部的鉴定。2014年，公司为中石化湖北化肥提供的350mm超大直径干气密封一次开车成功。2016年，国内最高压力的上海石化渣油加氢装置循环氢压缩机20MPa高压干气密封开车成功。同年，神华宁煤乙烯三机干气密封完成出厂，为国内乙烯三机首次配套国产干气密封。2017年，为中石油西部管道公司研制的国内最大PV值的天然气管线压缩机15MPa干气密封完成出厂。上述项目先后通过了中国机械工业联合会和中国通用机械工业协会组织的鉴定，均为国内首台（套）应用，主要技术指标已达到国际同类产品先进水平。

近年来，公司已先后与镇海炼化、上海石化、茂名石化、扬子石化、云天化、西气东输管道公司、北京管道公司等签订13MPa以上的高压干气密封合同，并与神华宁煤、大唐克旗、湖北化肥、烟台万华等签订260mm以上的大轴径干气密封合同，销售收入超过1.5亿元。

十七、卧式对置平衡式BOG压缩机机组国产化研制

该项目荣获二等奖，主要完成单位：浙江强盛压缩机制造有限公司。

随着国民经济的发展和我国能源结构的调整，LNG接收站建设也得到快速发展。闪蒸气（BOG）压缩机是处理LNG储罐闪蒸气的关键设备。由于BOG压缩机材料性能要求高，设计和制造装配精度要求高，我国对BOG压缩机的需求一直依赖于进口。但进口的BOG压缩机价格昂贵，服务响应慢，维修等待时间长。

经过深入研究，该项目研制出国内首台LNG接收站用卧式对置平衡式BOG压缩机，并在中石化青岛液化天然气公司成功应用。项目开发了满足 -162℃低温使用条件、热膨胀率低、低温冲击韧性好的材料QS200和QS100，并制定了企业标准。发明了具有自主知识产权的高镍球墨铸铁低温气缸结构，能够解决大温差时气缸的形变，使用寿命长；利于加工，降低了成本。开发出采用低温材料QS200的隔冷室，不需要灌注隔热液就可以有效降低热传导，简化了机组配套装置，降低了运行费用。发明了低温工况下螺栓常温预紧力计算方法。该方法在现有常温螺栓预紧力计算的基础上，考虑了被连接件刚度的变化以及活塞力载荷的影响，实现了BOG压缩机变温工况下的安全预紧。发明了具有自主知识产权的BOG压缩机液氮低温试验系统，实现制造厂内整机低温工况考核试验。建立BOG压缩机低温气缸以及活塞的瞬态温度与应力耦合模型，利用有限元分析获得从常温到低温的应力变化，最终确定了BOG压缩机开车操作规程。中国机械工业联合会样机鉴定和中石化组织的科技成果鉴定结论为，机组整体性能指标达到国际先进水平。

该项目获得授权发明专利4项、实用新型专利7项，发表论文7篇，制定企业标准和规程2个。

十八、“华龙一号”百万千瓦核电机组堆腔注水冷却泵

该项目荣获三等奖，主要完成单位：沈阳鼓风机集团股份有限公司。

核级泵是核电站的核心设备，是保证核电站安全运行的关键。我国自主研发的核三代技术“华龙一号”提出了“能动与非能动相结合”的安全理念，新增设堆腔注水冷却泵，用于在发生反应堆堆芯熔化的严重事故时，带走堆芯熔物热量，防止压力容器熔穿，避免放射性物质泄漏。堆腔注水冷却泵具有性能指标高、使用环境恶劣、安全可靠性要求高等特点，设计难度大，是“华龙一号”核电技术能否顺利进行的关键之一。

沈阳鼓风机集团股份有限公司及其下属子公司核电泵业有限公司，依托巴基斯坦卡拉奇K2/K3核电项目，在国家科技部、辽宁省科技厅等相关部门的大力支持下，围绕高温、杂质、辐射、腐蚀、抗地震、无冷却水等复杂环境进行攻关，攻克了高效率低汽蚀余量的水力模型研发、长轴系高温双壳体立式双吸泵运行稳定性设计、高温无外部冷却水环境轴承运行安全、高温放射性杂质环境转子支撑、极限事故工况下泵结构完整性和可运行性等一系列重大技术难题，打破了我国核电发展技术瓶颈，成功研制出国内首台“华龙一号”百万千瓦核电机组堆腔注水冷却泵。

当前，该成果已在巴基斯坦卡拉奇K2/K3核电项目投入运行，依托该项目成果，获得授权发明专利1项、实用新型专利2项，受理发明专利1项；发表论文2篇，制定核泵标准2项。该成果已于2018年4月通过中国机械工业联合会组织的鉴定，专家委员会认为，沈鼓集团研制的国际首台堆腔注水冷却泵各项技术性能指标先进，达到了国际先进水平。

堆腔注水冷却泵研制成功，提高了国内装备制造业的自主创新能力，为国内核电技术出口海外市场奠定了坚实的技术基础，是国内大型核级

泵组设计制造技术的重大突破，填补了国内空白，提高了核电站反应堆的安全性，对于保障国家能源安全具有重大意义。

十九、百万吨级 LNG 工厂国产化示范工程阶式液化流程制冷多机组研制

该项目荣获三等奖，主要完成单位：沈阳透平机械股份有限公司。

中国石油集团公司在海外已获得可观的油气当量资源，开发大型自主 LNG 技术装备成为获取海外资源、发展工程建设业务的迫切需要，推进大型 LNG 装备国产化势在必行。

2012 年 4 月，中石油启动了首个百万吨级 LNG 液化工程——湖北 500 万 m^3/d LNG 国产化示范工程，并以此为依托进行了 350 万 t/a 天然气液化装置的研究工作，为三列 350 万 t/a 液化装置建设 1 000 万吨级 LNG 液化工厂奠定了基础。沈鼓集团负责该项目的液化流程核心动设备——级联式液化流程制冷三机组（丙烯压缩机组、乙烯压缩机组、甲烷压缩机组）的研制工作。

针对大型 LNG 装置对冷剂压缩机大型化、高参数和稳定性、高效、长周期运行的重大战略要求，沈鼓集团通过自主研发，历时两年，攻克多项技术难题，成功研制出具有国际水平的国内首台 LNG 装置用阶式制冷液化流程的制冷多机组。主要关键技术包括：开发了与百万吨级阶式液化工艺流程相匹配的冷剂压缩机组成套技术方案，降低系统能耗；开发了压缩机高可靠性设计体系；建立了大型冷剂离心压缩机组分级试验体系和评价技术；大功率高速防爆变频调速同步电动机和大功率变频器成套技术。

该项目于 2014 年 5 月 31 日打通流程，生产出合格的 LNG 产品。当前，机组在现场平稳运行，性能良好，满足生产需求。该项目先后获得专利 6 项，其中发明专利 3 项、实用新型专利 3 项；发表论文 7 篇；形成 2 项企业设计规范、5 项标准。

该项目的研制成功，解决了大型 LNG 冷剂压缩机组关键共性技术难题，实现了多学科、多领域技术的集成和行业间的跨越。通过该项目的实施，不仅能提高我国天然气的液化能力，也为更高产量的 LNG 压缩机开发提供了技术平台，实现了我国大型 LNG 工程建设自主化，摆脱了核心技术和设备依赖进口的局面，打破了国外垄断，对保障国家经济安全、促进能源和装备制造业协同发展具有重要意义。

二十、180 万 t/a 甲醇合成气离心压缩机组研制

该项目荣获三等奖，主要完成单位：沈阳透平机械股份有限公司。

甲醇是重要的有机化工原料和优质燃料，广泛应用于化工、医药、轻工等行业，在国民经济中占有十分重要的地位。随着石油资源日益短缺，我国的能源结构调整更显迫切。而我国煤炭资源丰富，迅速发展新一代煤化工，发展煤基合成气制甲醇，符合国家的能源战略。

当前，国际甲醇装置在向大型化发展，装置的大型化可大大降低能耗和生产成本，提高市场竞争力。甲醇合成气压缩机组作为甲醇合成装置的核心机组，承担着将原料气与合成气（加气）合成并增压打入精馏罐的任务，是整个甲醇合成装置的“心脏”设备。随着装置的大型化发展，对甲醇合成气压缩机的要求也越来越高，压缩机的运行调节范围宽泛，运行工况恶劣，设计和制造难度均大大增加。长期以来，我国大型甲醇合成气装置均依赖进口，行业内以西门子（SIEMENS）和美国 GE-AC 所生产的甲醇合成气机组代表当今世界先进水平。国内压缩机制造企业不具备设计、制造该类大型压缩机组的能力，这种状况严重制约我国煤制甲醇装置的国产化进程。

近年来，沈鼓集团致力于大型装置用各类离心压缩机组的国产化研发。2012 年，以中天合创能源有限责任公司 2×180 万 t/a 甲醇合成装置为依托，开展大型高压合成气压缩机组关键技术攻关，解决了机组大型化、高压化带来的多项设计和制造难题：开发出适用于轻介质的中等流量系数、高效率、高能头新型模型级系列，提升了机组对运行工况的适应性，同时提高了机组效率；优化流通结构，显著降低进、出口蜗室流动损失，提高蜗室多变效率；优化转子布局和结构，采用新型反旋流密封技术，显著提高转子稳定性；优化卡环、机壳结构，有效减轻机组重量；内机壳滚轮部件采用类金刚表面处理，提高滚轮耐磨及抗异物粘结能力。

该压缩机是国内单套规模最大的甲醇合成装置配套的最大筒形压缩机，打破了国外离心压缩机制造商在该领域的长期垄断，为用户获得了超百亿产值。机组自 2016 年投运以来，运行平稳，耗气量、进出口流量、进出口压力等重要技术指标满足技术协议要求。2018 年 10 月，机组通过中石化的科技成果鉴定，鉴定结论为，该项目的成功研制，填补了国内空白，整体技术指标达到国际先进水平，能耗指标达到国际领先水平。

二十一、816 大型苯乙烯尾气压缩机的研制

该项目荣获三等奖，主要完成单位：上海大隆机器厂有限公司。

816 大型苯乙烯尾气压缩机为国内自主研发的首台（套）大型苯乙烯尾气压缩机组，适用于年产 20 万 t 以上苯乙烯装置。

该产品提出了包含椭圆弧及其包络线的高效转子新齿形，提高了压缩机的密封性能，容积效率比现有齿形提高了 3% 以上；发明了分体式错位铣刀新结构，解决了大型转子切削力过大导致精度难以保证的难题，为压缩机高效稳定运行提供了工艺保障；创新设计了雾化喷液装置，大幅提高了喷液雾化效果，喷液量减少 50% 以上，实现了机组及工艺流程的节水、节能；提出了止推瓦块与基座连接的新方法，优化了可倾瓦止推轴承结构，提高了轴承的自调节功能和承载能力，解决了变工况下的轴承偏磨问题，延长了轴承的使用寿命。另外，机组配置一套可靠的控制系统，对机组振动、温度、压力等进行检测和控制，确保机组安全可靠运行。

该产品取得并应用了“一种双螺杆压缩机的转子的齿”“一种用于双螺杆压缩机的可倾瓦止推轴承”“一种螺杆刀具”3 项发明专利以及“一种雾化喷液装置”等 6 项实用新型专利授权。该产品通过了中国通用机械工业协会组织的科学技术成果鉴定。

该产品在安徽昊元化工集团有限公司投运，主要技术性能指标达到了国内领先、国际先进水平，填补了国内空白。

816 大型苯乙烯尾气压缩机的研制和开发，可以为石油化工行业的发展提供支持，降低用户采购成本，节约国家外汇，缩短设备采购周期，降低运行维护成本，为国家重大工程核心技术安全提供保障，具有重大的社会效益。

二十二、干式高效变螺距螺杆真空泵的关键技术研发及产业化

该项目荣获三等奖，主要完成单位：台州职业技术学院。

螺杆真空泵是一种真空获得设备，其工作腔无摩擦、无油，广泛应用于医药化工、石油化工及空间模拟等行业。德国等发达国家以生产低功耗、宽工作压力的变螺距螺杆真空泵为主，都有各自独有的螺杆专利技术。国内以仿制为主，产品存在工作压力范围窄、抽气速率低且功耗高等问题。为此，该项目发明了非线性渐进变化螺杆及侧盖自由排气结构、螺杆内冷却结构，解决了工作参数与螺杆设计之间的计算难题；研发的螺杆真空泵，具有低功耗、宽工作压力、高抽气速率的工作特性，且优于国外产品。

该项目研发解决了一系列关键技术问题并取得如下创新：

（1）针对成对螺杆的泄漏问题，设计了由渐开线、过渡圆弧摆线等曲线组成的密封螺杆端面型线，减少了气体返流，提高了抽气效率。

（2）针对宽工作压力和功率损耗间的矛盾，通过控制压缩比和螺杆螺距的优化，发明了非线性渐进变化的变螺距内压缩螺杆和侧盖自由排气结构，具有低功耗、宽工作压力的工作特性。同时提出了变螺距螺杆立铣加工技术，用标准圆柱立铣刀即可完成螺杆的精加工，提高了螺杆加工精度和效率。

（3）基于实际介质和产品的运行可靠性，设计了一种螺杆内冷却装置，降低了密封件、轴承和螺杆的温升；选用特殊防腐材质和涂层，显著提高了的泵可靠性。该项目已获发明专利 11 项，发表论文 5 篇。

该项目研发的产品的极限压力、工作压力范围、抽气速率、功耗等关键技术指标达到国际同类产品先进水平，全工作压力区抽气速率高，中高工作压力区抽气速率和功耗均优于国外同类产品。经专家鉴定，该项目技术达到国际先进水平。经用户使用后认为，产品性能稳定，能耗低，完全满足生产要求。该项目产品已推广应用至浙江九洲药业有限公司、山东新和成药业有限公司等企业。

二十三、系列化新型减速机及其检测技术开发

该项目荣获三等奖，主要完成单位：杭州嘉诚机械有限公司。

杭州嘉诚机械有限公司集蜗轮减速机、齿轮减速机研发、生产、销售于一体，始终坚持以科研创新为先导，依托杭州市科技计划项目及多项校企合作项目，研发了系列化新型减速机产品及其检测技术，成效显著。

该项目针对太阳能发电系统中所采用的回转式蜗轮蜗杆减速机间隙大、传动效率低、蜗轮蜗杆易磨损的问题，对双导程蜗轮蜗杆参数、减速机技术参数、齿形等参数进行设计，研发了一种采用双导程蜗杆、蜗轮蜗杆间隙可调的太阳能发电站用减速机。此外，改进现有减速机结构和性能，研发了 R 系列、S 系列、F 系列、K 系列减速机，拓展了现有减速机产品类型。

依据蜗轮蜗杆减速机出现较大磨损或者润滑油性能下降时传动轴轴温和润滑油油温会显著上升这一特性，该项目设计了减速机油轴温实时监测系统。测试结果表明，故障机和合格机的温升曲线一致。利用该监测系统，可实时掌握减速机的工作状况。

该项目研究了一种基于振动检测的减速机故障分析方法，通过振动传感器采集振动信号，再通过软件提取固有频率信息，对异响信号进行时域及频域的小波分析。测试结果表明，可以达到故障检测与分析的目的。

该项目研制的系列化新型减速机，尤其是塔式太阳能发电站用双导程蜗轮蜗杆减速机，达到国际先进水平。此外，该项目针对蜗轮蜗杆减速机在使用过程中可能出现的故障，提出了油轴温检测及振动信号检测技术，在一定程度上解决了当前减速机寿命短、返修率高等问题。该项目研究成果显著，共获得授权发明专利 4 项，申请软件著作权 1 项。

二十四、用于系统流程的高性能高可靠性自动控制阀门

该项目荣获三等奖，主要完成单位：超达阀门集团股份有限公司。

该项目为浙江省重大科技专项，研究内容：研发了低扭矩高密封性能的控制球阀、采用伺服控制的电液驱动装置及阀门、多功能组合阀等技术及产品，全面提高了阀门的密封性能，降低了阀门的启闭扭矩，提高了阀门的控制精度、稳定性，增加了阀门的使用功能。研发了 10 种具有防冲刷磨损、防卡、防堵、耐高温、耐高压的流量控制系统及控制阀，多种适用于苛刻工况的复合耐磨材料、阀门加工制造的关键工艺装备，提高了阀门的可靠性。研发了防止阀门发生误操作与运行故障的驱动装置、多种阀门及驱动装置的试验系

统、不依靠外界动力的深海海底取样自动控制阀门、抗出口压力波动干扰的自动控制阀门以及采用物联网技术的阀门远程实时监控和预警系统，全面提高了阀门的控制技术。

该项目获得授权专利80项，其中发明专利34项、实用新型专利46项；制定了21项标准，包括国家标准3项、机械行业标准16项、浙江制造标准2项，有17项标准已发布实施；发表论文18篇。建立了具有国际先进水平的耐磨材料试验与装备中心。研发的低扭矩控制球阀的扭矩是国内外常规球阀扭矩的26.5%。研发的防冲刷磨损材料、流量控制系统及控制阀，与国内外同类产品相比，在苛刻工况下的使用寿命提高3倍以上。研发的球阀球体、楔式闸阀的阀体及闸板等阀门加工制造关键工艺装备，生产效率提高两倍以上，精度能够满足统配互换的高要求。阀门的逸散性泄漏满足国际最高标准要求，确保了阀门在剧毒、易燃、易爆、有放射性等高危工况下的可靠密封，并获得了美国API、德国TÜV的型式试验证书。

该项目研发的产品已广泛应用于石油、化工、煤化工、煤制油、多晶硅、油气开采及大型火力发电等工业的高温、高压、硬固体颗粒介质、强腐蚀、高含硫等各类苛刻工况的系统控制，在国家重大工程项目中全面替代进口产品，并大量出口到美国、日本等国家和欧洲、中东地区，取得了很好的经济效益和社会效益，提高了我国自动控制阀门在国际高端阀门市场的竞争力，对于我国重大装备的国产化具有重要的意义。

二十五、低温余热有机朗肯循环发电关键技术研究及工程示范

该项目荣获三等奖，主要完成单位：中国船舶重工集团公司第七一一研究所。

低温余热有机朗肯循环发电技术属于低温余热应用技术领域，用于解决工业生产过程中产生的大量低温余热（＜200℃）无法回收利用的问题。该技术采用低沸点有机物质作为循环工质，吸收低温余热后形成高压气体，推动膨胀机并带动发电机发电，从而实现热电转换。

2011年8月，中国船舶重工集团公司第七一一研究所组织开展了低沸点工质低温余热发电关键技术理论和试验研究，取得了相关技术的突破。在此基础上，2014年申请并承接上海市科委“节能减排与城市建设管理领域计划”课题，开展工业级低温余热有机朗肯循环发电装置研制和工业示范研究。当前已完成工业样机的研制，并在九江石化得到工程应用。

该项目解决了大功率有机朗肯循环发电装置系统集成问题，建成了国内首个面向工程化的低温余热发电有机朗肯循环发电中试装置，填补了该领域国内空白。经中科院上海情报所查新，该项目综合技术达到国际先进水平。主要技术创新点如下：

（1）针对异丁烷工质特性，开发了具有三元流对称结构有机工质透平膨胀机和组合式液膜密封系统，有效减小了叶轮尺寸，降低了叶轮轴向力，实现了发电机组的高效可靠运行。

（2）开发了面向低温余热发电应用的高效板壳式换热器，优化了发电循环系统的热源侧和冷源侧的换热模式，有效提升了工质蒸发压力，降低了工质冷凝压力，实现了发电循环系统的高效换热。

（3）研制了适用于烷烃类有机工质的自动加注系统，提高了工质加注过程的安全性。

中国船舶重工集团公司第七一一研究所开发的低温余热有机朗肯循环发电技术打破了国外厂商在该技术领域的技术封锁，实现了相关设备的完全国产化。相关产品已在长岭石化、扬子石化、华谊集团等炼油、煤化工企业获得推广应用，累计承接8套机组，销售额近1亿元。该项目的研发成功，标志着我国具备了大功率有机朗肯循环发电装置的研制能力。

二十六、新型大口径绝缘接头

该项目荣获三等奖，主要完成单位：西安泵阀总厂有限公司。

随着石油天然气工业的不断发展，油气管道输送得到了广泛的应用。绝缘接头是管道工程必不可少的防腐设备，起到不可替代的作用。

西安泵阀总厂有限公司根据大口径绝缘接头的质量现状和管线工程发展的需求，进行了基础研究和新型大口径产品研究，分析解决当前国产产品存在的泄漏、稳定性差、可靠性差的问题，研制出性能指标及极限承载力优于国外产品、达到国际先进水平而又不失经济性的新产品。

该项目完成“绝缘接头应力分析与性能试验对比分析研究”和“新型大口径绝缘接头产品制造验证”两大技术内容；完成SY/T0516《绝缘接头与绝缘法兰技术规范》新版标准制定所需工程研究数据提供和量化指标确定；完成代表性规格1.2m和1.4m新型产品的科技成果鉴定，并进行了工程应用。该项目获得发明专利1项、实用新型专利7项，参与完成新版标准SY/T0516-2016编写，发表论文4篇。

新型大口径绝缘接头的创新点：首次研究验证了绝缘接头设计计算方法，在国内首次建立了大口径绝缘接头优化分析整体模型；研究确定了绝缘和密封材料的量化性能指标，研制成功耐低温密封环与大尺寸绝缘板；研究开发了F70级低合金高强钢锻件，满足大口径绝缘接头产品的结构及载荷能力要求；完成了大口径产品关键工艺因素装配预紧力的研究；完成大型数控压装机、大型数控弯矩机等关键制造和检测设备的研制。

新型大口径绝缘接头产品的研制和工程应用，填补了国内大口径绝缘接头系统化研究的空白，形成新的产品标准，推动了行业制造水平，提高了工程采购的规范性，保障了管线工程的建设安全。

二十七、轴伸贯流泵装置高效与稳定关键技术创新与工程应用

该项目荣获三等奖，主要完成单位：扬州大学。

我国江、浙、沪等地区因内外河（江）水位变化较大，对贯流泵站提出了高效双向抽水的新要求。城市泵站不仅要求泵站能排涝，且要求能通过抽水来改善改善城市内河水环境。双向抽引是沿江滨湖地区泵站和城市泵站规划常遇到的工程设计需求问题，且该类泵同时面临着泵站运行效率低、运行稳定性差、双向抽水难等突出问题。S形轴伸贯流泵站于20世纪80年代初在我国首次应用，当前S形轴伸贯流泵装置的关键技术缺乏深入系统的研究，结构型式未得到进一步发展，且该类泵站效率低、汽蚀严重、运行稳定性差等问题依然存在。在国家、省部级多项课题和企业委托项目的资助下，围绕轴伸贯流泵装置的双向泵、核心过流构件、内流机理、稳定运行关键技术进行研发和创新。

该项目主要技术创新点如下：

（1）基于变环量分布控制方法，研发了高效对称翼型的双向贯流泵水力模型SZM30和SZM35，最高效率达78%，开发了S形平板翼型设计计算软件。

（2）创造性地研发了高效S形轴伸贯流泵装置，研发了高效S形弯管，名义管道效率达97.6%；高效下卧式S形轴伸贯流泵装置最高效率达83.55%，高效平面S形轴伸贯流泵装置最高效率达83.32%。

（3）创新发展了流道的多参数协同求解自动优化技术，构建了水泵变角调节计算模型。

（4）研发了新型轴伸贯流泵泵轴及轴承密封结构，建立了泵装置安全运行快捷识别数值方法，开发了泵装置内流脉动的时频分析软件。

该项目获得授权专利26项、软件著作权8项，发表论文41篇。经专家鉴定，项目产品的整体技术达到国际先进水平。该项目成果已应用于国家

治太工程西直湖港泵站、扬州市黄金坝泵站、新沟河遥观北枢纽泵站等20余座泵站工程中，降低了泵站的能耗，减少了泵站运行维修管理费用，提高了泵站运行的高效与安全可靠性。该项目创造了显著的经济效益和社会效益，促进了我国轴伸贯流泵站技术水平的提升。

（注：资料来源于中国机械工业科学技术奖网站）

2019年通用机械行业获奖项目

项目名称	获奖名称	主要完成单位
“华龙一号”百万千瓦核电机组堆腔注水冷却泵	中国机械工业科学技术奖三等奖	沈阳鼓风机集团股份有限公司
10万 m^3/h 等级制氧量空分装置用压缩机组及成套装备研制和产业化应用	辽宁省科学技术进步奖一等奖	沈阳鼓风机集团股份有限公司
180万t/a甲醇合成气离心压缩机组研制	中国机械工业科学技术奖三等奖	沈阳透平机械股份有限公司
	辽宁省科学技术进步奖二等奖	沈阳鼓风机集团股份有限公司
300MW压水堆核电站主蒸汽隔离阀研制	中国机械工业科学技术奖二等奖	大连大高阀门股份有限公司
816大型苯乙烯尾气压缩机的研制	中国机械工业科学技术奖三等奖	上海大隆机器厂有限公司
百万吨级LNG工厂国产化示范工程阶式液化流程制冷多机组研制	中国机械工业科学技术奖三等奖	沈阳透平机械股份有限公司
大口径高超声速风洞高压进气调压系统阀门组	中国机械工业科学技术奖二等奖	中国航天空气动力技术研究院
大型空分设备配套用高压立式多级低温离心泵	中国机械工业科学技术奖二等奖	杭州杭氧工装泵阀有限公司
大型离心压缩机干气密封关键技术开发及应用	中国机械工业科学技术奖二等奖	四川日机密封件股份有限公司
大型输水工程用高参数空气阀试验技术及产品应用	中国机械工业科学技术奖二等奖	博纳斯威阀门股份有限公司
大型天然气液化装置用制冷多机组研制	中国石油和化学工业联合会科技进步奖二等奖	沈阳鼓风机集团股份有限公司
大型先进压水堆核电机组“华龙一号”核安全二级中压安注泵	中国机械工业科学技术奖二等奖	上海凯泉泵业（集团）有限公司
低温阀门工况模拟技术与装备的开发及应用	中国机械工业科学技术奖二等奖	合肥通用机械研究院有限公司
低温余热有机朗肯循环发电关键技术研究及工程示范	中国机械工业科学技术奖三等奖	中国船舶重工集团公司第七一一研究所
多列高压往复压缩机及其管系统关键技术研究与应用	中国机械工业科学技术奖二等奖	西安交通大学

（续）

项目名称	获奖名称	主要完成单位
干式高效变螺距螺杆真空泵的关键技术研发及产业化	中国机械工业科学技术奖三等奖	台州职业技术学院
高等级聚乙烯对国民经济的战略意义调研及鲁姆斯（LUMMUS）工艺配套压缩机组研制开发	第七届西安科技调研成果奖一等奖	西安陕鼓动力股份有限公司
高端石化离心泵关键技术及产业化	中国机械工业科学技术奖一等奖	浙江理工大学
高炉煤气余热余压透平发电同轴系的高炉能量回收装置（BPRT）	世界制造业大会创新产品金奖	陕西鼓风机（集团）有限公司
高压大口径轴流式止回阀研制及工程应用	中国机械工业科学技术奖二等奖	自贡新地佩尔阀门有限公司
寒冷及严寒气候区空气源热泵关键技术开发与应用	中国机械工业科学技术奖一等奖	合肥通用机械研究院有限公司
混合脱氢装置用压缩机技术开发与应用	中国石油和化学工业联合会科技进步奖三等奖	西安陕鼓动力股份有限公司
机器人高精密减速器关键技术研究及应用	中国机械工业科学技术奖二等奖	浙江双环传动机械股份有限公司
基于能源互联岛系统解决方案的产业模式——陕鼓服务型制造战略再聚焦	第二十四届中国机械行业企业管理现代化创新成果一等奖	陕西鼓风机（集团）有限公司
绿色高效百万吨级乙烯成套技术开发及工业应用	中国石油和化学工业联合会科技进步奖特等奖	沈阳鼓风机集团股份有限公司
汽电同轴驱动高炉鼓风机组（BCSM）	中国节能协会节能减排科技进步奖三等奖	西安陕鼓动力股份有限公司
烧结余热回收与烧结主抽风机联合驱动机组（SHRT）	中国节能协会节能减排科技进步奖二等奖	西安陕鼓动力股份有限公司
	陕西省科学技术进步奖三等奖	西安陕鼓动力股份有限公司
特大型高炉鼓风机关键工艺及装备的研发与应用	中国机械工业科学技术奖二等奖	西安陕鼓动力股份有限公司
特殊介质极端工况螺杆压缩机关键技术研发与应用	中国机械工业科学技术奖一等奖	冰轮环境技术股份有限公司
天然气输气管道压缩机组	“好设计”奖银奖	沈阳鼓风机集团股份有限公司
天然气长输管线用离心压缩机关键技术研究及产品开发	陕西省科学技术进步奖二等奖	西安陕鼓动力股份有限公司
卫星能源45万t/a丙烷脱氢制丙烯冷箱系统	中国机械工业科学技术奖二等奖	杭州杭氧股份有限公司
卧式对置平衡式BOG压缩机机组国产化研制	中国机械工业科学技术奖二等奖	浙江强盛压缩机制造有限公司
系列化新型减速机及其检测技术开发	中国机械工业科学技术奖三等奖	杭州嘉诚机械有限公司
新型大口径绝缘接头	中国机械工业科学技术奖三等奖	西安泵阀总厂有限公司
一种PCL压缩机模型级及其设计方法	辽宁省专利奖二等奖	沈阳鼓风机集团股份有限公司

（续）

项目名称	获奖名称	主要完成单位
一种基于轴心轨迹的旋转机械二倍频故障检测方法及系统	第二十一届中国专利奖优秀奖	西安陕鼓动力股份有限公司
用于系统流程的高性能高可靠性自动控制阀门	中国机械工业科学技术奖三等奖	超达阀门集团股份有限公司
油气管线四阀座固定球阀	中国机械工业科学技术奖一等奖	成都成高阀门有限公司
轴伸贯流泵装置高效与稳定关键技术创新与工程应用	中国机械工业科学技术奖三等奖	扬州大学
污泥低成本减量化、稳定化关键技术与装备	山东省科学技术进步奖二等奖	山东天力能源股份有限公司
面向重大承压设备本质安全的焊接形性调控关键技术	中国石油和化学工业联合会科技进步奖一等奖	天华化工机械及自动化研究设计院有限公司
污泥无害化密闭循环干燥工艺技术和装备	中国化工集团技术发明奖二等奖	天华化工机械及自动化研究设计院有限公司
闭路循环、溶媒回收喷雾制粒干燥系统关键技术及工程应用	中国商业联合会科学技术奖二等奖	江苏宇通干燥工程有限公司

2019年风机行业节能产品

企业名称	产品名称	产品主要特点	主要应用领域
西安陕鼓动力股份有限公司	干式高炉能量回收透平装置（BPRT）	利用高炉炉顶煤气的余热余压，采用干式煤气透平技术，把煤气导入透平膨胀机，充分利用高炉煤气原有的热能和压力能，驱动发电机发电，最大限度地利用煤气的余压余热进行发电	钢铁行业高炉煤气余热余压发电
西安陕鼓动力股份有限公司	烧结余热能量回收驱动技术（SHRT）	集成配置原有的烧结主抽风机和烧结余热能量回收发电系统，形成将烧结余热回收汽轮机与电动机同轴驱动烧结主抽风机的新型联合能量回收机组。避免了能量转换的损失环节，增加了能量回收，最大限度回收利用烧结烟气余热	冶金领域烧结余热能量回收
西安陕鼓动力股份有限公司	汽电同轴驱动空分机组技术（MCRT）	MCRT技术提出了汽轮机与电动机同轴驱动空增一体型空分机组技术方案，同轴机组有利于整体效率提高，机组可采用电动机快速启动；汽电同轴运行时，汽轮机可长期高效运行，富裕蒸汽可直接发电，减少汽轮机调节门的节流损耗	有色冶炼
西安陕鼓动力股份有限公司	汽电同驱高炉鼓风机与能量回收透平同轴机组应用技术（BCRT）	BCRT技术提出了高炉鼓风机、电动机及汽轮机同机组布置，由3种不同能量形式驱动高炉鼓风机。同轴机组有利于整体效率提高，机组可采用电动机快速启动；汽电同轴运行时，汽轮机可长期高效运行，富裕蒸汽可直接发电，减少汽轮机调节门的节流损耗，进一步提高能量转换效率	冶金、石化

（续）

企业名称	产品名称	产品主要特点	主要应用领域
湖北双剑鼓风机股份有限公司	BG172-2.31/1.01、D435-2.8/0.984 单级高速鼓风机	高效、节能	电厂、硫酸、化工
四平鼓风机股份有限公司	4-73 系列、5-55 系列、6-35 系列离心通风机	高效节能，高效区域宽，噪声低，叶片进口磨损小，延长叶轮使用寿命，进出口动压差小，造型时可减小机号	建材、冶金
四平东大风机工程有限公司	SDF 系列通风机	运行效率为 80% ～ 83%，高效区域宽广，可调节性好	建材
山东明天机械集团股份有限公司	磁悬浮离心式鼓风机	节能、无油润滑	污水处理、脱硫脱硝
山东罗泰风机有限公司	LTF-501 型、LTF-701 型高效风机	高效、低噪、耐磨	通风、除尘、垃圾处理、石油化工
山东罗泰风机有限公司	4XTF-1 型、4XTF-2 型高效风机	高效、低噪、耐磨	通风、除尘、垃圾处理、石油化工
西安重装韩城煤矿机械有限公司	智能局扇降噪装置	变频装置，降噪装置，噪声可降为 70dB	大型煤矿
山东省章丘鼓风机股份有限公司	MB45N 型机械密封罗茨鼓风机	转速可达 4 000r/min，流量提高 5%，最高升压提高 31%，节省材料费用 60%，比国内产品节能 5% 以上	土壤治理、化工、石油
山东省章丘鼓风机股份有限公司	CE 型脱硫离心通风机	便于批量生产，比国内产品节能 5% 以上	水泥、矿山、化工、冶金、电力、煤炭
山东省章丘鼓风机股份有限公司	MVR 蒸汽用高速离心鼓风机	与国内其他厂家产品相比，每台至少节能 3% 以上，具有性能好、稳定性强、维护和保养方便的优势	医药、造纸、天然气开发、煤化工等高浓度污水处理行业

企业研发项目介绍

北京中科科仪磁浮分子泵系列产品开发与产业化项目简介

磁悬浮分子泵是超高真空获得设备，凭借其持续的高排气能力、免维护、无油等特点，广泛应用于芯片制造、国防科技、科研仪器、航空航天等领域，可作为各类尖端科学仪器和关键工艺装备的核心部件，为科研、生产等环节提供必要的洁净、超高真空环境。北京中科科仪股份有限公司的“磁浮分子泵系列产品开发与产业化”项目实施以前，国内只能生产机械轴承分子泵。而作为高端应用的磁悬浮分子泵均依赖于进口，产品价格昂贵，售后服务周期长，严重制约了国内芯片工艺设备、科学仪器等行业的发展。因此，磁悬浮分子泵的国产化需求亟待解决。

在国家“极大规模集成电路制造装备及成套工艺”重大专项支持下，北京中科科仪股份有限公司与清华大学联合承担了“磁浮分子泵系列产品开发与产业化”项目，开展了磁悬浮分子泵系列产品的研制。2017 年，该项目通过国家重大专项办公室的验收，完成磁悬浮分子泵样机研制及系列产品批量化生产。该项目关键技术及主要创新内容如下：

（1）掌握五轴磁悬浮控制设计技术。采用鲁棒性设计技术，大幅提高分子泵转子控制的可靠性。

（2）传感器设计及制造技术。研发了专用电流位移传感器，具有高互换性及温度稳定性。

（3）磁轴承低功耗设计技术。采用专用电流控制技术，有效降低磁轴承发热量。

（4）高速电动机及控制技术。研发了特种电动机及控制板卡，有效提升电动机效率，减少电动机发热。

（5）磁轴承制造技术。研发制造出专用磁悬浮轴承，并有效控制磁轴承的损耗。

（6）涡轮转子制造技术。掌握高精度转子加工技术，研发了磁悬浮分子泵专用整体涡轮转子。

该项目攻克了上述技术难题，形成了自主知识产权，申请国内外发明专利 46 项，获得美国、德国发明专利授权；制定了行业标准《真空技术　磁悬浮分子泵》、国家标准《真空技术　涡轮分子泵急停扭矩的测试》。产品主要零部件均为国产制造，国产化率达 95% 以上。

该项目产品已在刻蚀、离子注入机等芯片工艺设备，平板显示设备，PVD 镀膜等工艺设备中得到批量应用。当前公司具备年产 600 台磁悬浮分子泵的生产能力。子公司苏州中科科仪技术发展有限公司建立了产业化生产基地，首批磁悬浮分子泵已于 2020 年 8 月 6 日成功下线，标志着磁悬浮分子泵产业化项目正式落地，必将为国产装备制造行业提供有力支撑。

该项目产品参与市场竞争，打破了国外产品的长期垄断局面，使国外产品降价，部分行业降价幅度甚至达到 40%，提高了下游企业的整体竞争力。同时，国产磁悬浮分子泵的推出，为提高我国真空相关高端装备关键零部件的国产化水平、完善我国真空相关高端装备制造产业链本地化建设起到积极的推动作用，大幅提升了我国真空获得技术领域的自主创新水平，引领和带动了相关行业的技术进步。

苏州道森东方 13-2 气田大口径高压硬密封关断球阀项目简介

2018 年 7 月，由苏州道森阀门有限公司（简称苏州道森）自主设计研发的 544 台 1/2 ～ 4 1/16in（1in=25.4mm）10 000psi（69MPa）手动硬密封球阀顺利通过中海油验收。2020 年 4 月，由苏州道森自主设计研发的 13 5/8in 缩径 10 000psi 高压气动关断阀顺利通过中海油湛江分公司验收。

2020 年 11 月，由苏州道森自主研发的 5 1/8in 10 000psi 硬密封关断阀顺利通过第三方见证验收。

中海油东方 13-2 气田群开发项目位于南海北部大陆架西区的莺歌海盆地内，其天然气中 CO_2 含量很低，烃类气含量高。2017 年 12 月，苏州道森中标 DF13-2 气田群开发测试管汇项目阀门共 1 179 台，包括 544 台 10 000psi 硬密封工艺球阀。公司对工艺路径风险、质量风险、变更风险、交货风险进行推演，制定应对措施，历时 6 个月，将批量的 API 6A 硬密封工艺球阀交付 DF13-2 项目现场。PSL3G 硬密封工艺球阀见图 1。

图 1　PSL3G 硬密封工艺球阀

2019 年 9 月，中海油湛江分公司东方 13-2 项目进口的 3 台 13 5/8in 10 000psi 关断阀因国外制造厂家屡次试验失败，延期 1 年仍未交货。DF13-2 项目组代表来苏州道森考察并洽谈该项目关断阀紧急采购事宜。该关断阀关闭时间要小于 5s，主体材料为 A182 F53 超级双相钢，产品的规范等级为 PSL3G，性能等级为 PR2。气动执行器选用拨叉式结构，并带有部分行程功能，阀门需要实现现场和远程控制功能，阀门、执行器和电磁阀要有 SIL3 认证。苏州道森第一次做大口径 10 000psi 气动关断阀，而且客户要求 PSL3G 高压气密封零泄漏。在交货期只有 4 个月的情况下，公司研发部人员用两周的时间完成项目详细设计图样。

关断阀的结构功能特点：①阀门具有双阻断泄放功能，进口端阀座和出口端阀座能独立密封，阻断来自上游侧的压力；阀腔压力可以通过自泄压阀座泄放到低压侧，同时阀体中腔设有泄放阀，能实现阀腔压力手动泄放。②采用自泄压式阀座，阀座通过圆柱弹簧加载，确保低压气密封。③阀门体、盖的密封采用唇形密封圈和防火石墨缠绕垫双重密封，阀杆密封使用唇形密封圈组件和石墨双重密封，具有耐高压及防火功能。④阀杆防吹出结构。在阀腔内压作用下，阀杆通过阀杆轴肩和推力垫将向外的轴向推力传递到压盖和阀体。⑤防静电功能。在球体与阀杆之间、阀杆与压盖之间都设有防静电用的弹簧和小球，使球体与阀杆、阀杆与阀体之间时时保持导电连续性。⑥阀门在 69MPa 高压气密封试验条件下，达到零泄漏，满足 PSL3G 要求。13 5/8in 缩径 10 000psi 气动紧急切断球阀见图 2。5 1/8in 10 000psi 硬密封球阀见图 3。

图 2　13 5/8in 缩径 10 000psi 气动紧急切断球阀

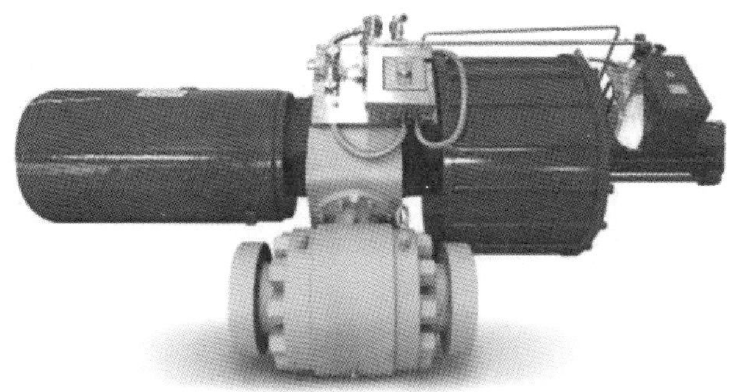

图 3　5 1/8in 10 000psi 硬密封球阀

API 6A大口径高压超级双相钢球阀在南海东方13-2气田项目的开发和应用，填补了国内该类型球阀产品的技术空白，加快了国产高压球阀替代进口高压球阀的进程，为我国进一步进行深海高压油气田开发项目提供了技术储备。该阀门的成功研发和应用，对苏州道森参与未来海上油气田开发过程中管线管道阀门的设计和制造具有一定的借鉴和指导意义。苏州道森将努力践行“为全球客户提供卓越的油气开发设备和系统解决方案”的企业价值观，勇攀行业高峰。